高职高专呼叫中心专业规划教材
丛书主编：赵溪

呼叫中心实务

主　编：许爱国

副主编：崔　银　戴启明

清华大学出版社

北　京

内 容 简 介

这是一本为培养呼叫中心从业人员的业务现场综合能力而编写的系统性教材,兼顾理论知识和实操技能,涵盖了呼叫中心的基础性知识、呼叫中心的基本结构和功能、呼叫中心的发展历史、呼叫中心的运营规则和常规操作流程等;并有呼叫中心岗位特征、座席员的职业技能与训练技巧、呼叫中心常规管理体系等系统内容。

本书以其专业性为呼叫中心一线及初中级管理人员了解和掌握呼叫中心的基础应用知识奠定了基础,呼叫中心的从业人员只有充分了解和掌握这些管理知识,才能真正做到规范作业,为客户提供良好的服务,并与企业的发展同步成长。

图书在版编目(CIP)数据

呼叫中心实务 / 赵溪 丛书主编;许爱国 主编. —北京:清华大学出版社,2013.9(2021.8重印)
(高职高专呼叫中心专业规划教材)
ISBN 978-7-302-33434-7

Ⅰ.①呼… Ⅱ.①赵… ②许… Ⅲ.①呼叫中心—高等职业教育—教材 Ⅳ.①F626.3

中国版本图书馆CIP数据核字(2013)第183258号

责任编辑: 张 颖 高晓晴
封面设计: 周晓亮
版式设计: 思创景点
责任校对: 邱晓玉
责任印制: 宋 林

出版发行: 清华大学出版社
 网 址: http://www.tup.com.cn,http://www.wqbook.com
 地 址: 北京清华大学学研大厦A座 **邮 编:** 100084
 社 总 机: 010-62770175 **邮 购:** 010-62786544
 投稿与读者服务: 010-62776969,c-service@tup.tsinghua.edu.cn
 质 量 反 馈: 010-62772015,zhiliang@tup.tsinghua.edu.cn

印 装 者: 北京富博印刷有限公司
经 销: 全国新华书店
开 本: 185mm×260mm **印 张:** 17.75 **字 数:** 410千字
版 次: 2013年9月第1版 **印 次:** 2021年8月第9次印刷
定 价: 58.00元

产品编号:054292-03

高职高专呼叫中心专业规划教材(呼叫中心服务与管理/客户服务管理专业适用)

丛书编审委员会

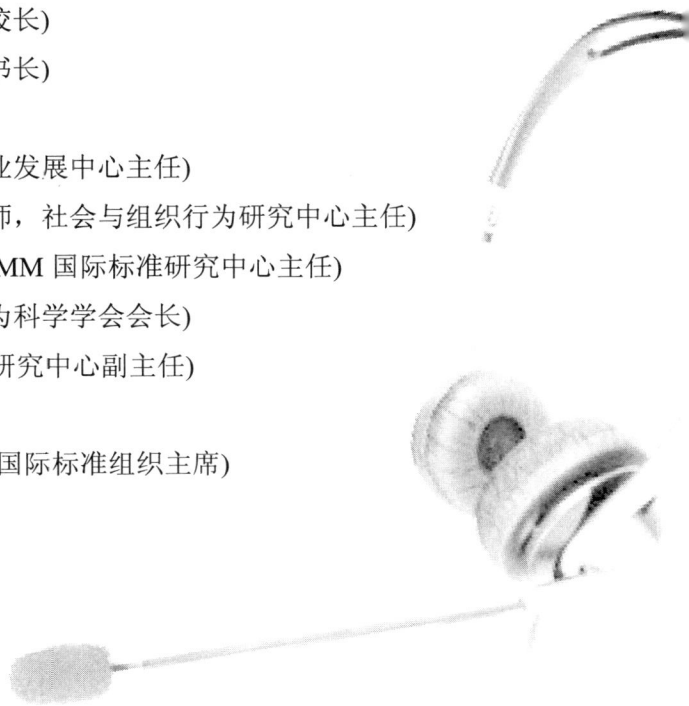

序 一

教育应配合国家产业结构调整的方向

改革开放这30年，已经奠定了中国作为制造业大国的国际地位，可是要成为制造业强国就不能仅把眼光停留在"中国制造"上。近几年，有不少城市正在进行产业转移和升级，希望"现代服务业"成为促进地区发展的新的增长动力，而这已经成为我国产业结构调整的一个重要方向。

为配合国家产业结构的调整，国务院各部委出台了很多政策，商务部、工信部、发改委等提供了政策和资金支持以推动服务外包产业的发展，2010年，教育部公布了中职与高职专业和代码，在学校推动相关专业建设，全国国家级和省市级服务外包产业园区也得到迅速发展。

我认为，产业发展除了国家政策、资金支持以外，人才培养是最核心的基本要素。国际企业在中国落地考虑最多的并不是给多少优惠政策，而是能否提供适合需要的专业人才！因此，教育应当配合国家产业转移的方向，积极推动相关人才的培养和发展。

呼叫中心产业这些年发展非常迅猛，这同时也凸显出呼叫中心专业人才培训能力的滞后。大学教育多关注知识，职业教育多关注技能，而以呼叫中心为代表的服务外包人才的培养关键是服务意识和服务精神，然后才是服务技能。因此要求学校进行以学生职业素养、职业技能培养为核心的课程改革。

最近接触到一些年轻人，他们专注于国家服务外包产业的人才培养，投入了非常大的热情和精力，制订了技能考核体系，编写了系列教材，进行教师培训、学生培养，在全国发展了几百所学校进行服务外包专业建设，我从他们身上看到了朝气，看到了产业发展的力量和希望。

我也很高兴能够为国家服务外包产业发展做一点事，希望这个系列教材的推广应用能够推动呼叫中心专业人才的培养。

段宝林

北京大学民营企业研究院教育与人力资本研究所顾问

中国蔡元培研究会顾问

2013年6月于北京

序 二

夯实教育，就是为呼叫中心赢得未来

呼叫中心最初是作为一个"通讯增值业务"出现在计算机(Computer)和通讯(Telecommunication)的集成(Integration)应用领域，由于它的出现，导致了企业"客户互动管理"的革命。在技术的支撑之下，企业对于其客户的关怀和管理变得得心应手、效率卓著。毫无疑问，呼叫中心在中国短短十多年的发展(从电信97工程为中国呼叫中心元年算起)将CTI技术的应用演绎得淋漓尽致，呼叫中心也日益成为企业客户管理战略中最重要的武器。

呼叫中心在中国的发展已逐步趋于成熟，它已不仅仅局限在通讯增值业务的小范畴，而且正日益成为一个足以影响社会经济和宏观产业发展的社会经济学名词。以呼叫中心专业外包为重要组成部分的服务外包产业正如火如荼地发展；以呼叫中心运营机构为基础的企业客户管理体系正趋形成；以呼叫中心为重要工具的服务科学研究领域蓬勃发展……

在我国大力发展服务外包产业政策的背景下，呼叫中心以其独特的产业优势得到了蓬勃的发展。为了适应国民经济对相关专业人才的迫切需求，各地区、各相关院校结合各自的基础资源做了非常积极有益的尝试，取得了一定的进展。据不完全统计，截至2013年6月底，全国各地开办"呼叫中心"相关专业的大中专院校已不下200家，在校学生规模已超两万人。

呼叫中心及其相关专业的发展形势是可喜的，未来发展空间不可限量，但发展初期各院系运作过程中也暴露出不少的问题，亟待从根本层面加以解决。一方面，各地院校目前在相关专业的培养过程中普遍缺乏专业化的指导，相关课程大纲及教辅材料严重缺乏，导致培养出来的学生距离呼叫中心运营机构实际的用人要求存在较大的偏差；另一方面，万人的培养规模与呼叫中心超百万人的产业规模相比仍有较大差距。这些问题都有待从全社会的角度，整合产业各方面资源加以梳理和解决。

当前更好地帮助相关院校办好呼叫中心专业，提供体系化的专业建设、辅导和运营支撑服务，已成为全社会和全产业的迫切需求。为此，客户世界机构集合产业专家资源，组建了专业的呼叫中心教育培训团队"客世教育"，在教学体系梳理、教材编写、师资培训等方面进行了大量基础性的工作。致力于为呼叫中心产业人才培养、岗位晋升和校企合作提供全方位的服务。

大中专院校"呼叫中心"专业建设的工作是一项科学化、系统化、长期性、发展性的工作，涉及学历教育、实习实训、技能鉴定、就业辅导、岗位晋升等全培育过程，牵涉教育部门、职业管理部门、技术归口行业、实际用人单位等各方面的政策和资源。本着高起点、全流程、重实效的专业建设原则，我们将涉及学校教育相关工作的重点确立为以下6个方面：

(1) 教学大纲的编写和适应性调整。

(2) 主干课程教材的编写审定出版。

(3) 师资培训和不间断的在岗辅导。

(4) 教辅材料的持续开发和导入。

(5) 实训平台的建立/实训业务的嫁接。

(6) 就业帮助和辅导。

十年树木，百年树人！呼叫中心专业建设和人才培养的工作任重道远，关系到呼叫中心产业的未来。丛书编撰工作务求紧密结合理论和实践，为产业的发展夯实基础，构建未来！

赵　溪

2013年6月于北京

客世教育简介

　　客户世界机构(CCM World Group)创立于2002年，是一个产、学、研一体化的产业发展集团。我们立足呼叫中心产业发展、专注客户管理研究方向、推动服务科学实践创新。透过媒体出版、认证测评、产业研究、管理咨询、会展服务、产业投资、教育培训、人力资源等，全方位、多维度、高度整合的产业链基础业务，对相关产业发展提供支撑服务。

　　作为客户世界机构旗下专业的教育科技公司，客世教育(CCMW EDU)是国内呼叫中心领域最专业的课程体系建设、实训平台建设和创新型校企合作解决方案提供商之一。通过联合部委、行业、企业、专家等资源，致力于为呼叫中心产业人才培养、岗位晋升及校企合作提供全方位的服务。

　　网址：http://www.ccmw.net
　　　　　http://www.ccmwedu.com
　　电话：400-779-7070

目　录

第一章

呼叫中心概述

科技的进步推动了现代服务业的发展,呼叫中心正是以信息技术为核心的科技进步与服务产业相互融合的产物。如今,越来越多的企业选择利用呼叫中心进行产业升级,传统的"价格竞争"正逐步走向"服务竞争",仅北美地区就有55 000多个呼叫中心,雇员人数达600余万人,占北美地区全部劳动力的6%,每年有超过7 000亿美元的货物或服务是通过呼叫中心购买的。不管我们身在何处,只要手边有电话或网络,几乎就可以买到任何东西或服务。总体来说,呼叫中心已逐渐"渗透"到各行各业,并开始引领一场传统产业的革命。

第一节 呼叫中心的概念

一、什么是呼叫中心

呼叫中心是一种工具。从根本上说,呼叫中心就是在我们致电航空公司或者电话银行系统时接线员所使用的工具。在我们的日常生活中,充满了各种呼叫中心的服务:拿手机拨打10000,接电话的电信人员使用的就是呼叫中心;给银行打电话,查自己银行卡里的余额,播放语音的就是呼叫中心……呼叫中心本身是一个建立和保持客户关系的工具。

呼叫中心是一个运营操作场所。它充分利用现代通讯与计算机技术,通过人工服务或自助服务的方式自动灵活地处理大量各种不同的电话呼入和呼出业务。我们常见的情形是,在一个很大的房间里,很多接线员有序地排成排坐在计算机前,利用手边的电话机与客户进行沟通、回答客户的问题。

以前一提到呼叫中心,人们普遍的认识就是接电话。早期的呼叫中心称作呼叫响应中心,以接入客户的电话为主,为客户提供各种电话响应服务,业务内容非常简单,如机场火车站的票务查询、酒店旅馆的房间预订、企业的投诉受理等。近年来,随着现代信息与通信技术的发展和市场需求的日益提高,呼叫中心的外延在不断扩展,它已经成为应用业务种类非常丰富的客户综合服务及营销中心。呼入服务方面,座席员不再是简单地接听电话,而是要提供一整套流程和技术上的指导。如我们在家使用宽带网络上网时发生网络中断,就可以立即拨通10000热线,座席员要详细了解具体情况,然后指导我们一步步解决问题。这样的过程往往只需要几分钟,而以前这样的服务可能需要经过很多环节,例如报修、应答、上报和受理等,花费一天甚至数天的时间才能解决。另外,座席员也可以主动外拨,不仅仅通过电话,还有短信、传真、电子订单、视频等多种媒体渠道对客户进行综合访问,业务涵盖电话营销、企业市场调查、费用催缴、客户回访等。而对于一些简单的业务需求,如查询账户余额、账单支付情况等,呼叫中心能够提供自助服务去处理。所以,现代呼叫中心是充分利用通信网和计算机网络的多项功能,利用各种先进的通信手段,有效地为客户提供高质量、高效率、全方位服务的综合信息服务机构。典型的呼叫中心离不开一系列先进的技术,如计算机电话集成技术(CTI)、呼叫自动分配技术(ACD)、自动语音交互应答技术(IVR)、呼叫管理系统(CMS)等。呼叫中心座席员的典型工作方式是:戴着耳麦,面前摆放着已联网的座席终端设备,一边通过电话与客户通话,一边录入或修改与客户有关的数据。呼叫可由客户发起,也可由呼叫中心发起。电话仍然是呼叫中心与客户联络的主要方式,但已不局限于此,越来越多的呼叫中心提供其他的接入渠道,如网上呼叫、文本交谈、自动传真、E-mail回复等。图1-1为呼叫中心工作现场图。

图1-1 呼叫中心

呼叫中心的命名五花八门,它来源于英文Call Center,有时也被称作客户服务中心或服务热线,表现了发达国家对服务质量的需求。随着各项技术——尤其是CTI技术的迅猛发展,呼叫中心已经被广泛而深入地应用到各行各业中,具有丰富多彩的内涵和外延。不同的企业根据其工作方式和工作内容的不同对呼叫中心有很多别称,如客户服务中心(Customer Service Center)、客户关怀中心(Customer Care Center)、客户联络中心(Customer Connect Center)、客户接触中心(Customer Contact Center)、客户支持中心(Customer Support Center)、多媒体接入中心(Multimedia Access Center)、客户关系中心(Customer Relation Center)、电话行销中心(Telemarketing Center)、信息处理中心(Information Process Center)等等,各种各样的别名从不同侧面反映了呼叫中心内容的广泛性和复杂性。在以客户为中心的今天,呼叫中心已成为政府与群众、企业与客户沟通信息的桥梁,它是今后政府、企业实现信息化的主要发展方向之一,能够显著地提升服务水平,为政府和企业带来良好的经济效益和社会效益,并最终推动整个社会的进步。

二、呼叫中心的作用

(一) 呼叫中心对政府的作用

随着电子政务的进一步深化，呼叫中心逐渐在政府服务中广泛推广。目前各地市长热线12345、工商服务热线12315、税务服务热线12366等都已经形成了品牌，市民可通过手机、固话、网络、传真等方式与政府机构呼叫中心平台获得联系，实现24小时查询政策法规、办事程序，还可就关注的城市管理、环境卫生、社会治安、就业、保险、公共事业等社会问题进行反映、申诉、提合理化建议，对政府各部门的办事效率、行为规范等进行监督、投诉。

政务服务呼叫中心及公用事业呼叫中心是政府推进现代政务、改善社会环境和经济环境、提高城市综合服务及保障能力的一项重要措施，它的建立可以有效解决以往的服务模式中存在的工作流程不科学、资源配置不合理、服务管理不规范等弊端，从而有利于：

(1) 提升政府机构形象，彰显政府机构实力；

(2) 政府机构的宣传；

(3) 加强与公众的联系，接受公众政务监督，提升公众满意度；

(4) 提高政府机构内部管理效率，多方面降低政府机构的管理和运营成本；

(5) 政府机构电子政务流程的改造；

(6) 7×24小时服务，保证公众服务的连续性；

(7) 有效配置资源，优化政府服务流程；

(8) 增强政府机构公众凝聚力，提升其公众影响力。

(二) 呼叫中心对企业发展的作用

随着"同质化"竞争时代的来临，客户已成为企业争夺的焦点，企业的利益直接来自于客户的满意度，强化建立一流的客户关系已经刻不容缓。如前所述，呼叫中心就是一种同客户建立关系、保持和发展客户并时刻掌握客户需求的战略武器，它通过高科技系统的支持和受过专业培训的服务人员，用高效的工作流程来实现对客户的专业管理，并通过这一渠道随时了解客户需求的变化，使企业在市场上更具竞争力。

呼叫中心的建立开通了企业面对客户的门户，充分发挥了与客户互动的功能，实现良好客户关系的提升进而成为商务时代的制胜关键。根据赛迪顾问公司对使用呼叫中心企业的调查，91%的企业认为呼叫中心可以提高服务质量和用户的满意程度；69%的企业认为呼叫中心可以增加业务代表处理的呼叫数目；另有66%的企业认为呼叫中心可降低电话费用；56%的企业认为可减少业务代表培训费用；47%的企业认为呼叫中心可降低销售开销；38%的企业认为呼叫中心可增加企业收入。美国最先提出和贯彻呼叫中心经营理念的Dell公司在全球PC营销中独占鳌头，靠的就是提供优质的客户服务。

企业使用呼叫中心的作用可以概括为以下几个方面：

(1) 提高客户的满意度和忠诚度，适应竞争时代的到来；

(2) 降低服务成本，有效地管理企业客户资源；

(3) 通过呼叫中心先进的服务手段和系统资源的紧密集成，实现高效的客户服务；

(4) 增加企业直销，降低中间周转，降低库存；

(5) 有效地改善内部管理体制，减少层次，优化平面式服务结构，提高工作效率；

(6) 利用计算机系统对客户数据加以统计分析，提供针对性的客户服务；

(7) 宣传并提升企业形象，扩大企业知名度；

(8) 通过对收集到的大量信息和数据的分析，为企业再发展和决策提供依据。

三、呼叫中心的特征

呼叫中心是一个以CTI(计算机电话集成)技术为核心，集语音技术、呼叫处理、计算机网络和数据库技术为一体的系统，它具有以下特征：

(1) 实现"一号通"，便于用户的记忆；

(2) 智能化呼叫路由使资源得以充分利用，采用自动呼叫分配系统，由多种条件决定路由的选择；

(3) 自动服务分流，由自动语音或自动传真可使客户呼叫分流，或由不同座席人员提供不同服务的客户呼叫分流；

(4) 7×24小时服务，通过自动语音应答设备能够做到为客户提供24小时全天候服务；

(5) 提供灵活的交流渠道，允许客户在与座席人员联络时随意选择包括传统的语音、IP电话、电子邮件、传真、文字交谈、视频等在内的任何通信方式；

(6) 提供"个性化"服务，事先了解有关客户的各种信息，不同客户安排不同的座席人员提供更有针对性的服务；

(7) 完善的客户信息管理、客户分析、业务分析等功能，为企业的发展决策提供事实依据；

(8) 既具有良好的社会效益，又产生好的经济效益的"利润中心"。

【案例】

随着IT互联网技术的成熟和2008年航空电子客票的推行，呼叫中心成为中国国际航空公司提升直销能力的有效手段。

国航电话销售服务中心总经理说："电子客票的普及为呼叫中心取代原来的代理售票点、提升直营能力提供了很好的契机。国航经过考察发现，互联网和电子客票的普及在改变旅客的消费习惯，呼叫中心能够成为重要的直销渠道；同时，全国统一的销售服务电话取代原有的散布在各地的客户服务中心，有助于提高呼叫中心的服务水平和客户满意度。因此，国航对呼叫中心提出了一个新的定位——销售与服务中心。"

经过三个阶段的部署，国航的新系统上线，统一的服务热线取代了"国航电话订座中心"。客户电话可以无缝链接到能够最恰当地解决问题的销售服务代表处，客户可以从国航位于北京、上海和成都的300多名销售服务代表处获得及时和个性化的服务，这极大地方便了客户的订票过程,而且电话客户服务中心的销售服务代表现在能够在通话期间看到客户的基本信息和历史活动记录。

不仅如此,新升级的国航呼叫中心还可以通过收集用户数据、数据挖掘实现定制化的服务。根据统计数据显示,乘坐头等舱和公务舱的乘客占航班收入的40%~50%,因此,如何为这些乘客提供更加个性化的高端服务是提高客户忠诚度、提升销售收入的重点。国航电话销售服务中心根据客户的服务建议和这些高端客户资料进行主动分析,针对他们推出了一系列的特别服务。例如为购买头等舱的旅客提供机上定餐服务,旅客在购票时就可以在系统上查看飞机提供的所有餐食种类,通过点击预订。电话销售服务中心的客服代表将向客人核实相关的要求和特别服务,并将确认信息送到食品公司。食品公司根据要求将标上座位号和名字的餐食送上指定航班。这样一对一的服务全部基于电子客票预订系统和呼叫管理系统来实现。

自新呼叫中心系统上线以来,国航电话销售服务中心的月收入同比增长接近300%。

四、呼叫中心的分类

(一) 按采用的不同接入技术分类

1. 基于交换机的呼叫中心

基于交换机的方式是将用户呼叫接入到后台座席人员,其处理能力较大、功能齐全、性能稳定,适于构建规模超过100个座席的较大的呼叫中心系统;但其成本也较高,一般的企业无法承担。这种方案主要适用于银行、电信等行业的大型呼叫中心。

2. 基于板卡的呼叫中心

基于板卡的方式是以计算机语音处理技术为基础,其基本思想是在计算机平台上集成各种功能的语音处理卡,完成对用户拨入呼叫的控制。相对于基于交换机的呼叫中心,板卡可以解决呼叫中心的基本功能,其成本低廉、设计灵活,但这是以性能的差距为代价的——不具备强大的交换处理能力,功能专用、稳定性难以保障。这种方案主要用于容量小、业务简单的小型呼叫中心。

(二) 按呼叫类型分类

1. 呼入型呼叫中心

呼入型呼叫中心(Inbound)不主动发起呼叫,其主要功能是应答客户发起的呼叫,其应用的主要方面是技术支持、业务受理、业务咨询、投诉/建议、信息查询等。

2. 呼出型呼叫中心

呼出型呼叫中心(Outbound)是主动发起呼叫,其主要应用是电话营销、市场调研、用户资料更新、催缴费、客户回访、客户挽留等业务。

3. 呼入/呼出混合型呼叫中心

这种类型的呼叫中心既处理客户发出的呼叫,也主动发起呼叫。单纯的呼入型呼叫中心和单纯的呼出型呼叫中心都比较少，绝大多数呼叫中心属于此种类型。

(三) 按规模分类

呼叫中心规模的大小一般用提供多少个业务代表座席区分。

1. 大型呼叫中心

大多数人认为超过100个座席代表的呼叫中心为大型呼叫中心，它们可以是全球型的、为跨国公司和大型企业服务的系统。有的呼叫中心座席高达上千人，一般配置庞大、投资很高，它至少需要有足够容量的大型交换机、自动呼叫分配器(ACD)、自动语音应答系统、CTI系统、呼叫管理系统、业务代表座席和终端、数据仓库或数据库等。

超过1 000座席的超大型呼叫中心在中国市场已经比比皆是，大规模集中化运营对这一类型的呼叫中心具有非常大的挑战，也是目前全球呼叫中心产业的运营管理难题之一。

2. 中型呼叫中心

座席代表在50～100之间的呼叫中心。中型呼叫中心利用PBX与CTI服务器与业务代表座席直接相连，座席代表同时与应用服务器相连，及时获得各种信息。客户资料也存在应用服务器中，可实时地将接入电话的客户姓名自动在计算机屏幕上弹出。CTI服务器一般由CTI硬件开发商的板卡和PC组成，其扩容和增加功能也比较方便，成本也低，因此是一种投资小、见效快、升级也灵活的系统。

3. 小型呼叫中心

座席数目在50以下的呼叫中心。这种系统结构与第二种类似，不过主要几个部分如PBX(也可用板卡代替)、CTI服务器(主要板卡线数可选择低一些的)、座席代表、应用服务器(数据库大小)在数量上均作相应减少，它主要适合业务量不太大的中小型企业。

(四) 按功能分类

- 电话呼叫中心、Web 呼叫中心、IP 呼叫中心
- 多媒体呼叫中心、视频呼叫中心、统一消息处理中心

(五) 按使用性质分类

1. 自建自用型呼叫中心

由企业自己购买硬件设备并编写有关的业务流程软件，直接为自己的客户服务，缺点是投资较大，需自己组建运营管理团队，需配备相关的技术人员。

2. 外包服务型呼叫中心

企业委托第三方全面管理或部分管理呼叫中心的业务，企业利用专业化分工，以更低的价格得到更为专业和灵活的座席应用服务。

3. 应用服务提供商(ASP)型呼叫中心

由应用服务提供商提供呼叫中心的设备和技术平台，而由租用平台的企业自己招募座席员和进行日常运营管理的呼叫中心。

（六）按分布地点分类

1. 单址呼叫中心

2. 多址呼叫中心

多址呼叫中心是指工作场所分布于不同地点，甚至分布于不同城市的同一个呼叫中心。无论在处理呼出还是呼入的过程中，分布于不同地点的子中心给客户的感觉都是同一个呼叫中心，分布于不同地点的子中心之间的信息交互可以通过企业广域网技术或互联网技术实现。

第二节　呼叫中心的产生和发展

一、呼叫中心的产生

到现在为止，呼叫中心发展的时间差不多80年左右，最早的雏形出现在美国。1937年，泛美航空公司开通了全球第一条电话服务热线，这个服务热线的主要作用是为它的旅客提供24小时航班的查询和机票预订。当时，泛美航空公司通过对所有航班的情况、配载情况进行研究之后发现了一个很大的问题：某些航班满座，想买票买不到；而某些航班空座率却很高。主要的原因就是信息不对称，如果信息都能通过很便捷的方式让乘客及时了解，乘客就可以在一个可控的范围内去调整他们的出行时间。循着这种思路，全球第一个呼叫中心就产生了。随后不久，美国的AT&T公司又推出了第一个用于电话营销的呼出型(Outbound)呼叫中心。

呼叫中心经过大约20年的发展，在20世纪70年代开始在北美形成一个初具规模的产业，有代表性的是美国AT&T公司和IBM公司。首先，AT&T公司在美国推出了全球第一个免费的800被叫方付费电话。800电话当时形成了一个雏形，很多的用户愿意去拨打这个电话，把他的问题讲出来。对于企业而言，最可怕的事情就是用户买了产品，用了之后觉得不满意，但是觉得找企业太麻烦。"行了，忍忍吧，大不了这辈子不再用它的产品。"这种危害是非常大的，而800被叫付费电话有效地解决了这类问题。由于这一举措的有效性，800号码得到了非常广泛的使用。之后差不多同一时期，IBM公司推出了专门有客户服务界面的工作站，就是CTI，第一次把电话直接打进了计算机里，实现了数据库信息和来电的匹配，这两件事极大促进了呼叫中心的快速发展。这一时期呼叫中心的应用主要集中在民航业、银行业和旅游业。此后，利用电话进行客户服务、市场营销、技术支持和其他特定商业活动的概念逐渐在全球范围内被接受和采用，直至形成今天规模庞大的呼叫中心产业。

二、呼叫中心的发展历程

新技术的不断涌现、客户服务价值观念的提升和为客户提供优质服务的需要成为呼叫中心发展的强大动力。客户的概念诞生于20世纪初，然而企业家们花费了将近100年的时间才真正领会了其中的含义。随着市场经济的深入发展，企业对市场和客户的依赖已经逐步提高到关系企业生存的高度，谁能把握住市场的脉搏、满足客户对产品的需求，谁就能赢得市场、赢得客户，企业才能生存、发展、壮大。随着企业经营理念"以产品为中心"向"以客户为中心"的逐步转变，企业开始建立了以客户为中心的业务模式，从客户的角度来看待产品、市场和营销。与此同时，"现代竞争由产品转向经营模式"，服务已迅速崛起成为现代企业竞争中的焦点，企业发展利益的稳定持续增长更多是直接来自于客户的满意度。基于此，越来越多的企业懂得利用呼叫中心去搜集客户对于自身产品的反馈并以此规划产品的研发方向，同时也明白利用呼叫中心去了解客户对企业形象的认知以及对产品和服务的满意度状况等，试图通过呼叫中心的便捷高效运作来增加客户的忠诚度，扩大市场份额。呼叫中心的发展建设，就是在以上背景下提出的。

自罗克韦尔(Rockwell)在1973年发明自动呼叫分配(ACD)后，世界上真正意义的呼叫中心得以成型。到2013年底，全球呼叫中心行业将走完40年的历程。从概念上讲，呼叫中心已经由原先简单的呼叫中心(Call Center)发展成为现在的客户联络中心(Customer Connect Center)或客户服务中心(Customer Service Center)，图1-2是两者的对比。

	早期呼叫中心	客户服务中心
主要目的	客户技术支持	客户关系管理
主要益处	解决客户问题	创造收入，留住客户
渠道	电话、传真	电话、传真、E-mail、Web
与客户关系	单一接触方式	以客户为中心
客户体验	较差、缺乏一致性	个性化服务，各渠道提供一致性服务
商业价值	不清	战略价值
可用性	工作时间	7×24
技术	GUI界面，工作时间程度集成	无纸化办公，系统高度集成(CTI)，界面友好

图1-2　早期呼叫中心与现代客户服务中心对比

早期的呼叫中心在业务量不断扩大的情况下越来越难以满足客户的需求，现代企业希望呼叫中心能从一个简单的电话处理中心发展成为以客户服务为本的、综合性的"客户服务中心"或"万能联络中心"，现代企业希望呼叫中心能提供每周7天、每天24小时的不间断服务，允许客户在与业务代表联络时选择语音、电子邮件、传真、文字交谈、视频等任何通信方式；并希望能事先了解有关客户的各种信息，针对具体情况安排具有特殊技能的业务代表来满足客户的特殊需求。在这种愿望的驱动下，呼叫中心，或者说客户服务中心的建立不仅只是简单地采用了一种更好的服务手段，而是使服务的观念及其方式也发生了深刻的变化，甚至企业整体的管理方式与经营模式也将随之变革。

最近几年，呼叫中心已迅速发展成一种新兴产业，出现了大批硬件设备提供商、专用软件开发商、系统集成商和大批运营商，呼叫中心服务已成为电信应用服务的重要领域。

呼叫中心具有操作方式简单、业务种类丰富、服务专业化、智能化以及能实时显示用户信息等特点，是集语音技术、呼叫处理、计算机网络和数据库技术于一体的系统，它能实现自动呼叫分配、查号、话间插入、来话转接、代答、自动总机服务及留言、用户数据、计费管理、远端用户端话务台等许多功能，因此可以作为企业的公共信息话务中心。呼叫中心是计算机语音集成技术的一个重要应用方向和市场热点，是一套集中处理语音、数据信息的信息处理系统，它将计算机系统和通信系统密切地连接在一起，实现经济、高效、完善的用户呼入服务，信息资源可实现集中管理和全面共享；它将信息通信技术与数据库技术完美地结合在一起，使商业运作达到快捷、高效和经济的效果。基于呼叫中心原理的客户服务系统不仅在电信行业有广阔的市场前景，在邮政、银行、医疗、保险、税务、烟草、交通、旅游、出版以及政府部门等许多行业亦有很好的推广前景。

呼叫中心在世界各地尤其是欧洲和北美都呈现出高速发展的局面，全球呼叫中心产业发展规模最大的要属美国、欧洲和澳大利亚。在美国，有超过500万座席，占1.38亿工作人口的3.6%，如果计入后台人员则超过700万，呼叫中心已形成44亿美元的行业价值，年销售额达到6 500亿美元，并以每年20%的速度递增。欧洲是除北美之外的又一重要的呼叫中心地区，预计目前欧洲的呼叫中心数量总量接近40 000个，座席量预计达到230万以上，呼叫中心从业人员占到总从业人口的1%。欧洲呼叫中心正在从规模和范围上呈现出爆炸式增长，其中英国、法国、德国和荷兰在15个欧共体国家中呼叫中心销售收入占到80%的比例。在德国，要找到一个年增长率达20%的行业已经很难，而呼叫中心行业就是一个，在过去8年中，德国呼叫中心的数量增长了3倍，目前总数已超过5 600个，座席数28万个。澳大利亚全国有5 000个呼叫中心，共有雇员10万人，仅澳大利亚电信这一家公司就建有150个呼叫中心，拥有近10 000个座席。近年来，由于全球经济的不景气和欧美市场逐步趋于饱和，也由于IT技术的突飞猛进使得外包成为可能，欧美很多企业为了降低呼叫中心的运营成本而将呼叫中心业务不断向海外转移。这样一来，也促成了印度、菲律宾和墨西哥等新兴呼叫中心市场的快速增长。据统计，2010年印度有2 000多家呼叫中心和40万以上的座席量，其中75%左右的呼叫中心是服务于国际市场，呼叫中心的员工规模平均达到740人以上，远高于全球平均水平。2008年，拉丁美洲呼叫中心市场上的软硬件销售总额为3.83亿美元，巴西、墨西哥的市场份额超过70%，成为拉丁美洲呼叫中心市场的主力军。

我国香港地区呼叫中心产业的规模也比较大，仅电讯盈科一家就已突破国家和地域的限制，在亚太地区拥有3 000多个座席。中国大陆地区的呼叫中心也有了飞跃的发展，中国电信、中国移动、中国联通、中国网通、中国铁通等电信运营商共投入数十亿元，大规模地建设呼叫中心，许多省市分公司也纷纷建起本省市的呼叫中心。与此同时，在银行、证券、保险、税务、电力、交通、航空、旅游、商业、娱乐，以及政府、法律、计算机等行业和部门也大规模建设先进的呼叫中心，提供各种专项服务。

发展至今，呼叫中心已形成一个巨大的产业。呼叫中心不仅有各种硬件设备提供商、软件开发商、系统集成商，还有众多的外包服务商、信息咨询服务商、专门的呼叫中心管理培训学院，每年举办大量的呼叫中心展会和数不清的呼叫中心期刊、网站等等，从而形成一个庞大的、在整个社会服务体系中占有相当大比例的产业。据调查，在美国有70%的客户服务是在呼叫中心发生的。

三、呼叫中心的发展方向

随着全球网络技术特别是互联网技术的迅猛发展，呼叫中心逐渐由普通电话走向了网络技术，可以预见，未来的现代化呼叫中心应该是集各种现代计算机技术、网络技术、CTI技术、多媒体技术为一体的综合性呼叫中心。从目前的情况来看，Web呼叫中心、多媒体呼叫中心、虚拟呼叫中心、IP呼叫中心将会成为现代化呼叫中心产业的主流产品。

(一) Web呼叫中心

Web呼叫中心(Web Call Center)延伸了传统呼叫中心的功能，在传统呼叫中心没有触及的领域中找到位置，同许多传统业务找到结合点。Web呼叫中心的出现使呼叫系统尽可能简化操作，并能够借助各种服务手段，适应了客户多元化的需求。

Web呼叫中心实现了传统的"拨叫交谈"向"点击交谈"的转变，集合了语音传送(点击通话)、网页导航与辅助填表、语音和Web语音的交换、排队、分布式呼叫中心、邮件处理系统、页面交谈(文字Chat)等技术和功能。

目前来讲，把语音和Web在网络上结合起来的理想途径是VoIP。Web上的VoIP呼叫工作原理为：客户填写一些基本的客户资料后，点击呼叫按钮呼叫座席员。如果用户的资料已经在数据库中，座席员就可以直接从浏览器上看到与该客户相关的信息；如果用户是第一次进入呼叫中心，座席员的浏览器上就会发出提示，向客户询问并记录客户信息。对客户来说，只需要一台接入互联网的多媒体电脑和免费的客户端软件就可实现Web浏览和交谈功能。

Web呼叫中心有多种形式的应用模式，这为Web呼叫中心的广泛应用提供了条件，企业甚至可以在不增加任何专用设备(只需要使用软件)的情况下建立一个Web呼叫中心，而座席可以设在全球的任何地方。Web呼叫中心的应用前景是非常广阔的，除了一般的应用外，它在网上订票、网上投诉、网上教育等方面都可以得到应用。当Web呼叫中心与传统呼叫中心集成后，将会集两种呼叫中心的优势于一身，提供全方位的服务，其市场将更加可观。

(二) 多媒体呼叫中心

多媒体呼叫中心(Multimedia Call Center)实际上是基于CTI技术的传统呼叫中心与

互联网呼叫中心的相互结合，它的一大特点是集中，即通过一个普通网络基础设施所获得的数据、语音和图像的集中，它的出现允许人工席位员可以同时处理语音呼叫、Web请求、E-mail和传真。

现在许多呼叫中心开始热衷于把各种媒体通信技术集成到一起，实现语音、图像和数据的集成，通过多种媒体传输各种信息。目前，多媒体呼叫中心整体解决方案主要是跨越合作企业和互联网的集语音和数据传输为一体，特别值得一提的是可视化多媒体呼叫中心(Video Multimedia Call Center)的出现。随着技术的进步，人们对视频图像数据的传输需求越来越强烈，可视化多媒体呼叫中心正是技术和需求相互结合的产物，它通过视频信号的传递完美地实现客户代表和客户之间面对面的交流。可以预见，随着技术的进步和设备投资的降低，多媒体呼叫中心将在今后占据呼叫中心市场的主导地位。

(三) IP呼叫中心

IP呼叫中心(IP Call Center)的出现不但解决了互联网的呼叫请求通过一个电话网关转换成普通的电话请求再接回到原有的呼叫系统中的缺陷，还把呼叫中心与互联网融合为一体。系统中充分利用了VoIP技术，达到节省成本的目的；同时把呼叫中心与互联网集成为一个整体，互联网上的用户请求和电话请求完全等同对待，并且支持宽带多媒体呼叫。IP呼叫中心不仅能支持语音电话，还能提供包括音频、视频在内的多媒体通信；不仅能支持传统的电话终端，还能支持来自互联网的文字、语音、短消息等交互方式；不仅提供了完整的座席功能，还具有实用的呼叫中心管理体系。由于采用了先进的VoIP及软件交换技术，可以为电话和互联网的客户提供统一的客户服务，因此，相比传统呼叫中心，IP呼叫中心将更具有成本优势，同时处理能力也将大幅度提升。

相对于传统的呼叫中心而言，IP呼叫中心有着分布式支持、易于面向NGN的升级、极强的系统扩充能力、多种移动平台的接入、移动办公、穿越防火墙等不可比拟的优势，同时从技术实现角度来看，IP呼叫中心相对于传统的呼叫中心而言，由于充分利用了VoIP技术，因此在整个系统中处理的完全是数据，这样很多功能便可以通过软件来实现，省去了大量的硬件投资，同时系统处理流程也得到了进一步优化，另外，可视化的定制方式使得部署IVR变得异常简单和容易。IP呼叫中心还为融合通信环境提供了统一的IP业务支持平台，从营销的角度看，IP呼叫中心产品无疑会开辟一个更为广阔的市场，企业可以利用电信运营商提供的服务平台开展各种更具吸引力的新业务，实现最优的客户服务。

(四) 虚拟呼叫中心

虚拟呼叫中心与其他类型的呼叫中心相比具有的最大优势是实现了最大限度的节省投资以及人力资源的充分利用，其实，虚拟呼叫中心应该说不是一种具体形式的、按实施技术进行分类的呼叫中心，它只是呼叫中心运作方式的一种变化，从实体的到虚拟的，从集中的到分散的。现代化呼叫中心可以在基于先进的智能化、技能分组的路由技术的基础上建立虚拟呼叫中心，即座席员可以有效地工作在任意地点，例如一个特殊复杂产品方面的专家可以工作在远离呼叫中心的其他工作地点而仍能服务于呼入呼叫中心的客户。实际上，"呼叫中心"正在演变成"虚拟客户服务中心"。

四、中国呼叫中心的发展历程及趋势

(一) 中国呼叫中心的发展历程

中国呼叫中心(书中主要指中国大陆地区)的发展轨迹与国外相似，几十年前的110和119是我们接触到的最早的呼叫中心。1998年以前，我国的呼叫中心产业主要集中在电信业的一些服务领域，112、114、170、189等众多特服号码以及寻呼中心的背后就是呼叫中心的雏形。随着电信业务的增长，1998年，10000号客户服务中心可以说是中国现代呼叫中心产业的先锋。20世纪90年代后期，由于国外专业呼叫中心产品提供商和国内优秀厂商纷纷进入国内呼叫中心市场推行客户服务中心概念，其他行业如金融、政府及公共事业等行业和部门也开始大规模应用呼叫中心提供各种服务，从此之后逐渐发展到了我国呼叫中心产业的今天。

十几年来，随着中国改革开放的深入进行，在中国加入WTO之后经济快速发展的大背景下,中国的呼叫中心已经取得了令人可喜的成绩并逐步形成了一个朝气蓬勃的产业，呼叫中心产业已经完成了在多个垂直行业的布局与发展，相关的计算机、网络与通信技术等得到越来越多的运用，而在呼叫中心产业的从业人员数量、席位数量等方面都发展形成了一定的规模。

1. 中国呼叫中心发展阶段

从技术角度看，呼叫中心在中国的发展大致经历了四个阶段：
- 第一个阶段是"114"阶段；
- 第二个阶段是"114"＋语音自动应答阶段；
- 第三个阶段是语音自动应答服务＋人工座席阶段；
- 第四个阶段是基于 Web 的呼叫中心服务阶段。

(1) "114"阶段。客户有问题可以拨打特定的服务号码，服务人员接起电话后，可以在计算机上查询相应的资料信息，回答客户的问题。

(2) "114"＋语音自动应答阶段。客户拨入呼叫中心，可以选择人工或自动应答服务。如果选择人工服务，则采用"114"服务形式；如果选择自动应答服务，用户可按语音提示进行选择，完成话费查询等相关服务。168信息服务台，就是典型的"114"＋语音自动服务。

(3) 语音自动应答服务＋人工座席阶段。其与前两个阶段的重要区别是加入了CTI计算机电话集成技术——即语音和数据的同步，是指由一组受过专业训练的人员来处理客户的来电，客户来电经自动语音应答系统指导或直接选择自己关心的信息，或转接到人工座席服务系统，由最适合的业务人员接听电话。当业务人员拿起电话时，已经在电脑屏幕上看到了客户的背景资料和服务所需信息，因此业务人员能提供最友好、最专业的服务。

(4) 基于Web的呼叫中心服务阶段。其除了处理传统的语音、传真服务以外还可以为客户提供电子邮件(E-mail)、在线交谈(Chat)、网络电话(IP)服务功能，采用统一的转接逻辑、统一的商业智能分析、统一的历史联系记录、统一的配置管理环境。

从认识理念上划分，国内呼叫中心的发展也可分成四个阶段：

- CTI 阶段；
- 客户关系管理阶段；
- 客户关怀阶段；
- 社会化服务阶段。

(1) CTI阶段。大概从1998年到2000年。这个阶段中国即将加入WTO，但主要的一些服务行业还没有形成真正的市场竞争，如当时中国电信是一个政府垄断的独家公司。中国的制造能力已经很强了，劳动力很便宜，但是中国基本上没有服务。在制造业方面、在人力资源成本方面，中国都有很大的竞争优势，但当时任何一家产品放在中国也没有办法做服务，这是一个很大的问题，要补这个短板。因此，在当年一个主要的市场推动力量叫"政府引导行业推动"，就是政府高度重视这件事情，相关的行业比如说中国邮政，2000年做了一项工作，所有省级的邮政局建立面对全省的集中的呼叫中心，这项工作有专门拨款。因为这个原因，在短短两三年时间里，中国主要的行业建立了大型的呼叫中心，也形成了这个行业的雏形。

CTI阶段最主要的特点就是强调技术应用和功能的实现，比如有没有OTA、有没有IV、有没有ACD、有没有录音系统、有没有MI，如果都有，那绝对是呼叫中心，主要就是强调构建的方式。

(2) 客户关系管理阶段。大概从2001年到2003年。CRM就是客户关系管理，在国内市场，通常会把CRM系统和Call Center捆绑在一起，是因为中国起步相对较晚，有后发优势；另外，呼叫中心已经有效地把很多与本企业有关的数据全部集中到一个数据系统里面，只要把CRM导入，就可以很有效地利用这些数据。

这个阶段最大的特点就是中国的企业真正开始引入呼叫中心应用。2001年年底，有一个数据是非常惊人的，当年中国呼叫中心座席数达到了9.8万个，接近10万个，投资额第一次突破109亿元人民币，主要的新生力量是新兴的电子商务公司。

(3) 客户关怀阶段。这一阶段从2004年开始，到了这个时候，客户变得越来越重要，所以称"Customer Care & Management"。

如何迎接客户关怀时代的来临？从2004年开始，市场进一步繁荣，越来越多的企业、越来越多的形态都在用呼叫中心，而且已经变得千差万别！像饭桶网，订餐可以打电话；婴儿奶粉经销商，也有专门的呼叫中心；上海有十余家出租车公司都有自己的招商热线，毫无疑问，呼叫中心的应用已经越来越广。呼叫中心有自建型的、外包型的。自建型主要用于自有客户的服务，外包型的通过局部和整体的系统设备、人员等等的租赁为其他企业提供服务。客户服务的服务类型有呼入方式(Inbound)、呼出方式(Outbound)，当然最多的是呼入方式和呼出方式混合。有呼入方式的电话服务也有呼出方式的电话营销，呼出方式还可以做服务的回访，所以，涉及呼叫中心一些主要的技术运用，比方在呼入方面，可以做一些客户服务、客户关系管理、查账、资源热线、投诉热线；呼出方面还可以做预约、整体资料库、客户回访、客户关系管理、催缴。

(4) 社会化服务阶段。随着社交媒体应用从个人用户向企业用户快速蔓延，社交媒体应用给人们的工作和生活带来巨大影响。在呼叫中心领域，服务社交化趋势也越发明显，越来越多的用户更喜欢通过社交媒体应用接受服务，而不是传统电话语音。随着现代通讯技术、互联网技术和交互式视频信号系统的进步，呼叫中心将朝着智能化、个人化、多媒体化、网络化及移动化方向发展。

2011年开始，在以社交媒体为代表的新媒体应用驱动下，中国呼叫中心出现了泛在化趋势，即：呼叫中心将打破以语音服务为主导的局面，同时突破传统系统功能限制，让呼叫中心服务变得无处不在。不仅可以是语音、短信，还可以是视频、数据、即时通信、邮件、视频和网络留言等，未来的呼叫中心将是基于语音、数据和视频等综合信息技术的多媒体呼叫中心。

2. 座席的规模发展与行业、地域分布

呼叫中心产业被引入中国后，在短短十多年时间里表现出强劲的发展势头，已为越来越多的行业及企业用户所接受和应用。由于中国经济的快速增长、企业竞争和服务意识的提高、电话普及率逐年提高、电信资费的下调、互联网的迅速普及和WTO的影响等因素，促使中国呼叫中心产业总体市场规模以复合年均增长率(CAGR)40%的速度高速增长，与呼叫中心应用有关的信息遍布政府、金融、电信、物流、汽车、旅游、农业、航空、劳动保障、社区服务、电力、餐饮等几十个行业，其中不仅包括服务类呼叫中心，也包括营销类呼叫中心，而且营销类呼叫中心已经成为呼叫中心市场新的增长点。

(1) 呼叫中心产业总体市场规模。中国的呼叫中心产业已经成功渗透到了56个行业，产业总体座席数也从2001年的10.2万多座席发展到2011年年底的48万座席，近几年的年复合增长率一直保持在16%左右，如图1-3所示。

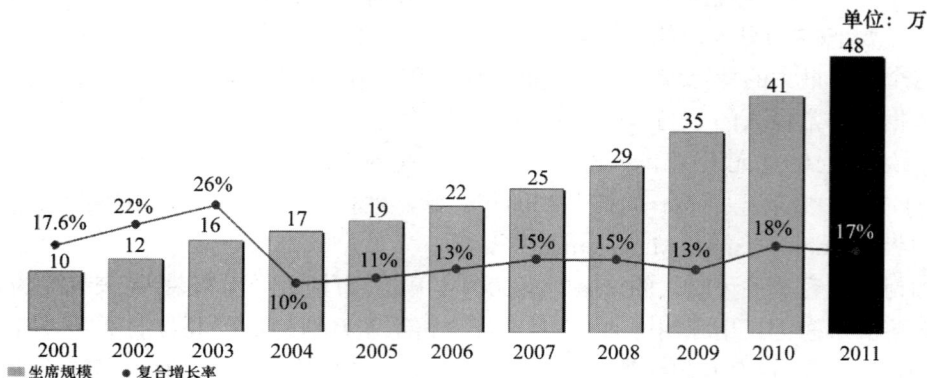

图1-3   2001—2011年中国呼叫中心座席规模走势图

与此同时，伴随着中国电信运营商(中国电信、中国移动和中国联通)、金融机构、政府热线和电子商务等行业大力实施呼叫中心的单点集中，以及各行各业对呼叫中心的需求逐年上升，2011年中国地区单点平均座席数已经达到201座席(2010年的数字为194座席/站点)。

(2) 呼叫中心业务功能应用。从图1-4、1-5业务功能分布看，35%的受访呼叫中心的主营业务是传统的客户服务(包含业务咨询、信息查询、售后服务和投诉建议等业务功能)，技术支持和市场营销(呼入/呼出)类的业务呈齐头并进的态势。

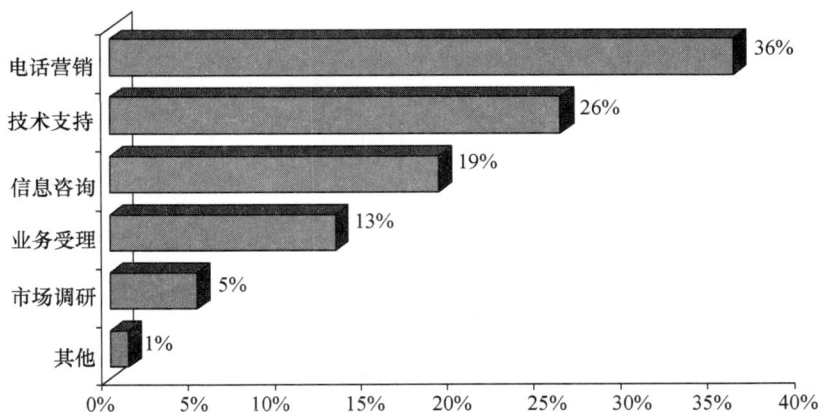

图1-4　2011年中国呼叫中心业务种类占比

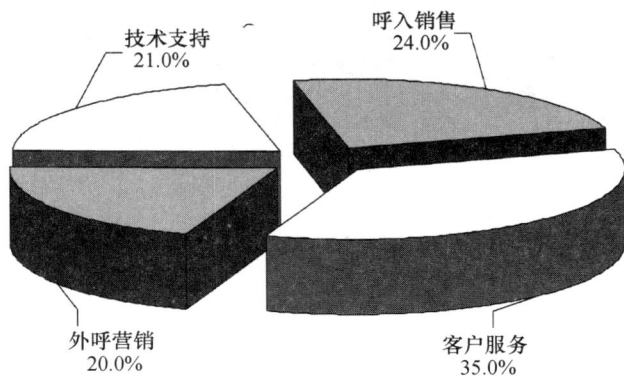

图1-5　中国呼叫中心业务功能分布(2011)

(3) 呼叫中心行业分布。目前，我国应用呼叫中心的行业主要分布如下：
- 信息传输、软件和信息技术服务业；
- 金融业；
- 制造业；
- 电力、热力、燃气及水生产和供应业；
- 建筑业；
- 批发和零售业；
- 交通运输、仓储和邮政业；
- 住宿和餐饮业；
- 房地产业；

- 租赁和商务服务业；
- 水利、环境和公共设施管理业；
- 居民服务、修理和其他服务业；
- 教育；
- 卫生和社会工作；
- 文化、体育和娱乐业；
- 公共管理、社会保障和社会组织。

(注：以上行业分类参考中国国家统计局标准定义)

图1-6为中国呼叫中心产业分布图。

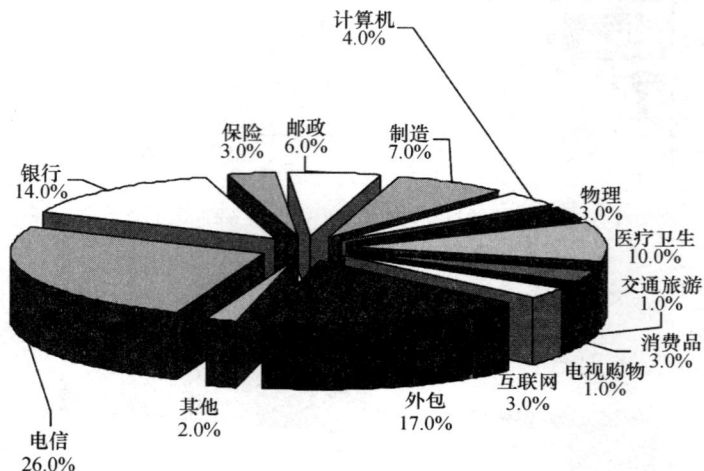

图1-6　中国呼叫中心产业分布(2011)

(4) 呼叫中心地域分布。目前，我国呼叫中心的分布几乎遍布全国每一个地区和省市。从整体而言，由于呼叫中心的需求情况与区域经济的相关度非常高，华北、华东和华南这三个区占据绝大部分的呼叫中心席位数。但随着东北地区离岸外包业务的开展，其座席数量的增长也比较迅速。

图1-7是按照各地区座席数统计的呼叫中心分布图。

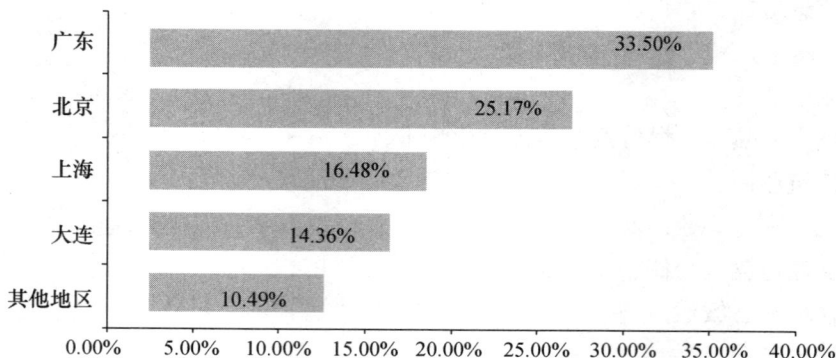

图1-7　中国呼叫中心座席数按地区分布图(2011)

(二) 中国呼叫中心的发展趋势

在电子技术和通讯技术的带动下，呼叫中心产业在短短20年间从无到有，在世界范围内蓬勃发展，呼叫中心行业的出现和发展也深深地影响了现代服务业，丰富了服务的内涵和形式，改变了服务的模式，影响了服务的理念。越来越多的企业发现，通过呼叫中心向客户提供服务与进行营销拥有时间和地域上的灵活性，是节省运营成本、提高销售服务质量的有效方式，2008年奥运会和2010年世界博览会以及每年召开的高新技术成果交易会等又使得国内国际的科技、经济、旅游、文化等方面交流非常活跃，这些为呼叫中心市场带来了新的拉力。通过对有关资料的调查分析发现，中国呼叫中心产业将有如下发展趋势。

1. 投资先进的IP技术

中国呼叫中心产业经过几年的平稳发展，产业规模不断扩大，呼叫中心几乎已经遍布全国各行各业。随着互联网络的不断扩大和成熟，呼叫中心的应用方式也呈现出新的发展方向，呼叫中心以后将更多地利用IP语音通讯来优化企业的资源分布。

通讯技术的发展促使呼叫中心业务由传统的以语音板卡或语音交换机作为接入手段，以TDM形式处理语音技术向以VoIP技术、IP数据包处理系统内所有视频、音频、数据、传真信息的多媒体呼叫中心发展，达成真正与互联网技术结合的新一代多媒体通讯解决方案，这一技术发展促使传统行业不但能够获得一套功能强大、覆盖面广的客户服务、网络销售系统，而且大大增加了呼叫中心系统与企业已有业务信息系统进行各类信息交换的可能，为企业经营决策带来更丰富、更前端的一手信息资源。

调查显示，亚太地区近40%的呼叫中心正在考虑投资先进的IP技术。超过80%的被调查者指出，对能够处理语音、电子邮件、即时通信、短信、Web等多种渠道的呼叫中心的需求在增长。在最近几年，基于IP的技术已更加稳定，与可靠性相关的问题已不再是IP在该地区呼叫中心普及的主要障碍。

由于越来越多的行业及企业开始建立自己的呼叫中心，客户群体不断增大，机构日趋分散，大型呼叫中心将由集中走向分散，这为IP分布式呼叫中心的应用提供了更广阔的空间。电信、金融部分呼叫中心经过数年的发展，在规模上不断壮大，巨大的人员流失及招聘等管理成本将直接抵消大规模集中运作所带来的竞争优势，面临着大规模集中化运作的瓶颈，将开始集中之后的分散，这无疑将大大推动IP分布式呼叫中心在中国的应用和发展。

2. 发展领域进一步延伸

在行业发展上，目前，国内电信、金融业呼叫中心建设已经日益成熟，应用深度较高。未来几年内，政府、银行、股票、公用事业等这些领域的呼叫中心将基本建设完毕，呼叫中心投资将向电信、金融等以外的行业加速扩展。研究显示，呼叫中心投资在制造、物流、零售行业中表现出了良好的增长态势，未来两年，这三个行业的呼叫中心投资规模增速都保持在35%～50%左右。

另外，中小企业的呼叫中心建设仍然是未来几年的热点，并且随着广电行业、电视购物、医药、旅游、快速消费品等行业的迅速发展，这些行业对服务的需求明显，也将使呼叫中心的建设步伐进一步加快、发展领域进一步延伸。在地域分布上，呼叫中心座席建设将向二线城市迁移，考虑到一线城市如北京、上海、广州、大连面临的巨大的人员成本、场地成本等多方面的制约以及竞争的激烈，越来越多的外包及集中式呼叫中心开始将运营中心向二线城市迁移以充分利用其相对比较便宜的巨大人力资源。并且，VoIP技术、互联网、呼叫中心管理的IT软件的发展将促进这种转变的进程。

3. 外包业务将大量增长

目前国内很多企业对于呼叫中心的外包开始加深认识，并逐渐改变运营理念，一些企业已经开始计划将呼叫中心的业务进行外包。伴随着这种转变的加深，国内呼叫中心的外包服务也将进一步展开。

在自建呼叫中心的运营过程中，企业需要有效地解决技术、人员、管理、资源投入等关键问题，但是由于技术与管理的专业性以及很高的投资与运营成本，很多企业望而却步。即使一些已经建立了呼叫中心的企业，在投入了大量的精力与资金后，也没有收到预期的效果。首先，呼叫中心要能提供普通及先进的语音服务，还要进行大型数据库管理，并与企业IT系统有效结合。呼叫中心的系统需要高性能服务器、成百上千个节点的网络管理，有效地建设与发挥这个系统的作用需要专业的技术做基础，这将使企业面临挑战。其次，企业建设呼叫中心面临选择设备提供商、业务集成商的难题。因此，往往只有那些大型的、跨地区的、与IT相关的、资金雄厚的企业能有效地实现这样一系列的工作。第三，呼叫中心是"劳动密集型的高科技产业"，呼叫中心需要具备一批知识结构复杂、技术水平很高的员工队伍。因此，建设呼叫中心必须面对人员的有效管理与激励问题，这导致许多企业还没有正式开始对其核心业务的思考，就先要面对大量的人力资源管理问题。第四，呼叫中心要提高服务水平就需要对商业智能与客户关系管理系统等进行大量的投资，这对企业的资源基础提出了很高的要求，这些资源如果由一个企业承担将会大大提高其服务成本。由于运营成本高、管理难度大、技术难度大，这就使得单一企业在网络覆盖、建设成本、服务质量、运营管理方面面临着巨大的成本和经营压力。为了降低运营成本、提高效率、减少投资风险与运作管理的麻烦，企业最终希望通过外包发挥呼叫中心的最大优势。

目前，呼叫中心外包的主要模式包括租用硬件、人员外包、委托建设及管理、业务合作。据调查，外包呼叫中心在欧美国家正成为一种趋势，一些行业呼叫中心外包业务的份额已经超过了50%。在世界500强企业中，有90%以上的企业利用外包呼叫中心从事其主要的商务活动。

4. 咨询、培训及标杆认证业务愈显重要

目前，国内企业对于呼叫中心在企业内扮演的角色已经有了清楚的认知。为了让呼叫中心成为一个既是服务的中心，又是与客户互动的中心，甚至是为企业创造利润的中心，需要呼叫中心的管理者进一步提高管理水平，进而提高客户忠诚度。并且，随着行业规模的迅速扩大及大量的新人步入，呼叫中心的运营管理需要进一步的规范与加强。

如何使呼叫中心的服务更加标准化？如何制订一份有效的运营管理手册？手册中

如何确定各岗位的从业人员所应从事的工作范围、职责、授权范围等？从业人员应该具有什么样的能力和素质？如何设计高效的工作流程？呼叫中心如何充分利用现有资源提高客户满意度，进而提高客户的忠诚度？这些专业性的问题不但使刚刚进入呼叫中心的新人望而生畏，甚至也时常困扰着有数年从业经验的呼叫中心管理者。但是，呼叫中心管理者们已经意识到专业机构所提供的培训与咨询能够为有效地解决这些问题提供有益的帮助与指导。这就使呼叫中心对咨询、培训及认证业务产生了大量需求，从而促进呼叫中心培训与咨询业务的增长。

企业客户服务在自身的发展之外需要不断地引入外脑，一些企业甚至倾向于与咨询、培训服务机构形成长久的战略合作伙伴，以获得全年甚至多年系统化的提升和专业培训与咨询服务，这给呼叫中心咨询、培训市场带来了良好的发展机遇，并将促进市场的整合和优化。目前，国外一些大型咨询公司在客服领域的进入将全面提升竞争的激烈程度，咨询、培训服务水平将进一步提升，标杆认证已经成为运营管理的基准，这是一个不可忽视的市场。

第三节 呼叫中心的关键技术及其应用

一、呼叫中心关键技术模块

呼叫中心是一种基于CTI技术的，不断将通信网、计算机网和信息领域最新技术功能集成融合，并与企业连为一体的一个完整的综合信息服务系统，是一个最完整的电子商务系统。现代呼叫中心涉及了计算机电话集成技术(CTI)、自动语音交互应答技术(IVR)、呼叫自动分配技术(ACD)、数据仓库技术和管理科学等诸多方面，成为一种能充分利用现有通信手段和计算机技术的全新现代化服务方式，如图1-8所示。

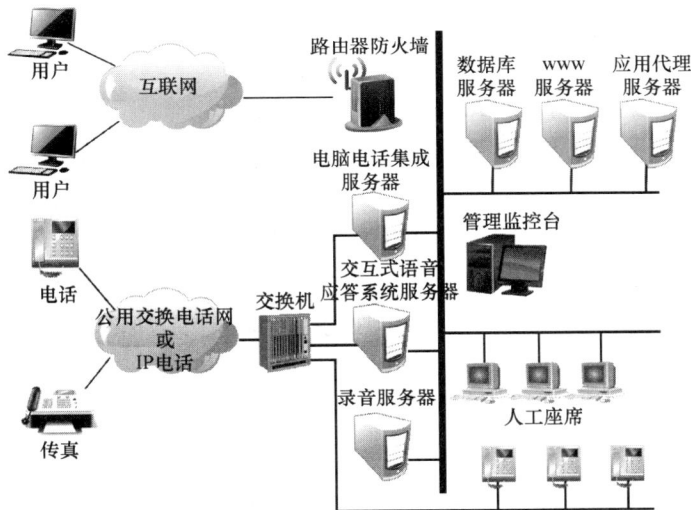

图1-8 呼叫中心结构图

(一) 计算机电话集成技术

计算机电话集成技术(Computer Telephone Integration)，简称CTI，计算机电话集成是随着电信技术和计算机技术的发展而产生和发展的，随着两者的逐步融合，计算机领域引入了通信技术，电信设备中也增加了计算机技术的应用，这就诞生了CTI这个横跨电信和计算机两个领域的新技术。CTI技术从诞生开始就随着电信和计算机技术的发展而不断发展，如今，它已经演变成了不仅仅是计算机和电话的结合，而且支持传真、互联网、视频、语音邮件等媒体的通讯形式，从而成为计算机与电信的融合。它是在电话网络进入数字化时代，计算机技术广泛应用于通讯领域后逐渐发展起来的一门综合技术。

CTI服务器是呼叫中心的核心，它为呼叫中心的实现提供软件控制和硬件支持。硬件方面，CTI服务器提供交换机和计算机互通的接口，将电话的语音通信和计算机网络的数据通讯集成起来，完成计算机平台与通讯平台间的信息交换；软件方面，CTI服务器可以使电话与计算机系统实现信息共享，在系统进行电话语音信号传送的同时实现客户数据信息的预提取，在座席人员应答客户电话的同时立即在其计算机屏幕上显示与客户相关的信息，实现屏幕上弹出功能(如根据用户呼叫信息迅速识别用户，通过弹屏使座席员立即了解客户的情况，从而提供针对性的服务)、协调语音和数据传送功能(如实现语音数据的同步转移)、个性化的呼叫路由功能(如将呼叫接通到上一次为其服务的业务代表)、自动拨号功能(包括屏幕拨号、记录拨号和预先拨号)等。

【案例】

张先生曾经给呼叫中心打过电话，等他下次再打电话的时候，号码一打进这个系统，跟他有关的信息就会弹出电脑屏幕。操作人员立刻就知道是张先生。他上个月的5日打过电话，说维修人员帮他修了洗衣机，修得不错，今天他又打电话来了。"您好，张先生，您上个月修的洗衣机现在用得怎么样？""啊？"张先生想，"这个人太神了，她怎么就能听出我的声音，知道我是张先生，而且知道几号修过洗衣机！"

(二) 自动语音交互应答技术

自动语音交互应答技术(Interactive Voice Response)，简称IVR，是呼叫中心的重要组成部分，主要用于为用户电话来访提供语音提示，引导用户选择服务内容和输入电话事务所需的数据，并接受用户在电话拨号键盘输入的信息，实现对计算机数据库等信息资料的交互式访问。对于查询或者咨询类业务，IVR可以引导用户进行留言。在一体化呼叫中心平台中，IVR首先是一个子系统，它与其他子系统协同来实现一个呼叫中心平台的标准功能；其次，它又是一个可以单独运行、维护和升级的独立系统，可以在只需要IVR的场合单独使用。IVR实际上是一个"自动的座席代表"，它可以取代或减少人工座席的操作，提高效率、节约人力、实现24小时服务。同时也可以方便用户，减少用户等候时间、降低电话转接次数等。

对客户来说，IVR提供了多种选择，客户可以选择收听他们需要的信息，可以选择在呼叫中心有空闲代表时回呼，也可以选择呼叫中心E-mail或传真给他们所需要的信息。他们可以在任何时间提出这些要求，甚至凌晨2点。对呼叫中心来说，IVR带来的好处就更明显了，这种技术属于客户自我服务的一部分，其优点是为企业降低成本。对于很多不可能提供7×24小时座席代表服务的企业来说，这是理想的解决方案。另外，这项技术可以使呼叫中心在不增加座席的情况下同时处理更多的话音业务，因为大量的简单服务完全可以由自动语音应答系统来完成，这样可以节省座席代表的宝贵时间。

(三) 呼叫自动分配技术

呼叫自动分配技术(Auto Call Distribution)，简称ACD，也称自动排队，负责客户电话的均衡分配，系统能够实时跟踪座席状态并依此生成有效座席队列。

ACD的主要功能有以下几个方面：

1. 程控交换功能

ACD在本质上也是交换机的一种类型，必须具有程控交换机最基本的话务交换功能。

2. 排队功能

ACD必须具有话务排队的功能，所谓排队是指在内线都忙的情况下，外部再打来电话时则按一定规则进行排队，一旦内线空闲时再行接入。

3. 路由功能

拨入ACD的话务可以根据一定的路由规则转发到响应的座席终端或其他的一些终端。

4. CSTS协议支持

这是ACD最重要的功能之一，是交换系统与计算机系统的联系纽带。ACD与通用交换机最本质的区别在于：通用交换机是一个封闭系统，由自身内定的规则进行接续，而ACD则是一个开放系统，根据主控计算机的命令进行接续，这使得ACD具有更大的灵活性。

ACD是现代呼叫中心的灵魂，是呼叫中心诞生的技术基础。如果没有ACD呼入的信息查询、客户服务和订单接入等，呼叫中心就是一片混乱。ACD的作用是将接入的电话智能地路由到不同的呼叫中心座席专家那里，它现在不仅仅是路由电话，已经发展到是整个呼叫中心呼入呼出电话、语音及数据传送的智能控制中心，并且它决定着呼叫中心中处理业务的优先顺序、管理方式和衡量标准。

(四) 呼叫管理系统

呼叫管理系统就是负责记录和汇报呼叫中心内各种和呼叫有关数据的管理系统。和IVR(自动语音应答系统)、ICC(互联网呼叫中心)、呼叫预拨系统、录音系统等一样，呼叫管理系统是目前呼叫中心解决方案中不可缺少的一环。根据被管理呼叫中心的结构组成，可以分为单点呼叫管理系统(为集中式呼叫中心服务)和组网呼叫管理系统(为分布式呼叫管理系统服务)两种。

一套标准的呼叫管理系统能够提供的功能包括以下几类：

1. 对呼叫进行监控

监控、记录和统计各种呼入、呼出的相关数据，包括次数和时间等。

2. 对座席进行监控

监控、记录每个座席的工作情况，包括每一次操作的细节以及对座席工作表现的总结。另外，可以显示出每个座席实时的工作状态，如通话、示闲、示忙等。

3. 对ACD组进行监控

能够从全局的角度记录一个ACD组的整体工作情况，包括整个ACD组的工作强度和服务质量。

4. 对整个呼叫中心进行监控(仅适合于组网呼叫管理系统)

如果呼叫管理系统面向分布式呼叫中心,那么呼叫管理系统应该可以对连接在一起的每个独立呼叫中心进行信息监控,包括被监控的呼叫中心整体呼叫量、座席人员整体表现等。

通常情况下，一个呼叫管理系统还包括诸如大屏幕、信息公告牌、信息滚动条等电子系统，进行管理信息的公布。

(五) 数据库服务器

数据库服务器主要提供系统的数据存储和数据访问等功能。客户基本信息、交互数据、业务资料等都存储在数据库服务器中，以便为座席人员的服务提供支持，为管理人员的决策提供依据。

呼叫中心的数据随时间而累积，数据量常常非常巨大，因而对数据库处理能力的要求相当高。呼叫中心的数据库系统一般采用主流商业数据库系统，如SQL Server、Oracle等。规模较大的呼叫中心为了防止负载过大导致性能下降，系统实现时常常引入应用服务器，将呼叫中心的客户/服务器二层结构变为客户端/应用服务器/数据库服务器三层计算模式，将业务逻辑和数据库处理分别分配到客户端、应用服务器和数据库服务器来实现，以平衡负载，提高呼叫中心的性能。数据库系统一般单独使用一台服务器，对于特别重要的数据资料，更进一步使用双机热备份来确保数据安全。

(六) 其他服务器

其他相关服务器包括Web服务器、E-mail服务器、传真服务器、IP电话网关等。为了满足Web呼叫的需要，Web服务器成了现代互联网呼叫中心的一个重要组成部分。通过Web服务器及其相关部分，用户可使用随手可得的Web自助服务，通过文本交谈、VoIP、同步浏览、表单协作等与座席进行交互。随着接入方式的增加，E-mail服务器、传真服务器，IP电话网关等也越来越多地融入了呼叫中心中。

二、呼叫中心的技术应用

目前，呼叫中心在接入技术上已经由单一信息交互信道——电话，转变为多种形式的多媒体信息信道——电话、传真、E-mail、Web、VoIP。现代通信系统技术、互联网技术和交互式视频信号系统的发展，促使呼叫中心正向着智能化、个人化、多媒体化、网络化、移动化的方向发展。随着互联网呼叫中心、多媒体呼叫中心以及虚拟呼叫中心在国内的迅速涌现和发展，呼叫中心也从原来的电信、银行等行业逐步渗透到经济生活的各个行业之中。

同时，随着云计算、移动互联网、社交媒体等新兴产业的快速崛起，企业对呼叫中心系统的应用需求也发生了一系列变化，而在这些新需求驱动下演变出一系列呼叫中心的新模式、新技术、新应用。

经过多年发展积累，呼叫中心技术趋于成熟、功能日益完善、系统性能越来越高、与其他IT系统间的协作越来越密切、在企业日常运营中所发挥的作用也越来越大，呼叫中心也由过去的"成本中心"向"利润中心"转变。越来越多的企业，特别是大型企业将更多的业务功能与应用通过与呼叫中心的整合来实现，通过呼叫通路实现营销、销售、服务、内部支持和渠道管理等多种功能的有机整合。呼叫中心作为企业与客户的重要接触点将承担起企业营销策略的核心任务：电话销售、客户维系、营销渠道管理、网络营销管理等。

另外，呼叫中心还将承担企业战略意义的任务。CRM技术的使用让呼叫中心的价值得以大幅提高，其核心在于分析客户信息、发掘客户需求、把握营销机会、实现客户价值。而呼叫中心作为企业的统一对外窗口，担负着客户信息采集、客户需求分析、客户价值分级、客户需求满足以及企业的客户服务、信息发布、市场调研、直接营销和形象展示的重要责任，因此，呼叫中心是CRM的统一对外信息平台，而呼叫中心由"成本中心"转化为"利润中心"则必须改变呼叫中心的业务模式、必须导入CRM理念，由被动提供服务到充分发掘客户价值，主动出击为企业创造利润。

CRM按其内容包括了用户信息管理系统和决策支持系统两个主要部分。用户信息管理系统主要通过大量细微的资料积累把企业客户和个人用户的基本数据以及与商务有关的数据积累起来并不断更新和扩大，通过对这些数据的分析、归纳、判断，可以得出宝贵的数据集。决策支持系统包括统一管理客户数据库、整合客户数据、进行数据清理、数据挖掘、分析和决策，CRM决策的成功取决于数据的完整性和决策算法的准确性。只有依据CRM理念将呼叫中心采集到的客户信息进行分析和发掘，并将客户信息与企业的内外部资源进行有效整合，再通过呼叫中心等信道满足客户的需求，实现客户价值，才能将呼叫中心由成本中心转化为利润中心，呼叫中心的真正价值才能得以实现。

三、呼叫中心的技术发展

回眸呼叫中心的发展轨迹不难发现，呼叫中心的发展历程清晰地烙印着通信技术和计算机技术的发展历程。根据呼叫中心采用的技术状况，可以将呼叫中心分为如下几个阶段。

（一）第一代呼叫中心：人工热线电话系统

第一代呼叫中心起源于20世纪30年代，此阶段的呼叫中心主要起的是咨询作用，将用户的呼叫转移到应答台或者专家处，由应答台或者专家回答客户的问题。由于当时的通信技术和计算机技术还比较薄弱，所以第一代呼叫中心是一个由两人或更多人组成的，在特定地点用专用设备处理电话业务的小组，而内部的工作人员就是通常所说的呼叫中心代理人。一个呼叫中心可以只提供信息接收服务(呼入电话中心)或者只提供信息发送服务(呼出电话中心)，或者是一个混合式呼叫中心(兼具呼入和呼出功能)。第一代呼叫中心因为是人工操作为主，故多称之为人工热线电话系统，如图1-9所示。

第一代呼叫中心的特点：硬件设备为普通电话机或小交换机(排队机)，简单、造价低、功能简单、智能化和自动化程度低、技术含量低、人工成本大，一般仅用于受理用户投诉、咨询，适合小企业或业务量小、用户要求不高的企业使用。

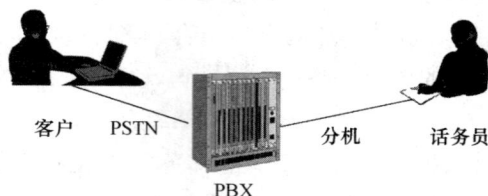

图1-9　电话＋人工＋笔记本

（二）第二代呼叫中心：交互式自动语音应答系统

随着计算机技术和通信技术的发展，随着要转接的呼叫和应答的增多，第一代呼叫中心由于基本靠人工操作，各方面的欠缺逐渐暴露，已明显不适应时代发展的需要，因此，功能完善的第二代呼叫中心系统由此产生。第二代呼叫中心开始建立起交互式的语音应答(IVR)系统，这种系统能把部分常见问题的应答交由机器即"自动座席员"应答和处理，如图1-10所示。

第二代呼叫中心特点：广泛采用了计算机技术，如通过局域网技术实现数据库数据共享；语音自动应答技术用于减轻座席员的劳动强度，减少出错率；采用自动呼叫分配器均衡座席话务量、提高客户的满意度等等。但第二代呼叫中心也存在一定的缺点：它需要采用专用的硬件平台与应用软件，还需要投入大量资金用于集成和满足客户个性化需求，灵活性差、升级不方便、风险较大、造价也较高。

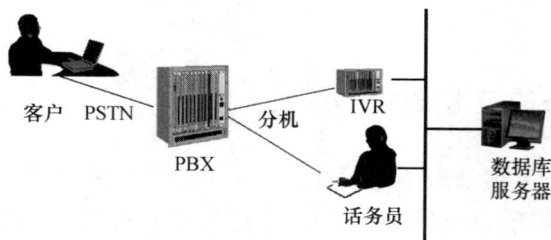

图1-10　电话＋人工＋计算机＋数据库

(三) 第三代呼叫中心：兼有自动语音和人工服务的客户系统

与第二代呼叫中心相比，第三代呼叫中心采用CTI(Computer Telephone Integration)技术使计算机网和通信网融为一体，实现了语音和数据同步，它主要采用软件来代替专用的硬件平台及个性化的软件。由于采用了标准化通用的软件平台和通用的硬件平台，使得呼叫中心成为一个纯粹的数据网络，如图1-11所示。

第三代呼叫中心的优点：采用通用的软硬件平台，造价较低；随着软件价格的不断下调，可以不断增加新功能，特别是中间件的采用使系统更加灵活、系统整合度更高、系统扩容升级方便；无论是企业内部的业务系统还是企业外部的客户管理系统，不同系统间的互通性都得到了加强；同时还支持虚拟呼叫中心功能(远程代理)。

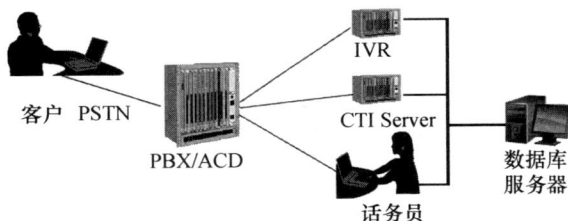

图1-11　电话＋人工＋计算机＋数据库＋CTI技术

(四) 第四代呼叫中心：网络多媒体客服中心

近年来，随着互联网的崛起以及数据、话音和视频传输网络三网合一的技术发展，给呼叫中心的应用带来了新的空间，呼叫中心的服务内容、服务方式、服务技术和服务领域发生了巨大的变化，用户可以通过电话机上的按键来操作呼叫中心的计算机。第四代呼叫中心很大程度上是为互联网用户服务的，其功能更加强大，应用范围也更加广泛，如图1-12所示。

第四代呼叫中心的特点：在接入方式上集成了互联网渠道，实现接入和呼出方式的多样化，使用户可以各种方便、快捷的方式(电话、传真、计算机、手机短信息、WAP、寻呼机、电子邮件等)与呼叫中心客户代理人进行沟通和交流，同时它也实现了多种沟通方式之间格式的互换，诸如文本到语音、语音到文本、E-mail到语音、E-mail到短消息等的自由转换等；语音自动识别技术可自动识别语音并实现文本与语音自动双向转换，即可实现人与系统的自动交流；基于Web的特点使之能完成Web Call、独立电话、文本交谈、非实时任务请求；由于它的设计重点主要集中在应用层面上而不是硬件(如PABX)上，因此更能适应企业的要求、更有效地配合企业客户关系管理CRM的进程；第四代呼叫中心系统采用了开放式的设计(Open System)，也大大提高了系统的灵活性，同时加强了与其他系统的整合性。

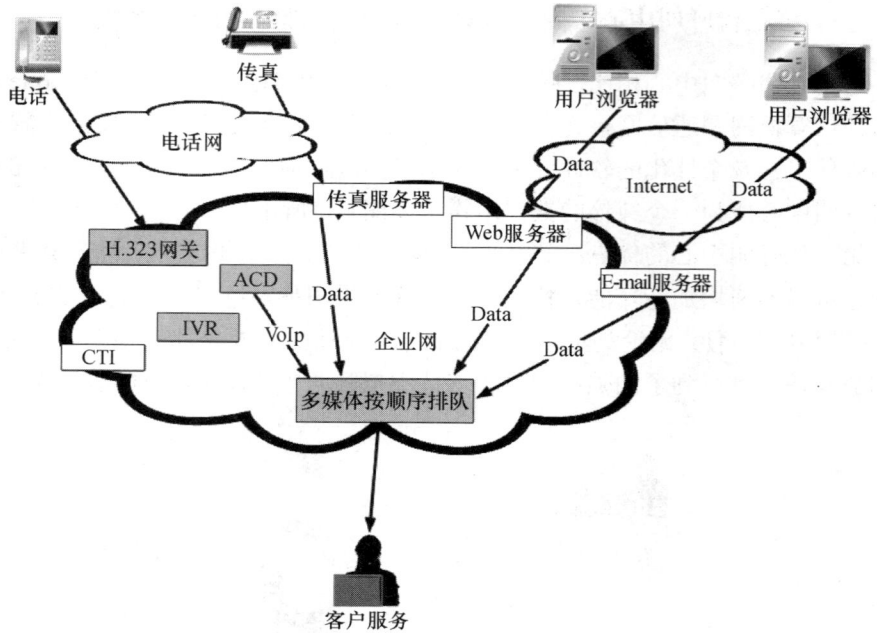

图1-12 公用通讯网络＋人工＋计算机＋数据库＋CTI技术＋灵活的业务构建平台

(五) 第五代呼叫中心：基于UC、SOA和实时服务总线技术的，具备JIT管理思想和作为全业务支撑平台TSP的呼叫中心

随着呼叫中心产业的发展，呼叫中心对通信技术、计算技术、运营管理和业务模式提出了更高的要求，于是，呼叫中心演进到了第五代。与第四代相比，第五代的典型特征是融合共享，它有四个特性：即UC、SOA、JIT 和TSP。

1. 通信，基于UC

UC(Unified Communications)意思是统一通信。第五代呼叫中心在通信方面提出了更高的要求，允许客户以各种联络方式请求呼叫中心，并且呼叫中心能够和管理电话一样管理这些联络方式，这些联络方式包括电话、传真、短信、电子邮件、网上音频、网上视频、文本交谈、文件传输、护航浏览、应用共享、桌面共享和电子白板。

2. 计算，基于SOA和实时服务总线技术

SOA(Service-Oriented Architecture)最关键的理念是"服务"，意思是面向服务架构，强调系统互操作性。呼叫中心引入的软件系统越来越多，软件需求也在不断的变化，因此，第五代呼叫中心要求软件基于SOA技术以满足系统之间的交互和不断变化的需求；同时呼叫中心是典型的实时系统，要求系统之间的交互是实时的，而实时处理的需求也是不断变化的，因此必须也必然需要实时服务总线支撑。

3. 管理，具备JIT管理思想

JIT(Just-in-time)准时化生产方式是一种独具特色的现代化生产方式。它作为一种彻底追求生产过程合理性、高效性和灵活性的生产管理技术，已被应用于世界各国的许多

行业和众多企业之中。其精髓在于持续改进，包括"倒过来"的生产方式、杜绝一切形式的浪费、尊重人性和调动人的积极性、良好的外部协作关系。第五代呼叫中心在技术上需要对JIT管理思想提供有效的管理工具。

4. 业务，作为全业务支撑平台TSP

TSP(Totally Service Platform)，第五代呼叫中心在业务模式上应该是一个全业务支撑平台，意思就是对于呼叫中心来说它能支持各种业务。既可以应用于呼入，也可以应用于呼出；既可以应用于客户服务，也可以应用于电话营销；既可以应用于众多商业领域，也可以应用于50多个政务行业；既可以应用于自建呼叫中心，也可以应用于外包呼叫中心；既可以应用于大集中呼叫中心，也可以应用于分布式呼叫中心。

思考与练习

1. 什么是呼叫中心？企业对呼叫中心是如何理解和命名的？
2. 呼叫中心系统里有哪些主要的技术设备？它们的作用是什么？
3. 阐述呼叫中心的作用和特征。
4. 呼叫中心的分类标准有哪些？结合分类标准，试描述中国移动12580是什么类型的呼叫中心。
5. 简述呼叫中心的起源。

第二章

呼叫中心常规操作流程

呼叫中心在国内的飞速发展从某种程度上推动了各个行业对客户服务观念的重视，这种重视反过来又有力地推动了整个呼叫中心行业的不断发展。国内呼叫中心在数量上不断增加，良好的运营管理也越来越成为呼叫中心成功的关键。一个呼叫中心良好的运营管理需要呼叫中心座席员有着优质的客服理念和丰富的业务经验，熟练掌握呼叫中心的操作流程，需要管理者拥有先进的管理方法，更需要建立一整套完善的组织管理体系以保证呼叫中心实现高效运营。

第一节　呼叫中心的组织结构

组织能力是企业生存竞争的先决条件，组织管理是有关企业全局的一项基础工作。为协助呼叫中心座席员提高服务质量，同时对整个呼叫中心实施有效的数字化管理，呼叫中心内部必须建立起恰当的组织结构，如图2-1所示，要准确定位呼叫中心内部的核心职能，构建完善的部门和职位体系，理顺内部信息沟通的渠道，从而支持呼叫中心整体目标和策略的实现。

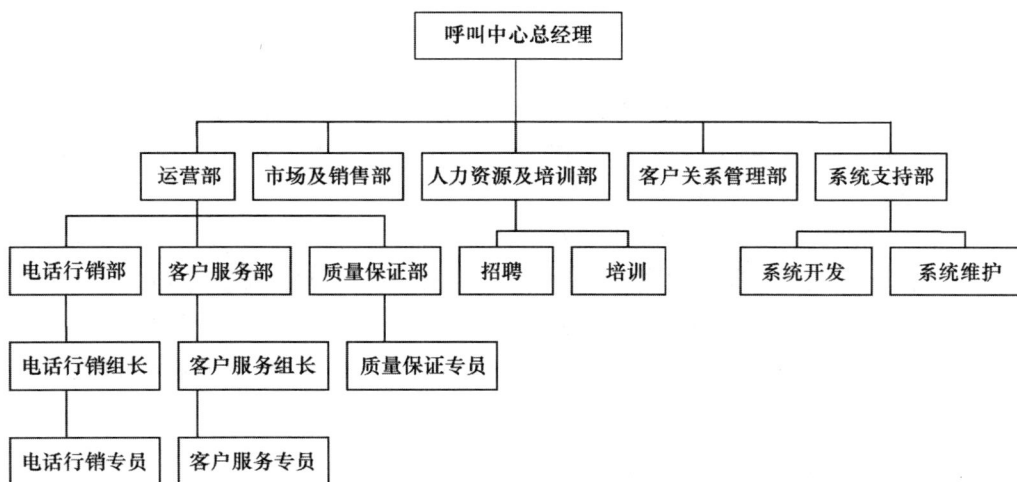

图2-1　呼叫中心组织结构图

一、运营部门

运营部门的主要职责是负责呼叫中心日常运行,提供服务以达到挽留和赢得客户的目的,并开展电话行销开发新客户,同时对服务质量和流程进行有效的监控。

运营部门的最高管理者是运营经理,运营经理的主要职责是:

- 呼叫中心最高决策人,制订呼叫中心的发展方向和政策;
- 协调呼叫中心与公司其他部门之间的关系,并召集会议、调整流程和服务内容,确保客户的需求受到充分的重视;
- 负责管理整个呼叫中心的运作表现、质量保险、生产率及成本效率控制等目标,并全面监管日常客户服务;
- 规划、管理及控制呼叫中心的运作,以便用有效、高效的方法达到品质与成本的目标;
- 在符合优质服务的目标下确保呼叫中心的资源得到最有效的利用;
- 管理被分派项目的整体质量、绩效及生产力;
- 设计及发展优秀的工作流程及范例,并确保其执行品质;
- 发现及校正任何影响生产力及获利方面的营运问题,培养积极、专业的客户服务团队。

客户服务部在运营经理的领导下积极运作,提供客户7×24小时的热线咨询、信息查询、投诉受理等方面的服务;电话行销部负责执行电话行销业务,完成销售任务,并向客户提供快速、准确与专业的咨询及服务;质量保证部则确保各部门工作任务指标的达成以及工作成果的质量达标,它的主要职责表现在以下方面:

- 负责确保实现既定的KPI,并积极主动地完善各部门及部门之间的工作流程等;
- 负责对一线员工进行培训,对流程进行明确描述,确保其有效性;
- 站在用户的立场明确核心工作流程,并根据用户最关心的三个最重要的因素进行流程变更和质量监控;
- 协同呼叫中心经理共同开发监控服务质量和KPI的工具和手段;
- 阶段性地从呼叫中心运营部门的前线员工及管理人员那里收集用户动态作为流程改进的主要依据;
- 随时跟踪个人执行情况,并进行具体的统计;
- 当流程及效率需要大规模改进时,负责设计并执行项目实施计划;
- 协同有关部门开展神秘用户调查,并进行阶段性的外部用户满意度调查;
- 与客户关系专员合作,进行客户反馈调查和客户流失率分析,以使得流程更有效率。

二、人力资源及培训部门

人力资源及培训部门的主要职责是负责为运营部门提供高素质的人员以满足运营的需要,并提供运营所要求的新员工入职培训。

1. 培训员的主要职责

- 了解企业未来的发展规划，并尽可能为员工提供必需的发展培训；
- 在公司中创造学习的文化氛围；
- 计划、组织并实施职业发展计划；
- 领导并开展一般的软性技能和管理培训；
- 维护并更新所有的员工培训记录，保证所有的培训设备状态优良；
- 协助相关部门进行运营培训，并对其有效性进行评估；
- 建立单独的人力资源部，专门为呼叫中心提供人力资源的服务，尽管人力资源和行政的职能属于支持的角色，但对于整个客户服务系统的成功，起到了不可或缺的作用。该部门提供广泛的支持，包括人力资源、行政和后勤等。

2. 人力资源管理员的主要职责

- 根据业务需要规划人力资源和员工战略；
- 根据人力资源政策处理来自运营部门的新增或补充员工的申请；
- 建议人员的薪酬和福利架构；
- 准备招聘计划；
- 发布招聘广告；
- 进行面试；
- 控制人力安排，避免人员过剩造成浪费；
- 处理员工的投诉或者纪律问题；
- 组织并领导定期的员工与高层管理人员的沟通；
- 处理员工的薪酬和保险事宜；
- 带领员工开展娱乐和体育项目；
- 向运营经理建议与员工有关的纪律；
- 进行员工满意度调查；
- 管理集中采购和供给、财务和会计、存货控制、文具提供、安全、卫生、餐厅、交通、计划生育和勤杂工人。

三、系统支持部

系统支持部的主要职责是开发适合运营需求的程序，并维护部门的网络、系统、服务器、电信设备、数据库、资料库和桌面，保证网络和系统有效运营。

系统工程师的主要职责有：

- 维护并支持部门的网络、系统、服务器、电信设备、数据库、资料库和桌面；
- 保证网络和系统有效运营；
- 建议有关部门站在市场的角度对新技术的应用进行成本和利益分析；
- 与有关部门共同评估供应商的标书；
- 为相关部门提供必要的技术培训；

- 维护并及时更新资料库；
- 根据有关部门的要求开发软件应用，以满足客户需求及业务需求；
- 在技术和系统方面采取安全措施。

四、客户关系管理部

客户关系管理部的主要职责是在市场部门的配合下设计、执行客户忠诚度计划，并控制客户忠诚度计划项目的进度来提高客户的忠诚度，提高客户回头率和客户关系管理，同时进行数据分析，挖掘客户的购买能力进行升级销售和交叉销售。

客户关系管理专员的职责有：

- 通过数据挖掘、数据分析进行客户确认和客户细分；
- 在系统部门的协助下维护数据库，并保证随着业务要求的变化和发展，新数据能够及时被添加；
- 计划、组织并实施任何客户挽留计划、目标客户计划、客户建议会、客户满意度调查和其他忠诚度计划；
- 跟踪客户流失率，并进行客户流失率分析，定期向总裁和客户服务总监提交分析报告。此外，客户关系部应与销售和市场、技术部合作，尽可能降低客户流失率；
- 负责客户投诉的分析及流程改造和跟踪。

五、市场及销售部

市场及销售部的主要职责是设计电话行销、DM、数据库行销的销售策略，并通过运营部得以实施，达到获得新客户的目的。呼叫中心的运营管理首先是人的管理，因此建立一个有效的组织结构就成为呼叫中心成功关键中的关键。组织结构建立起来后，下一步即是根据组织结构来确定整个呼叫中心的运转流程。

第二节　呼叫中心流程的设计与管理

一、流程与流程管理的作用

流程就是为了完成某项工作而定制的程序文件，是操作人员为了达到工作目的而执行的一致工作方法。

流程是呼叫中心运作的基础，呼叫中心所有的业务都需要流程来驱动。

【案例】

有客户打来关于产品或市场活动的咨询电话——

客户："某某型号的手机是你们家生产的吗？"

客服："是的。"

客户："现在我这个手机开不了机了。"

客服："是吗？我先帮您记录下来。"

如果在此之前电脑系统里已经有一个工单,座席员就可以先在电话里做一些简单判断:现在是话筒说话对方听不见,还是对方说话你听不见,马上就知道是扩音器的问题还是喇叭的问题。如果我说话对方听不见,肯定是麦克的问题,如果是麦克的问题,填1号工单,把它交给相关部门处理;如果是对方说话我听不见,那是扩音器的问题,填2号工单,让相关部门去处理。

呼叫中心的主要作用包括:

(1) 第一时间把客户的需求接收下来;

(2) 通过在线的方式,对这个需求做一些简单的判定;

(3) 把需求落实到一个工单里面去,在规定的时间内满足客户的修理或应诉。

试想如果客户电话被转来转去,必然会产生不满。在这个过程中只有把流程理得很细,座席员才会很清楚在自己的层面把事情记录到什么程度,然后升级给谁。而这个升级的过程最多不要超过三级,如果超过三级都不能够解决,就证明工作效率是有问题的,流程设置就有问题。

如果电话量突然激增怎么办?只要有应急预案,就可以在电话打进来第一段IVR里面加一段录音,说咨询某某产品的问题,请按0,按0后放一段IVR录音。

【案例】

某可乐公司搞可乐罐的拉环"揭盖迎奥运"活动,只要有"揭盖迎奥运"这五个字,就可以一个空罐换一罐可乐,有"奥运"这两个字,得5 000元现金。之后一堆电话打进来,处理方式很简单,"参加揭盖迎奥运活动的,请按0",按0后会有一段IVR,告诉在哪里兑奖,如何兑奖,要带什么东西。

呼叫中心为了达成客户一致体验,必须要有好的流程运作,流程对于呼叫中心运营来说就像乐章对于交响乐团一样重要。

有效的流程管理可发挥以下作用:

(1) 业务过程会变得简单,从而使工作效率提高,并减少重复性工作。

(2) 改进过程的速度提高,企业不会再使用"漫无目的"的方法进行管理提升。

(3) 容易找到更有效的方式降低成本。

(4) 更有效的呼叫处理和数据管理过程,促使客户满意度和效益提高。

(5) 借助于容易理解的工作过程图表,新员工能更快地掌握工作流程。

二、工作流程的内容

呼叫中心要为客户提供最佳的服务,就要设计出一套完整的工作流程,其内容涵盖前台的服务和后台的管理。工作流程应是围绕着呼叫中心的目标有序地进行一系列活动以产生某种特定结果的过程。根据客户中心前后台分开的特点,工作流程可以分为服务流程和管理流程两部分。在一个设计完整的流程中,每一个活动都是建立在前一个活动的结果之上并对整体结果产生作用。不难想象,一个呼叫中心若没有健全、科学的流程作为有效管理的工具,必然会引发企业低效率、低士气、高成本、高投诉等现象,同时也无法让客户体验到企业良好的服务承诺，以及建立企业与客户之间的满意关系。

(一) 服务流程

当客户来电时，所关心的可能仅是他们反映的问题是否能获得立即而有效的解决或改善。但是对于呼叫中心而言，客户的每一通来电需求，座席人员都是依照既定的程序和步骤来执行服务的。只有如此，客户得到的信息才会一致，即使由不同的座席人员服务，仍能保持相近的服务水平。换言之，为了满足客户不同的来电需求，呼叫中心就必须将系统操作方式、标准应对用语、资料输入方式、交易记录查询或来电记录查询等一连串的作业程序组织起来，形成的座席人员作业依据，就是所谓的"服务流程"。

呼叫中心制订的服务流程主要有如下几种：

1. 客户咨询流程

客户咨询流程主要是针对客户进行咨询时提供相关信息及服务的流程。

2. 业务查询流程

业务查询流程主要是针对客户进行业务信息查询及业务出现问题进一步核实时所涉及的相关工作环节。

3. 业务受理流程

业务受理流程主要是针对客户进行各种交易业务的处理所涉及的相关工作流程。

4. 投诉处理流程

投诉处理流程主要是对投诉处理单的受理、解决和回访等所涉及的相关部门职责的明确和工作的安排。同时包括客户建议、客户表扬的处理流程。呼叫中心提供的服务形式有人工服务和电话语音服务两种，所以以上各种服务流程也应分为人工和语音两类，各有不同。

(二) 管理流程

呼叫中心受理客户服务的请求后，后台管理将发挥系统支持、现场监督、资料提供、信息传递等重要的作用。由于呼叫中心往往与企业的各个部门有千丝万缕的联系，这就决定了呼叫中心的流程执行过程中更多的涉及和其他部门的沟通与协调，呼叫中心的管理人员与团队内外的合作、交流就成为流程运营成败的关键。呼叫中心、企业内部各部门、客户等组成一个紧密的工作小组，小组内各岗位、各环节密切配合，依次完成各岗位应尽的职责，最终完成客户闭环服务。管理流程是各岗位工作时沟通和配合的依据，是呼叫中心工作有序进行的保障，将对客户满意度产生重要影响。

呼叫中心的管理流程主要有以下几方面：

1. 电话现场转接管理流程

电话现场转接管理流程主要是对于客户咨询时座席人员不能解决的问题，或是客户反应激烈要求与上级领导对话时，进行座席人员、组长、运营主管、呼叫中心经理逐级处理，不断将问题解决升级的处理流程。

2. 工作单传递管理流程

工作单传递管理流程主要是对于运营现场根据客户要求生成的各种工单，如客户投诉处理单等，工单的管理人员审核、向对口部室传递分发、回馈结果系统录入、专人回复客户，工单归档等工作处理流程。

3. 信息发布与更新管理流程

信息发布与更新管理流程主要是对呼叫中心所需要的业务信息、客户资料、数据等信息，主动向业务部室收集、信息员加工整理、管理人员审批发布和更新的管理过程。

4. 质量监控流程

质量监控流程主要是对现场服务及业务受理的质与量的控制，质的控制在于对话务和业务质量控制的数据的收集、管理和分析；量的控制在于对于数据量的计算和制取，既要有个案的收集又要有全面的反映。

5. 故障报警流程

故障报警流程主要是针对系统通路、操作系统、主机通信等技术类故障，定时监控、及时发现上报、排除故障的管理流程。

6. 灾难应急流程

灾难应急流程主要是针对呼叫中心场地出现不可抵抗的灾难事件时，如地震、火灾等，要保证呼叫中心正常服务的应急流程。

三、工作流程的设计

(一) 工作流程的设计目的与阶段

流程设计的一个根本目的是：固化经验，提高各项业务的运作效率。流程建立本身就是一个不断完善并随着内外部环境的变化而及时优化的过程。好的流程设计必须能够体现效率和效益的结合。从企业资源投入能力以及流程的层次、范围、规模、价值的角度对业务流程进行界定，谋求系统资源的最优化配置。

工作流程设计一般要经历的阶段，如图2-2所示。

1. 了解工作目的

在了解阶段，对现有的业务进行分析(当前没有流程)，发现核心目标及服务客户的核心需求。根据呼叫中心运营过

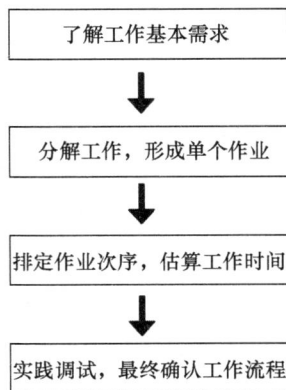

图2-2　工作流程设计图

程中的核心目标，呼叫中心在企业中的核心目标是提高客户的满意度，在流程定义的时候，将影响客户满意度的关键指标提取出来，如投诉率，围绕投诉处理的流程就要综合考虑投诉的处理效果和成本之间的关系。确定目标后，列出流程设计的基本要素：工作

对象、工作时间、工作内容、工作任务/指标、预计工作量、工作人员素质、培训要求、计算机系统要求、特殊话术要求等，了解这些基本要求以作为流程制订的基础。

2. 分解工作，形成单个作业

了解工作的基础要求，对工作内容进行适当分解，形成数个单个作业，逐一对每个作业具体分析，制订作业的操作流程、操作要求，评估和预防可能发生的潜在"风险"。分别计算单个作业的作业时间。在进行时间测量时，常会碰到有些作业时间是无法由系统自动计算的，需要人工测量，而人工测量相当麻烦，差异较大，常常会被管理人员忽略放弃，但是就是因为这类作业系统无法进行监控，才容易使问题不易被发现，所以，用人工测量值作为流程管理的依据是有必要的。

3. 排定作业次序，估算工作时间

制订出单个作业流程后，按照工作的先后顺序对分散的作业排序，并在各个作业的衔接点设置检查监督机制，前后贯通，实现无缝连接，确保工作的有序开展。将分别测量好的单个作业的作业时间累加，估算出整个工作所需的标准时间。

4. 实践调试，最终确认工作流程

新工作流程设计完成后，虽然经过了前期了解、分析、排序步骤，但实际上有时仍有一些情况没有考虑到或是实际工作与理论有很大差距，需要将工作流程在实践中运用，将结果与事先预期的结果相比较，确认是否满足管理需求。

(二) 工作流程的制订标准与流程图

1. 工作流程的制订标准

- 需有流程名称及级别，是保密一级还是二级；
- 要有客户，还要有衡量标准，是针对谁的，什么样的要求是合格的；
- 需有开始、有结束；
- 需有流程编号；
- 需有流程负责人；
- 需有流程编订日；
- 改动日期等。

除此之外，要强调：

- 具体岗位必须制订专门的流程；
- 对于动作、语言都应有可操作的描述；
- 相应加强岗位规范的培训；
- 可以采用各种方式使之易于理解。

设定流程之后为了能够执行好，要根据流程的要求对相应岗位、相应人员进行流程的培训，可以采用各种方式，使之容易理解，便于记忆。

呼叫中心规范的形式有多种：

(1) 表述型的文字。比如针对一些制度、规章性的东西，要有一些表述性的文字。

（2）问与答的方式。比如《呼叫中心员工手册100问》，针对企业工作的方方面面提出的100个常规问题。

（3）设计一些流程图。一些可操作性的管理流程，用流程图的方式，一目了然。

2．流程图

流程图是记录和说明流程最简明的方式，因为它非常直观形象。它有一些电子化的流程记录，像呼叫中心的一些知识库，通过树状结构，已经很简单地在某个级别里面找到相应的内容；像主要的一些规程，比如管理人员的工作规程、业务人员的工作规程、相关知识人员的工作规程、呼入呼出的规程、培训的规程、人事的规程，这些呼叫中心常用的规范用流程图来表示会非常清晰易懂，如图2-3所示。

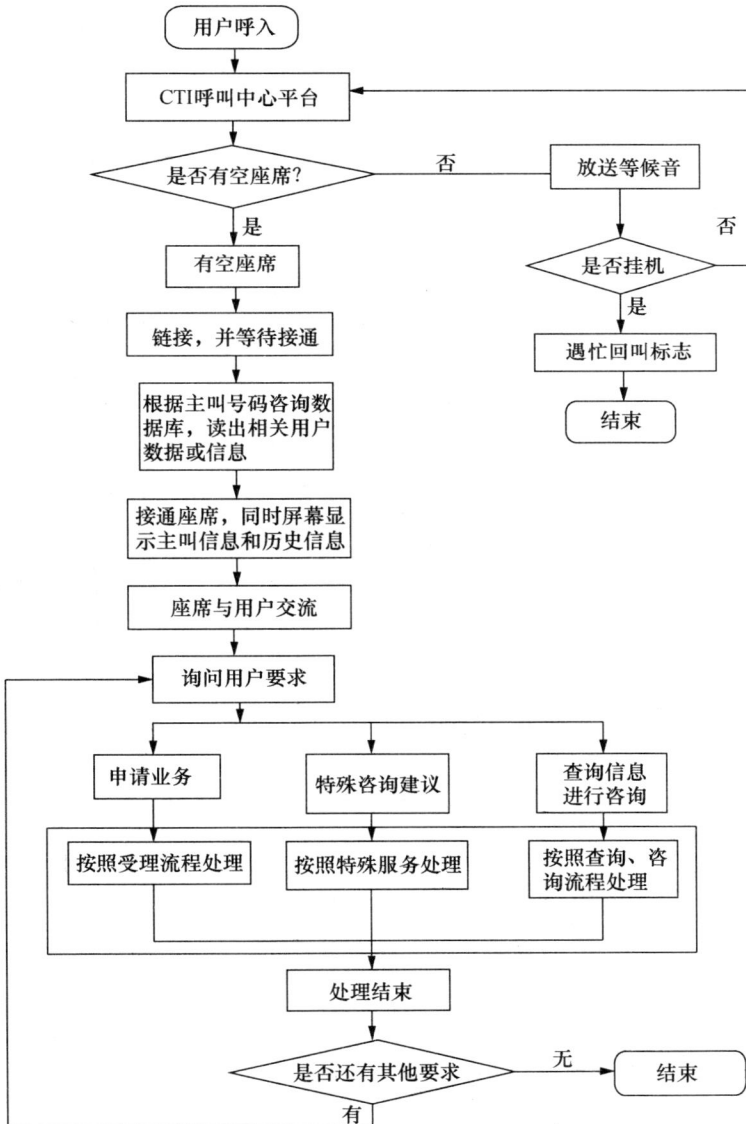

图2-3　典型呼叫中心流程图

这是一个规范的流程图，包括以下部分：
- 流程名称；
- 标识符号。

椭圆形的符号代表一个流程的开始和结束；方块代表动作，说明使用什么样的方法；菱形表明决策和判断，Yes往下走，No回去。流程图下面部分加注流程的编号、负责人、编制日以及修订日、什么时间编的第一版、某年某月某日由谁进行了修订、流程的页号以及档案的名称。我们评价一个流程图和好的流程，要看是否有效地满足了用户以及企业的需要。

四、工作流程的审核与改进

呼叫中心必须持续不断地控制和定期改进流程。如果流程的实施效果与预期目标完全一致，则正常执行流程，定期实施流程审核，并进行流程的优化和完善；如果流程的实施效果与预期的目标不一致，则要根据监控结果和运营数据分析差异产生的原因。如果是流程制订的问题，要根据出现的问题修改或重新制订流程，并执行新流程；如果是流程执行人员的问题，就要对执行人员加强培训，直到每个人都能正确了解、执行。

流程的改进是在流程建立之后一个周而复始的过程，呼叫中心的流程要使其所面对的客户感到企业服务非常合理、透明、有效并越来越好，必须注意以下几点：
- 每个流程都有专门责任人负责并在各岗位责任描述中有清晰的定义；
- 流程的客户入口要尽可能考虑周到，设计与改进时应当听取客户、其他部门相关人士及新员工的看法与建议；
- 定期进行流程回顾，总结流程运行状况，研究做出流程改进决定，并将流程改进结果固定在呼叫中心业务处理的各环节，使其切实得到落实；
- 流程的优化要从客户的角度来看，而不是为了管理省事或领导易懂。

呼叫中心网络软硬件技术的不断发展使得流程和流程管理变得越来越有效，呼叫中心可以为客户解决问题的方面也就越来越广。经常性的流程检视和改进要求管理者对IT系统的能力以及新技术的出现与趋势有清楚的了解，因为每一次的重要改进都会和系统能力的提高与更新紧密联系在一起。

第三节　呼叫中心服务流程

一、呼入电话处理流程

呼入电话服务在呼叫中心系统中常见的应用包括受理查询、登记预约、电话目录直销、登记受理、受理订单、客户服务热线、账务查询、货品跟踪、支持热线、投诉热线、中小企业虚拟商务中心(城市秘书)等，呼入服务是呼叫中心最初的业务应用。呼入电话服务在接听数量以及服务方式等方面有着巨大的发展。通常，呼入电话视不同的呼叫类型分别有不同的流程，如咨询类、投诉类等，详见相关流程处理。

（一）咨询电话的处理流程

咨询电话的处理是呼叫中心最常见的一种业务方式，如图2-4所示。客户通过拨通面向社会公布的相关特服号码即可咨询自己希望知道的内容，如拨打12315特服号码即可咨询相关工商行政管理方面的最新规定。

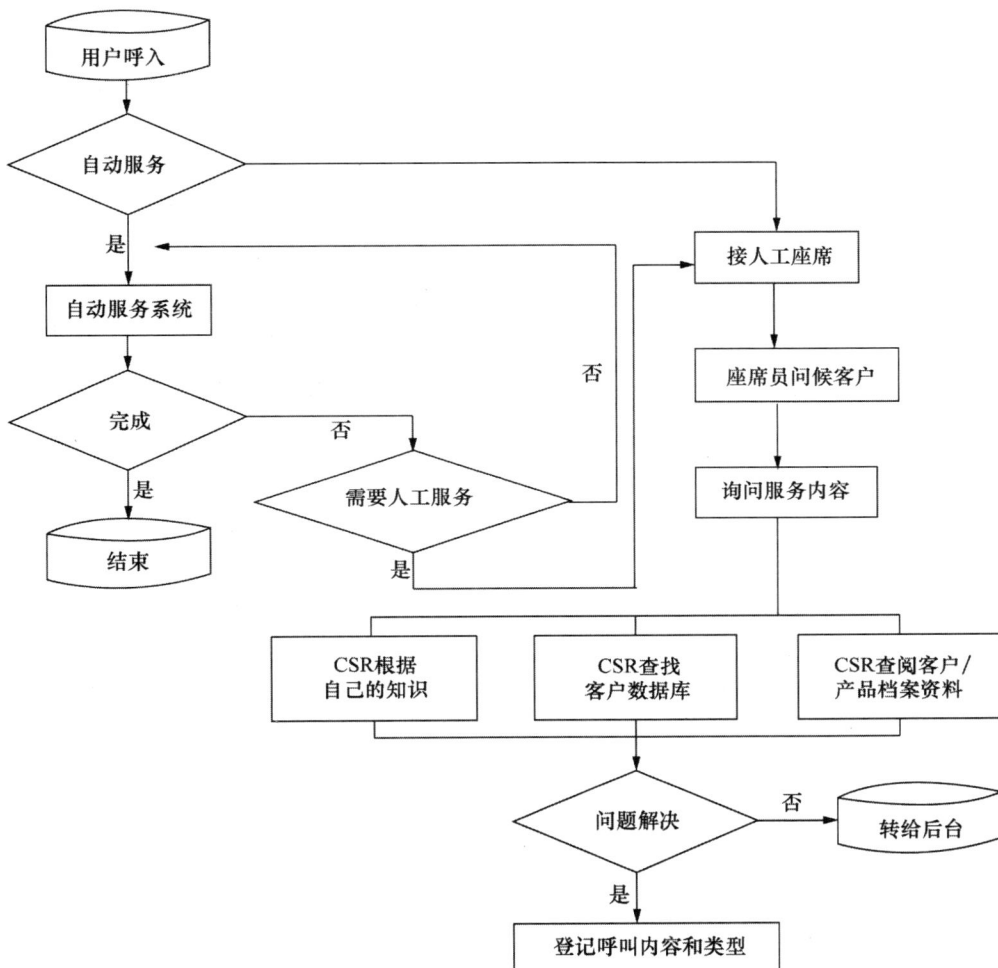

图2-4　咨询电话的处理流程图

（二）投诉电话的处理流程

随着企业客户服务意识的不断提高，通过电话这种普及率极高的途径收集客户对企业的意见及投诉成为许多企业的共识。设置投诉热线，如图2-5所示，实现客户意见收集和反馈途径畅通是呼叫中心现存业务中的重要部分。

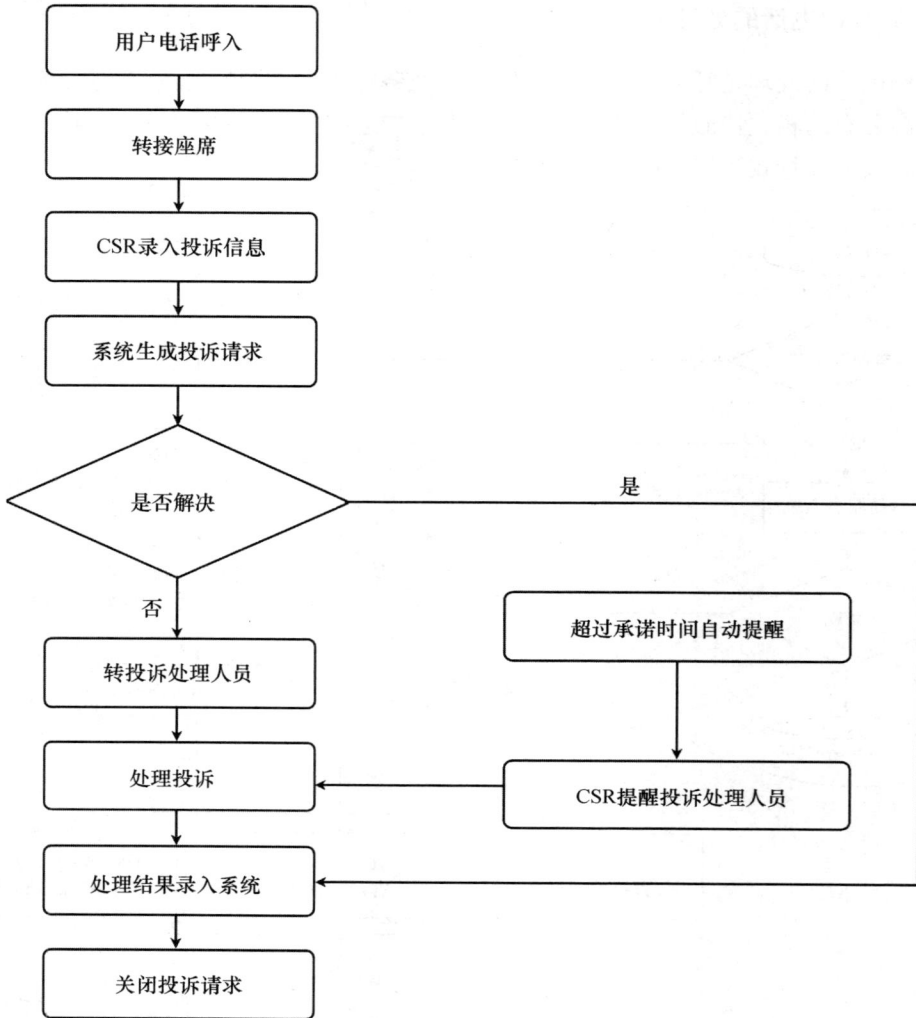

图2-5　投诉电话的处理流程图

(三) 销售电话的处理流程

销售电话适用于电视购物、仓储式会员超市等，是一种新兴的销售形式，如图2-6所示。它的特点是目标指向明确，需要涉及企业的仓储、货运、支付等系统，是一个典型的电子商务流程，而在这样一个流程中，呼叫中心无疑是信息流的入口和终端。

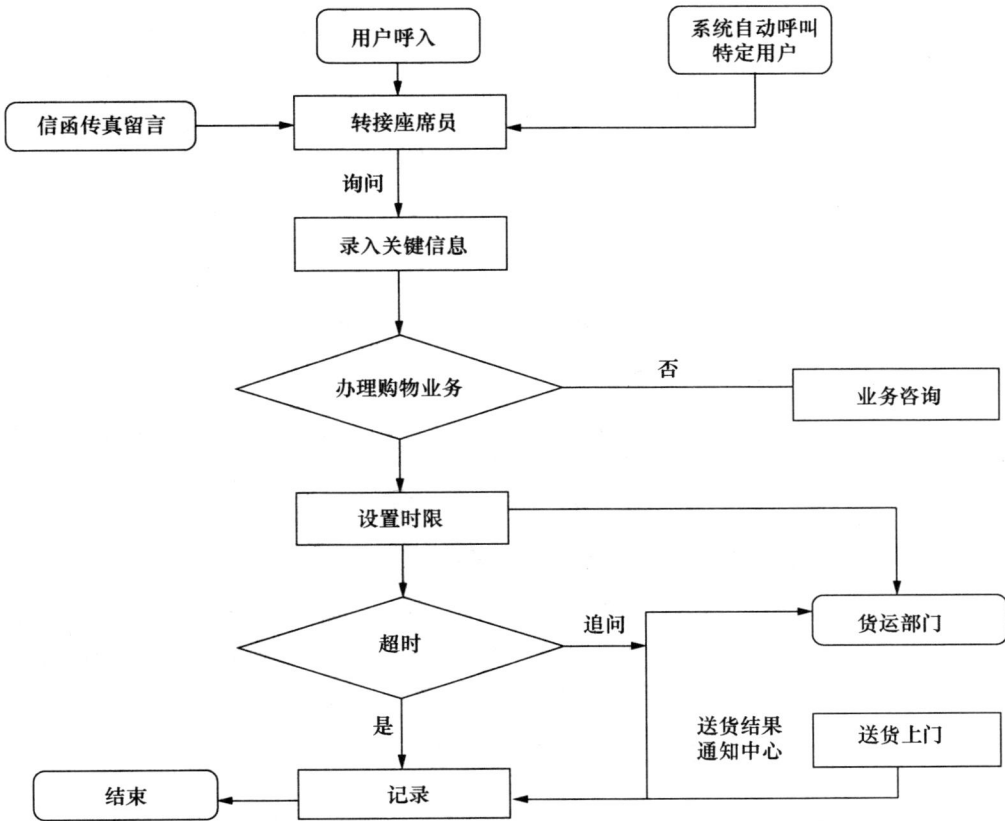

图2-6　销售电话的处理流程图

(四) 其他电话的处理流程

1. 恐吓电话

座席员收到危及生命或公司财产的恐吓电话时应保持冷静并记录所有细节,如拨叫人性别、拨入时间、工作台号、交谈内容、特殊事宜以及任何与客户有关的信息,并立即通知组长,组长根据录音决定是否需要向更高级主管汇报,并视情况考虑是否向公安部门报告。同时,组长应通知前台和所有员工保持高度警惕,如有必要,管理部门也应通知到。

2. 骚扰电话

骚扰电话也是座席员经常碰到的。任何座席员接到骚扰电话后应警告拨叫人如继续进行骚扰将挂断电话,如拨叫人无视座席员的警告,座席员应记下拨叫人的性别、电话号码、拨入时间、工作台号作为证据,座席员在第二次警告后可以挂断电话。但需要记住的是,在任何情况下,座席员都不能向拨叫人说粗话或无任何警告挂断电话。

3. 与服务内容无关的电话

收到与服务内容无关电话的座席员在确认其与服务内容无关前应尽量明确拨叫人的拨叫目的,如座席员不确定拨叫目的或不理解拨叫人的要求,他应将电话转给组长。

如该电话确实与服务内容无关,座席员应告诉拨叫人如无其他能帮忙的地方他将挂断电话。如拨叫人无视座席员的通告,员工应记下拨叫人的性别、电话号码、拨入时间、工作台号作为证据,座席员在第二次通告后可以挂断电话。需要记住的是,在任何情况下座席员都不能向拨叫人说粗话或无任何通告挂断电话。

二、呼出电话处理流程

呼叫中心常规呼出服务的业务应用主要包括:电话预约、建立数据库、寻找目标客户、推广、市场调查、客户回访、客户关系管理、账单催缴等。

1. 客户资料确认/数据库管理

呼叫中心座席员主动联系目标客户确认或更新资料并提交综合信息资料给企业。应用行业主要包括:固定及移动电话服务商、网络公司、银行、金融及保险公司、数据库销售公司、物流配送公司、政府机构及水电气等公用事业单位。

2. 市场信息搜集、潜在客户挖掘及服务满意度回访

呼叫中心座席员主动联系目标客户进行市场调查或商品、服务的满意度回访,完成后提交综合信息报告及效果分析供企业客户分析。应用行业主要包括:商品企业的服务推广、电信业的新业务推介、保险行业新险种的面谈预约、经销商及代理商的服务回访、数据库销售公司和市场调研公司信息采集等。

3. 电话营销

呼叫中心座席员向目标客户进行产品和服务的推介及促销,采用有效的营销及沟通技巧向客户推广,争取成功销售产品和服务,完成后提交综合销售报告供企业客户考核市场活动结果。应用行业主要包括:商品及服务销售、数据中心出租、域名销售、易耗品的老客户销售、保险增险、银行业务销售、酒店VIP卡销售、互联网应用服务等。

4. 服务升级管理

呼叫中心座席员向目标客户进行服务升级优惠推介,提高企业客户服务形象,强化客户关系管理。应用行业主要包括:保险升级计划、移动电话优惠升级计划等。

5. 预约服务

呼叫中心座席员联系目标客户预约服务或产品的推介会面时间。应用行业主要包括:保险、银行投资理财服务、软件示范、数据库中心等。

6. 客户关系

呼叫中心座席员致电客户表示欢迎购买产品及选用服务或每周年致电感谢客户选用服务,目标是加强客户关系管理和企业形象。应用行业主要包括:保险、银行、移动电话服务商。

7. 催缴服务

通过呼叫中心座席员联系客户催缴服务费用。应用行业主要包括:银行、移动电话、水电气等公用事业单位。

8. 电话调查

通过客户数据库按照一定的条件筛选合格的呼出对象,在选定的时段通过合适的方式就消费者形态、产品使用情况等进行定向调查。应用行业主要包括：调研公司、市场咨询机构、电视媒体、报刊编辑部等。

业务的具体应用流程如下(见图2-7)：

(1) 客户信息服务人员登录座席处理(回复)留言电话；

(2) 客户信息服务人员登录座席，根据业务脚本和业务FAQ一次联系确定客户意向，记录客户属性及反馈意见；

(3) 客户信息服务人员根据一次联系的情况进行二次或三次跟进，确定最终意向客户，达到成单；

(4) 记录成功用户信息，录入CRM系统，定期回访。

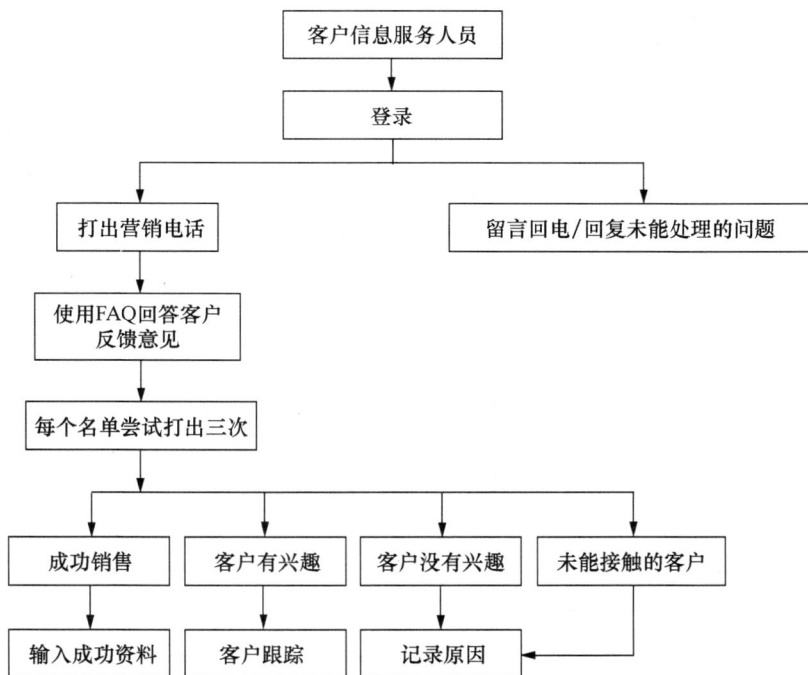

图2-7　呼出电话处理流程图

第四节　呼叫中心管理流程

一、运营流程

(一) 人力预测和计划流程

1. 人力资源需求预测

呼叫中心运营中要使某时段内必须完成的任务和期间可以利用的人力资源取得平

衡。因此必须能够准确估计话务量，然后根据服务指标去策划适时、适当和适量的工作人手，以提供高水平服务。

由于话务量或工作量不停在变动，如果不能有效地、准确地估计话务量或工作量，将可能出现人力资源过剩或不足的情况。人力资源过剩会对呼叫中心的成本造成压力，不足则会令服务水平降低，从而影响客户满意度。

除了准确地估计话务量或工作量外，呼叫中心必须对不同的任务有一个很清晰的服务水平及指标，这样才可以安排适当的人力资源去处理不同种类与数量的话务或任务。呼叫中心的人力编排管理员将根据这些服务指标、工作量及话务量去估计并作适当的排班。

人力资源预测的任务并不会因为已经作适当的排班而完结，因为在呼叫中心内除了话务量或工作量会出现变化外，人员方面也会出现意想不到的变化，因此，必须作实时监控及动态调配，以求达到预先定下的服务水平。

2. 人力资源计划流程

(1) 历史资料。话务量预测由分析过往的话务趋势开始，分析的内容包括总呼叫量、人工台话务量、母工台接听量、放弃率、接听率与平均处理时间等。透过检查过往的资料，便可以开始了解当中一些共同的特点及模式，例如，星期一是整个星期中最忙的一天，而每一年中的某一个月份又会是全年话务最活跃的一段时间等。

为了配合不同环境和不同业务的需要，呼叫中心应该对历史资料有一个全面的保存，包括接入话务量、人工台接入话务量、应答话务量、放弃率、接听率、平均处理时间、服务水平和特别事件，例如业务推广活动、系统更新、话音系统改进等。

(2) 预测话务量。对呼叫中心来说，准确的话务量预测是不可缺少的，因为准确的话务量预测能够直接影响人力的编排，维持高的服务水平。当人力编排管理员在进行话务量预测时，应该以人工台话务量为根本，同时包括人工台接听量和客户放弃的话务量。因为呼叫中心应该是以应答所有的人工台话务量为目标，降低放弃率。所有人力编排管理员在计划人手时，应该把人工台接听量和客户放弃的话务量计算在内，以便编排足够人手应付。当掌握了过往的数据分析后，可以再加上一些预测元素与优化目标进行话务量的预测，例如客户群的增长率、季节性因素、新产品的推广、流程改进等。把这些特定元素加或减在历史资料内，再进行调试与预测。

(3) 计划资源。计划资源的主要目的就是要预备足够的人力资源从而维护呼叫中心的服务水平。对将来的话务量有了预算后，便需要计划资源，包括全职工、兼职及经理与主管的比例等。根据国际标准，座席员与主管的比例应该是10～15∶1，而主管与经理的比例是6∶1。我国香港地区另一项同类研究的结果也颇相似，发现呼叫中心的员工比例为座席员占87%、主管占9%、文员占1%、经理级以上占2%、技术支持占1%。

实际员工比例应参照以上指标，再根据工作范围及其工作的复杂性进行调整。

除了话务量外，在计划资源时也应该将平均通话时间与事后处理时间计算在内，因为每个电话处理时间越长，对座席员的需求也会越大。然后再查看现有的资源能否配合未来话务量的需求，例如，座席员的人数是否足够、是否需要招聘新员工、培训安排是否妥善、财政预算能否达到等，把有需要配合的部分都包括在计划和预算当中。

除了定期的资源计划(每年、每月和每日)外，还需要预备一些非经常性的资源计划，例如新业务推广及年假的安排等。

(4) 编制人手。一套优良的排班方法可以使资源得到妥善运用。利用每天话务量及话务性质的分布，计算每天需要的座席员工作时间，从而计算出所需人手数量。而人力编排管理员在制订班表前预先设定配合不同业务需求的基本模式，例如上班时段、工作小时与休息时间等，继而配合不同员工的技能分组，再利用定期滚动的形式编排，使排班过程维持公平。将休息时间编排在班表内，人力编排管理员可以更明确知道排班人手与实际需求的差异。

(5) 实时(现场)管理。为了可以配合现场情况及话务量的变化，呼叫中心需要一套有系统的实时关联方法以便于保持最佳的服务水平及运营效益,特别在话务量高峰期及紧急的情况下，主管或人力编排管理员对当前呼叫中心的表现做了解和跟踪，就能实时得知紧急情况。

实时话务流量监控能让呼叫中心及时应付及掌握多变的运营环境，可实时发现话务量的递增或人手的流失。当发生突发性的系统故障或灾难情况时,便可以采取相应措施。通过在监控台看到当前的话务情况，主管或经理便能使用适当的手段确保服务表现水平，例如调集其他人手、通知座席员尽可能减少通话时间、延迟小休或用餐时间等。

(6) 制作报表。除了实时监控话务状况，制作即日的时段报表(见表2-1)也是实时监控的一部分，主管可以通过了解和分析当天的状况，从中发现异处，继而进行人手调配或施行其他变动做法。

如果因为一些突发或特别事件而导致话务量突变，例如应答系统故障、大型业务推广等,主管应该实时准备报表和分析递交给管理层,让管理层容易了解及掌握所需资料,从而进行正确的判断。

表2-1　时段表现报表

时段表现报表(DDMM)								
时间	话务量		接通率/%		话务放弃率/%	平均处理时长			
	人工话务量	应答话务量	总接通率	××秒内接通率		总平均处理时间	平均通话时间	平均事后处理时间	平均持线等待时间
00:00 — 00:30									
00:30 — 01:00									
01:00 — 01:30									
01:30 — 02:00									
02:00 — 02:30									
02:30 — 03:00									

(二) 质量保证流程

在运营要求和商业目标的基础上，呼叫中心应制订适合本行业的呼叫中心运作标准。以运作标准为基础，每一级员工也应有进行考核的关键绩效指标(KPI)，该指标应在客户反馈和对当前业务情况进行回顾后给予修改。

营销部主管、业务主管应通过现有渠道掌握员工的表现，并根据既定标准为每一名员工进行阶段性的工作表现回顾。对达到或超出期望值的员工，应按规定进行奖励或认可；对无特殊原因，工作表现远远低于既定期望值(任务完成系数低于80%)的员工，应停薪待岗学习一周，接受再培训以提高其业务水平，日均绩效得分应大于等于标准得分，7天培训结束后，合格者重新上岗；不合格者予以辞退。对因特殊原因导致未完成任务者，由本人提出书面申请，经一线组长、班长或业务主管、营销部主管签字确认后，当月可免考核。

(三) 投诉及不能解答问题处理流程

投诉是客户对企业的产品和服务不满的表示，既有书面的也有口头的，确保客户投诉得到很好的解决，需要采取跟进措施。

呼叫中心座席员收到任何投诉应记录投诉行为并进行编号，应尽可能处理客户的投诉，如解决且无需进一步的行为，此投诉视为结束。

如呼叫中心座席员无法解决该投诉案件，应上报至一线组长或班长(业务主管)，有关班长应会同各有关方跟进该投诉以确保案件的解决。否则，班长应协调各有关方寻求另外的解决方案，并将进度随时通知客户。案件完成后，班长或其委派人在投诉记录内结束此案。如为有关员工态度及服务质量的投诉，应将电话转给班长或更高级主管。如投诉与呼叫中心座席员无关，班长或更高级主管应记录投诉细节并将其交给有关方采取行动。如投诉与座席员有关，班长或更高级主管应负责调查此案并视需要对有关员工采取纪律处分。

任何需要采取跟进措施的投诉，班长或更高级主管负责保证在对客户承诺的时间内完成。

对于客户的书面投诉，营销部主管或其委派人应于承诺工作日内向客户发出口头确认。案件处理后，主管或其委派人应书面通知客户调查结果和补救方法。

(四) 问题升级处理流程

问题升级是指当座席员面对与工作有关的问题时，寻求帮助的渠道。座席员对无法独立解决的问题应尽快通知一线组长，一线组长应帮助其下属解决任何电话处理问题，如当客户要求一个较高级的职员听电话时，或遇到坏脾气和暴躁的客户、易怒不讲理的客户、言语不通的客户，或座席员缺乏授权及有关信息时。流程如下：用户告知要向高级部门或媒体投诉，如用户说要往信息产业部、通管局投诉停掉公司业务或反映给媒体曝光等等，呼叫中心座席员必须要在第一时间提交主管，由主管给用户回电。经主管回电，用户仍然有其他非分要求，主管将《投诉受理单》、营销录音、初步处理情况提交所属产品经理负责，由产品负责人进行处理并跟踪处理结果，做详细记录。

二、安全控制流程

(一) 保护雇员的生命和安全

1. 对恐吓骚扰电话的处理

呼叫中心座席员在接到威胁到生命或公司财产的恐吓电话时应保持冷静,记下所有细节,如呼叫者的性别、打电话的时间、工作台的号码、谈话的细节、特殊的情况以及任何与客户有关的信息。

呼叫中心座席员应立即通知值班班长并收集各式各样的证据,如电话录音、电子邮件、传真或者其他形式的证据。

呼叫中心值班班长应立即通知呼叫中心经理。如果呼叫中心经理不能在15分钟之内到达,值班班长应考虑报警。同时值班班长应通知前台和有关人员处于高度的警戒。事态严重应通知管理层。

应注意,所有恐吓骚扰电话要注意控制影响范围,不宜在大范围宣扬。

2. 贵重物品的储存

呼叫中心座席员被建议不要带过多的贵重物品和现金到工作单位,如有贵重物品应锁在更衣柜中,如发现物品丢失应报告给值班班长。

3. 胸卡的丢失及退还

呼叫中心座席员胸卡丢失应向班长及人事部门报告,人事部门应马上给予其一个临时胸卡,同时为其制作新胸卡,当座席员收到新胸卡时应退还临时胸卡。如果呼叫中心座席员辞职或被解雇,胸卡应退还人事部门。

4. 关键入口的管理

呼叫中心的主要入口和侧门应该处于保安状态下,班长负责定期检查。在正常的办公时间之外,主要入口应关闭,仅仅可以通过侧门进入呼叫中心。

5. 处理未授权人员的进入

当呼叫中心座席员注意到有任何陌生人(没有佩戴胸卡者)出现在呼叫中心时,应立即通知班长。班长应礼貌地验证此人身份,如果此人没有被正式授权进入,班长应报告呼叫中心经理,必要时提交管理办公室或警方。

(二) 保护用户资料

1. 处理要求提供用户资料的要求

对于来自用户本身的要求,呼叫中心座席员在满足用户之前应先验证用户的细节(用户姓名、ID号码)。没有验证用户身份之前,呼叫中心座席员不允许提供用户的任何资料。

2. 处理来自媒体或政府的要求

呼叫中心座席员应礼貌记录媒体/政府机关的联络方式和要求,并且把这些资料交给呼叫中心经理处理。呼叫中心座席员和班长在任何情况下都不得泄漏用户资料。呼叫中心经理有权力在得到客户书面许可、验证来电者身份之后,透露用户资料。特殊情况下可遵照当地的条例和制度。

3. 客户资料的流转和保存

数据资料，无论以何种方式都不可以在没有授权的情况下被查看、修改或销毁，所有存放客户资料的房间柜子都应上锁。

客户资料室高度保密，资料的流转都应在严密的监督之下。书面的文件应当被保存在保密室中，根据抄送名单进行流转。

4. 客户资料的销毁

客户资料应阶段性销毁，由指定员工放入碎纸机完全销毁。

(三) 保护客户资料环境的管理

应以企业名义与员工签署保密协议。保密信息是指任何与公司有关的图形、知识、软件源代码、文件、信件、法律文件，其中包括诉讼、财务、损益账目、业务预测、雇主委派的工作和任务、合同、销售数据、组织机构、劳动力数据、生产数据、客户名单、顾问意见、目录和所有其他属于雇主的材料，包括所有复印件、便条、总结、摘要及雇主允许雇员使用的信息。在招聘面试中和上班的第一天，人事专员应清楚地解释保密协议的重要性和如果违反此保密协议的法律后果。

所有的拍照、录音、摄像都应得到批准，并事先通知班长。

不是出于业务需要的查看、修改、编辑、复印、泄露和删除任何客户信息资料的行为都是被禁止的。

身体进入的控制：对于呼叫中心的各个功能区要进行安全级别设定。呼叫中心座席员不能进入未授权的级别房间，除非事先得到呼叫中心经理或以上级别人员的批准。功能区的管理应该采取严格的分级授权管理方法，将保密级别划分为0～3级的4个等级，具体管理方法如表2-2所示。

表2-2　呼叫中心功能区域安全级别划分

级别	区域	总监	部门经理	班长	座席员	系统维护工程师
0级	食堂等公共区域	○	○	○	○	○
1级	呼叫工作区	○	各部门经理有权进入本部门的工作区域，其他区域须经总监批准进入	○	○	●
	一线员工休息室	○		○	○	●
2级	行政事务办公区	○		◎	◎	◎
	行政人员会议区	○		◎	●	◎
	行政人员休息区	○		◎	●	◎
3级	设备室	○		●	●	○
	测试开发区	○		●	●	○
	系统工程师休息区	○		●	●	○

○ 可进入　　◎ 经批准可进入　　● 禁止进入

(四) 保护公司的利益/财产安全

1. 运营记录的保密

所有与运营相关的劳动力数据、生产数据、运营记录(经营报表、分析报告)、会议记录的对外发送都应得到批准，并事先通知班长(业务主管)及部门主管。

2. 使用者密码的保密

所有的呼叫中心座席员应对自己的座席登录密码保密，让其他员工知道是不允许的，违反者将受到批评。如发现任何呼叫中心座席员使用他人的工号、密码登录，座席组长应立即报告。如座席员怀疑其他人使用自己的登录密码，应立即报告给座席组长，以便跟踪检查。

3. 退出系统

在休息和午饭时，所有的座席员应退出电脑和电话系统。如果有显示不符之处，座席组长有责任调查原因。

4. 名单的更新

当座席员离职或被解雇，座席组长应向系统人员申请关闭其进入权。

5. 电脑设备的设置

任何座席员都不允许改变任何电脑设备和电脑的设置。运营部门应进行定期检查。

6. 关闭电脑

为了避免电脑过热和着火，所有的座席员下班后应关闭电脑。班长(业务主管)应定期检查。

7. 个人软件的安装

任何软件的安装应首先得到班长(业务主管)、主管的书面批准。运营部门应进行定期的检查。

8. 未经授权的电脑使用

座席员在呼叫中心内不可以进行游戏试玩及下载、电影观看及下载、在线聊天和使用QQ、MSN等聊天工具。班长(业务主管)应随机检查电脑使用情况。

9. 工作台面的整洁

座席员有责任保持工作台面的整洁。座席员不得在下班后将其私人用品留在工作台上，私人物品应放在指定位置。

10. 电话的使用

座席员不允许使用座席软件接/打私人电话，所有私人电话只能在用餐或休息时间由休息室打出，私人电话打进仅允许在发生急事的情况下，并由班长(业务主管)直接接听后将信息给予转达。座席员在工作期间须将私人手机关闭或静音，手机只能在休息或午餐时间在休息室使用。

三、突发事件控制流程

(一) 一般设备故障流程

如发现电脑设备或网络故障，呼叫中心座席员应向班长报告。班长安排座席员换至其他工作台。座席员换至其他状态正常的工作台后，应在5分钟内重新登录到电话/座席上。班长应记下故障情况并在24小时内通知指定的系统工程师，以保持设备良好的使用率。如出现问题的电脑无法在3个工作日内修复或无法进一步确认，班长应将此事告知上一级主管，给予进一步跟踪。

(二) 应用程序/网络平台/ACD系统故障流程

呼叫中心座席员如发现设备或系统出现问题，应向其班长或更高级主管汇报，班长应立即通知技术协调人员。一旦系统被修复，班长应立即安排呼叫中心座席员进行电话处理，以免出现流量拥挤。

呼叫中心座席员应通过有关产品的文件资料尽量解决客户的咨询。不允许未经班长或更高级主管的批准退出电话系统。如需进行手工操作，呼叫中心座席员应详细记下有关电话的信息。如需在系统修复后与用户联系，呼叫中心座席员应记下用户联系方式，并在系统恢复后跟踪。呼叫中心座席员应使用标准用语："我们的系统发生故障，我们的工程师正在维修。"班长应同时记录下与此故障有关的客户投诉。

如应用程序出错后无法于10分钟内修复，班长应立即通知更高级主管。班长应在最短时间内将故障问题类型、内容、要求告知技术协调人员，并采取适当行动控制员工情绪直到平台或网络恢复(如稍作短暂原地休息、当日业务存在问题总结、组织原地培训等)。待平台或网络稳定后，记录事故报告，分析问题原因。如故障在30分钟内仍未解决，班长应先确保自身情绪稳定，并与更高级主管采取适当的行动(建议组织培训或活动)控制员工情绪，直到网络全部恢复。待平台或网络稳定后，记录事故报告，分析问题原因。如故障问题为48小时内连续发生的故障类型，班长应拟定文本性重大事故报告(需涵盖存在问题、问题影响程度、故障损失、对于该事故的处理建议及员工情绪控制措施)，并在故障发生的30分钟内向部门主管预警。

(三) 断电处理流程

为安全起见，如有断电情况发生，UPS和发电机会供应系统设备以及呼叫中心运作的一部分电力，空调和灯会受到影响。座席员应关闭所有电脑和电器，以免突然来电后出现异常情况。如断电情况持续30分钟，班长应尽量通知部门主管。部门主管应与行政和运维负责人一起进行修复工作，并负责控制员工情绪直到电力全部恢复。

(四) 警报及火灾处理流程

班长应随时检查以确保所有警报及安防器具处于正常状态。如出现问题，班长应解除警报并通知有关方进行修理。如有火警发生，班长应检查管理办公室，确认是否是警报出错或试验，如不是，应遵照火警疏散流程行动。

对于呼叫中心内部小的火情，呼叫中心座席员应尽量使用泡沫灭火器。如火情处于失控状态，应拉响警报，班长应指挥所有呼叫中心座席员遵照火警疏散流程行动。对于呼叫中心外部火情，呼叫中心座席员应遵从班长的指挥，不带走任何个人物品，必要时带上电筒和湿毛巾，请勿乘坐电梯，因为随时可能会断电。

(五) 空调故障处理流程

如出现空调故障，班长应立即通知管理办公室，任何情况下，呼叫中心都应根据呼叫中心的大小准备至少五套风扇以确保空气的流通。

(六) 个人事故处理流程

呼叫中心储藏室内应备有简单药物、绷带等一些援助所需物品。任何严重事故应立即向班长报告，由班长决定是否将呼叫中心座席员送至医院。班长应对所发生的事故做出报告。

(七) 恶劣天气处理流程

天气恶劣时，员工的安排应遵照政府法律法规和规章制度。

(八) 突发事件管理流程

突发事件管理是指未预料的拨入电话流量增高时采取的管理流程,起因可能是促销或广告引起的市场反应、事故性的服务崩溃、账单出错、媒体效应、消费行为的季节性变化(圣诞节、新年等)。

来话量超常增多时的突发事件管理如下。

一级支持：所有呼叫中心运营部门的班长/高级呼叫中心座席员应在班长的指示下投入电话的应答工作，并在5分钟内通知部门主管。

二级支持：在一级支持提供后，突发事件仍未能控制并持续30分钟，班长应联络呼叫中心在册候补人员(在册候补人员应于30分钟内报到)。

三级支持：在二级支持提供后，突发事件仍未能控制并持续30分钟，班长应于15分钟内联系职能人员(工作时间内)，该职能人员清单应由上级经理批准并清楚地传达给有关职能人员。

如三级支持后突发事件仍未能控制，呼叫中心经理或其委派人应调查此事件，必要时修正项目实施计划。

思考与练习

1. 呼叫中心运营部门的主要职责是什么？
2. 呼入电话和呼出电话服务在呼叫中心系统中常见的应用有哪些？
3. 列举呼出电话的处理流程。
4. 面对来话量超常增多，呼叫中心应如何管理？

第三章

呼叫中心座席员岗位描述

职业是人们在社会中所从事的作为谋生手段的工作。从社会的角度看，职业是劳动者获得的社会角色，劳动者为社会承担一定的义务和责任，并获得相应的报酬；从国民经济活动所需要的人力资源的角度来看，职业是指不同性质、内容、形式及不同操作的专门的劳动岗位；从个人的角度看，职业是参与社会分工、利用专门的知识和技能，创造物质财富、精神财富，获得合理报酬，并由此满足个人生活需求的工作。

职业具有专门性，是社会分工的结果，是一种有特定内容、形式和流程的工作领域；职业具有稳定性，是个人运用特定从业知识和技能比较持久地服务社会和他人的工作岗位；职业具有报酬性，是个人获取生活资源的谋生手段。随着生产力的不断进步，随着社会分工和劳动分工的不断精细化，一些老的职业会消失，而新的职业也会不断产生。呼叫中心座席员，就是在市场经济不断发展的基础上产生的一个现代服务职业。

第一节　呼叫中心座席员的职业特征

一、呼叫中心座席员职业的概念

呼叫中心座席员是在呼叫中心直接为客户提供信息服务的职业劳动者，他们处在客户信息服务工作的第一线上。

呼叫中心是为客户提供信息服务的企业或企业部门，其工作人员的职业名称叫做"客户信息服务人员"，是指基于计算机智能与电话集成技术，通过电话、传真、电子邮件、互联网、视频图像、短信、数据库等现代综合信息处理手段，为企业客户提供信息服务的相关人员。

客户信息服务工作一方面接受客户的咨询、订单和投诉，向客户提供企业的产品、服务和技术支持等方面的信息，完善企业对客户的服务，另一方面为企业收集、处理有关客户及其需求的各种信息，为企业经营、管理战略的改善提供决策依据。是市场经济高度发达条件下产生的一个新兴行业和职业。

随着市场经济的发展，企业间的竞争越发激烈，许多企业也越来越关注生存的命脉——客户。怎样为客户提供优质的服务？怎样吸引更多的客户？怎样培养企业的忠实用户？怎样把第一手的市场信息收集回来？越来越多的企业选择组建客户服务部门，而它们中的绝大部分更是把自己的客户服务部门放在了企业经营战略的重要位置。基于企业服务营销战略的考虑,透过建立合理的和适用的信息系统来改善和提升企业客户服务成为必然,同时也从基础层面催生了"客户信息服务"这个重要的工作岗位。

人们习惯把客户服务部门的工作人员称作客户服务代表,意思是代表企业为客户提供服务的人。客户服务部门的员工代表企业向客户提供服务,作为服务营销战略的重点,如何有效地向客户提供服务?如何提供客户真正需要的服务?通过哪些途径和整合的手段提供服务?如何在完善服务流程的前提下提升服务标准?如何整合和管理客户的数据资源?如何在客户数据资源的基础之上辅助营销决策并实现主动营销?这些问题亟待解决,而这些问题的良好解决都必须以对信息的准确掌握和有效处理为前提。随着客户接触手段的多元化,基于客户服务代表的工作性质,客户服务部门的员工有了更贴切的称呼——客户信息服务人员。

客户信息服务人员要做的不仅是解答客户的疑问,提供简单的咨询、查询等信息传递的服务,而且需要在此基础之上最大限度地发挥客户信息服务部门的作用,为客户提供如信息处理、直复营销等更为全面的服务。通过对客户各种消费行为的统计与分析,对客户提供出的各种信息进行总结和分析,为客户提供个性化服务,为企业营销部门提供及时有利的市场信息,辅助营销决策。

呼叫中心座席员作为客户信息服务工作第一线的员工,运用呼叫中心设备直接完成客户信息的收集、传递、交换、沟通和处理等业务,其职业具有以下主要特征:

1. 工作场所的集中性

无论是企业内设置的呼叫中心还是独立设置的专业性、外包性的呼叫中心,都是一个集中了大量电话和计算机的信息聚散场所,座席员们集中在那里完成客户信息服务工作。这样的集中服务极大地提高了客户信息服务的专业化、系统化程度,有利于对客户信息进行及时处理。

2. 工作手段的现代性

呼叫中心主要运用计算机网络技术和电话集成通讯技术开展客户信息服务,实现了信息的即时、远距离流通,打破了传统信息传递方式的时空局限,极大地提高了企业服务客户的迅捷性。

3. 工作内容的信息性

呼叫中心座席员的主要工作内容包括:

(1) 为客户提供营销咨询;

(2) 受理客户订单;

(3) 受理客户投诉;

(4) 为客户提供技术支持。他们并不直接为客户提供商品或实体性的技术服务,而是为商品流通和技术服务的实现提供信息基础。

4. 工作方式的互动性

呼叫中心座席员的工作本质是与客户的信息沟通,这种信息沟通是一种双向的信息传播，是在双方持续的互动中完成的，包含了认知、态度、情感、意志等丰富的互动内容。企业借助这种互动提供客户满意的周全服务，同时实现有效的客户管理。

二、呼叫中心座席员的职业发展

职业发展是指从业者在职业实践中的进步和提高，表现为职业知识、技能和经验的积累，岗位等级、职位或薪级的提升，职业空间和前途的拓展等等。

职业发展的本质就是在自己选定的领域里，在自己能力所及的范围内，成为最好的专家。所谓专家并不一定是研究开发人员或技术顾问，而是指在某一领域有深入和广泛的经验，对该领域有深刻而独到认知的人。

(一) 呼叫中心座席员的职业发展通道

职业发展通道是公司通过职业序列和层级为员工设计和提供的在各自岗位上进步和晋升的路径和方向，是员工职业发展的机会和空间。职业发展通道一般包括纵向和横向两个方面。纵向通道是指员工在本职岗位上的职级提升或同一职种的职位晋升，如大学教师从助教到讲师到副教授到教授的发展。横向是指员工通过不同岗位和职种的转换而实现的发展，如教师在管理岗位、后勤服务岗位中的转换及提拔。现代社会越来越强调员工一专多能，帮助员工在多通道上获得发展。呼叫中心座席员的职业发展通道可以从如下几个方面进行规划。

1. 岗位等级的提升

本职业共设有四个等级，分为初级(客户信息服务员，国家职业资格五级)、中级(高级客户信息服务员，国家职业资格四级)、高级(助理客户信息服务师，国家职业资格三级)、技师级(客户信息服务师，国家职业资格二级)。从初级客户信息服务员到技师级客户信息服务师，呼叫中心座席员实现的是纵向的职业发展，职业知识、经验、技能也在不断的积累和提高之中。一个资深的呼叫中心座席员，是公司十分珍惜和尊重的专家型员工。

2. 呼叫中心内部的职务晋升

呼叫中心座席员、呼叫中心班长、呼叫中心主任、呼叫中心副经理、呼叫中心经理、事业部经理及担任更高管理职务，一些优秀的座席员往往能走上越来越重要的管理岗位，这也属于纵向的职业发展。但是，这一通道要受到职数比例的限制。

3. 企业内部的职业流动

在一个企业内部，客户信息服务人员的职业发展除了走向呼叫中心管理层或资深座席员之外，还可以进入到技术、营销、销售、公关等领域，这是企业内部横向的职业发展，可以通过岗位轮换和工作扩大的方式实现。当然，与其他通道一样，这也必须是以员工的职业知识和技能的积累和拥有、以员工能够胜任相应工作为前提的。

4. 行业外的职业发展

客户信息服务人员还可以有其他的职业选择方向。如果通过若干年客户信息服务积累的工作经验，掌握了较好的与人沟通的技巧，练就了良好的语言表达能力，培养出了非常好的心理素质，就有了一笔非常宝贵的人生财富。如果再积累了其他方面的专业知识，那么客户信息服务人员再去选择服务行业以外的其他行业的职业，也是非常可取的。

(二) 呼叫中心座席员职业发展的阶段分析

呼叫中心座席员的职业发展总体上会经历新鲜期、挫折期、成长期、成熟期、倦怠期五个时期。自进入呼叫中心到逐步成长为一个熟悉业务、了解企业环境、建立稳定人际关系的成熟的座席员，一般都会经历新鲜期、挫折期、成长期、成熟期四个阶段。部分客户服务代表在经历挫折期之后直接进入倦怠期，也有部分客户服务代表是经历了较长时间的成熟期，逐步对工作失去兴趣而进入倦怠期。

1. 新鲜期

一般出现在呼叫中心座席员入职后的前3个月。由于对工作环境、工作内容以及合作同事等信息不熟悉，客户服务代表往往比较兴奋和紧张。其行为表现主要有：

(1) 努力学习业务知识，积极向前辈请教；

(2) 工作积极，态度认真，善于思考，乐于创新；

(3) 积极参加团队活动；

(4) 努力获得同事和领导认同；

(5) 对工作目标以及如何达到目标认识较少；

(6) 犯错误的几率较高。

这一时期的发展关键是迅速掌握业务知识，适应企业文化，树立职业信心。

2. 挫折期

一般出现在入职后的4～6个月，这一阶段的座席员具有以下心理特征：

(1) 由于工作不断碰壁而导致工作斗志减弱；

(2) 彷徨感增强；

(3) 面对困难感到很无助；

(4) 情绪波动较大，往往会质疑自己的职业选择，甚至产生离职冲动。

这一时期，呼叫中心座席员关注的焦点是如何摆脱挫折感以及自己的职业选择是否正确。企业可采用导师一对一辅导、召开成长经验分享会等形式引导员工从挫折中发现机会、寻找方法，逐步走出困境。

3. 成长期

一般出现在座席员入职后的7～18个月。在此期间他们对业务知识、工作环境、人际关系已经基本适应，对自己的能力更加自信，工作热情也比较高。其行为表现主要是：

(1) 业务能力逐步提升；

(2) 对工作内容和目标有充分的了解；

(3) 对权威和制度的重视程度有所下降。

在这一阶段，呼叫中心座席员关注的焦点是提升工作能力，企业应通过合理的工作设计和深度培训帮助员工进一步成长。

4. 成熟期

一般出现在入职18个月以后，成熟期的呼叫中心座席员完全能够在职责范围内独立处理问题，对新问题会主动寻求解决办法。主要有以下行为表现：

(1) 业务水平与绩效表现较为稳定；

(2) 懂得综合利用业务知识和人际关系解决问题；

(3) 主动离职率比较低。

这一时期的座席员具有业务处理上的自信心，但是工作进取心有所减弱，有的甚至出现轻度的职业麻木。他们关注的焦点是协调工作与生活的关系，同时也较为关注未来的职业发展，企业可以通过换岗、晋升、培训等方式促进座席员更快地实现职业发展。

5. 倦怠期

倦怠期在呼叫中心座席员的职业发展中出现的时间不固定，这一时期的座席员对未来发展丧失信心，存在长期的职业厌倦，不想继续在现有岗位上工作。主要有以下行为表现：

(1) 工作积极性大幅下降；

(2) 工作业绩下降或停滞不前；

(3) 对企业管理制度的不满情绪增加。短暂的倦怠可以通过适当的休息、培训、思考进行调整，严重的、持续的倦怠，则必须退出和转行寻求新的职业发展空间。

(三) 呼叫中心座席员顺利实现职业发展的关键因素

1. 热爱

对职业的热爱是个人对自己从事的职业所产生和保持的关切、爱好和热情，是一种积极的态度，这是做好任何职业工作的基础。作为一种新兴的现代服务职业，呼叫中心座席员尤其需要具有这样积极的职业态度。职业热爱并不是无缘无故产生的，呼叫中心座席员在择业之前应当充分了解这个职业的行业性质、职业特点、工作方式、职业发展的路径和方向，进行适当的技能准备，培养对该职业的兴趣和热情。

2. 掌握成功的标准

每个层级的职位都有特定的职业资格标准，任职资格是企业根据特定层级、特定职位的工作内容和工作性质对员工提出的预期标准，是一种预先确定的客观性的任职要求，一般包含了年龄、学历、职称、工作年限、知识技能、业绩和能力水平等方面的要求，当然，品德和工作态度更是不可缺少的内容。员工要想实现职业发展，就必须熟悉企业的职位序列及其晋级标准，通过职业实践努力达到这些标准要求。

3. 发挥自身优势

一个企业中存在纵横联贯的职位体系，这就是职业发展通道。一个人不可能适合所有的岗位，更不可能在所有的方向实现发展。职务晋升，薪酬增加是职业发展的重要指标，但不是唯一的指标，甚至也不是最重要的指标。真正的职业发展是干自己能够胜任、愉快的工作，是做自己最有绩效的工作，而好的绩效才能够带来好的薪酬和晋升的机会。所以呼叫中心座席员应当认清自己的职业特长，充分发挥自身优势，做自己最擅长的业务，寻求最好的发展。

4. 学会与上司相处

在任何组织中，上司都是那个代表制度和纪律、拥有权力、进行管理的人，是掌握其下属员工职业发展资源的人。学会和掌握与上司的合理相处之道对于员工的职业发展无疑十分重要。

(1) 忠诚与服从。忠诚是一种真心待人、忠于人、勤于事的奉献情操，它是发自内心而不是虚伪装出来的。忠诚是有持续性的，也需要藉时间与表现，方可为人所知、为人认同。服从就是听从指挥，不折不扣地完成上司交代的工作任务。

(2) 善尽本分。一个善尽本分的人能明确认清自己的身份与职责，从而其一切作为与言行必能朝其本分应有的方向和目标迈进，因此，其在职场中必定会勤奋努力、打拼工作、力求有良好绩效表现。符合其负责、尽职的自我要求与期许，自然其在职场中的表现常会受到上司或老板的肯定与赏识，也因此在竞争激烈的职场中成为荣登高位的佼佼者。

(3) 公私分明。下属员工可以与上司保持良好的私人友谊，但在工作场合必须按职场原则、制度、纪律和礼仪行事，决不可以私人情谊破坏了职场规则。

(4) 适当的自我推销。能适时适度地将自己的学识、才华与做事本领在上司或老板面前展现出来，或把握上司所给机会好好表现并巧妙地自我推销，往往能给上司或老板很自然且迅速留下深刻的印象，从而为自己创造发展的机会。

(5) 分忧解难。上司一般都会对为其解决问题、消除麻烦、分劳解忧的部属给予高度肯定与评价，并视之为公司不可或缺的可用且可造之才。而上述的一切都是以员工自身的知识、能力、素养为基础的，所以要想成为上司青睐和赞许的人，最重要的还是先完善自己。

5. 理解企业文化

企业文化是企业宗旨、经营理念、制度规范、企业历史、企业环境、企业人际关系等各种因素的统一。呼叫中心作为一种现代服务机构和方式，其企业文化的核心是以客户为中心，同时强调以速度和质量取胜，高度重视团队合作精神，需要不断地学习和创新等等。由于呼叫行业工作的特殊性，呼叫中心座席员普遍具有持续工作时间长、工作强度大、工作内容单调、工作创新程度低、工作情绪受客户影响大等特点，他们出现职业倦怠的几率较其他行业要高。这就要求座席员能够将自己的本职工作更深入地融进企业文化，提升自己工作的价值感和丰富性，战胜工作压力、克服工作倦怠、扩张职业发展空间。

三、职业生涯规划的基本环节

职业生涯规划是指一个人对其一生中所从事的职业及其相继历程的预期和计划,包括一个人的学习、对一项职业或组织的生产性贡献和最终退休。

个体职业生涯规划并不是一个单纯的概念,它和个体所处的家庭、组织以及社会存在密切的关系。随着个体价值观、家庭环境、工作环境和社会环境的变化,每个人的职业期望都有或大或小的变化,因此,它又是一个动态变化的过程。

职业生涯规划既包括个人对自己进行的个体生涯规划,也包括企业对员工进行的职业规划管理体系。职业生涯规划不仅可以使个人在职业起步阶段成功就业,在职业发展阶段走出困惑,到达成功彼岸;对于企业来说,良好的职业生涯管理体系还可以充分发挥员工的潜能,给优秀员工一个明确而具体的职业发展引导,从人力资本增值的角度达成企业价值最大化。

职业生涯规划的本质是要在个人的能力模式、个性特征与社会职业之间良好匹配的基础上为整个人生的职业过程进行合理的设计与谋划,实现个人职业的顺利发展。个人的职业生涯规划主要由以下环节组成。

(一) 确定志向

在制订职业生涯规划时首先要确立志向,这是制订职业生涯规划的关键,也是职业生涯规划中最重要的起点。一方面,职业志向是个人的家庭出身、所属阶层、时代需求、社会风气和教育背景等各种因素组合塑造的结果;另一方面,职业志向又是个人兴趣、理想、信念、价值观在职业取向上的反映。同时,职业志向还是个人人生实践和思考的结果,许多人在初入职场就有了明确的职业志向,但也有相当一部分人要经过长期的职业试探才能清楚地确立职业志向。

(二) 自我评估

自我评估即认识自己、了解自己。自我评估的内容包括自己的兴趣、特长、性格、学识、技能、智商、情商、思维方式、思维方法、道德水准以及社会中的自我等等。职业规划中的自我评估,其目的是要清楚地界定自己想要从事何种职业、自己喜欢何种职业、自己能从事何种职业等重要问题。

(三) 职业环境分析

职业环境分析实际上是对自己的职业机会进行评估,弄清个人所处的现实环境需要自己做什么、允许自己做什么、能够给自己的职业选择和发展提供哪些有利的条件、又存在哪些不利的制约。

环境因素评估主要包括如下内容。

组织环境,评估组织的性质、规模、文化、前途及其可以为自己提供的机会和发展空间。

政治环境，评估产业、行业和就业等方面法律、政策的现实规定、发展趋势和价值导向。

社会环境，评估社会变迁的进程、速度和方向，社会的职业结构、职业评价、职业流动等。

文化环境，评估现实社会的核心价值观念及其变化趋势，现实文化为自己提供的资源和设置的限制，知识、技术等方面的变化发展趋向。

经济环境，经济结构的现状和发展趋势，产业结构、就业结构的现状和变化趋势，经济景气度、就业形势等。

(四) 职业的选择

进行职业选择时需要考虑如下三个主要问题。

个人志向，只有选择自己喜爱的职业才会有前途和可持续发展。

个人能力，能力是个人担任职业的实际条件，包括知识水平、职业技能、性格特征及其与职业的匹配程度。

外部条件，主要考虑现实环境能够提供的就业条件以及自己利用这些条件的可能性。

(五) 职业生涯目标的设定

目标分为短期目标、中期目标、长期目标和人生目标。短期目标一般为1～2年，又可细分为日目标、周目标、月目标、年目标。中期目标一般为3～5年。长期目标一般为5～10年。

(六) 职业行动计划和措施的制订与落实

是指落实目标的具体措施，主要包括工作、训练、教育、轮岗等方面的措施，既包括通过实际工作取得职业绩效，也包括继续学习为后续的职业发展进行积累。

(七) 评估与修订

在职业实践过程中根据新出现的情况对原有的职业规划进行反思、修订和完善，以保证职业进程与时代变化相适应。主要包括：

职业的重新选择；

职业生涯路线的重新设计；

人生目标的修正；

实施措施与计划的变更等等。

第二节　呼叫中心座席员的日常行为规范

呼叫中心的主要功能是提供优良的客户服务和客户关系管理，达到客户满意，捕捉市场信息并反馈给相关部门。而呼叫中心的功能是通过座席员的日常工作实现的，因此，呼叫中心必须明确界定座席员的职责，设计合理的座席空间，制订和执行座席员的日常行为规范。

一、呼叫中心座席员的工作职责

呼叫中心座席员主要完成呼叫中心的呼入、呼出业务的具体执行工作，其基本岗位职责为：

(1) 根据呼叫中心主管的安排，执行呼叫中心呼入、呼出业务的处理工作；
(2) 负责呼叫中心电话咨询、信息查询及疑难问题的解答等工作；
(3) 执行呼出电话的行销业务，完成销售任务；
(4) 在呼入、呼出业务中做好详细记录，以利于主管进行绩效分析；
(5) 及时进行客户信息分级和更新；
(6) 按时参加工作例会，分享工作经验和知识，并向上级汇报工作中的问题；
(7) 对部门工作提出有价值的意见和建议；
(8) 负责所用电脑和办公设备、办公席位的清洁工作；
(9) 严格遵守呼叫中心的各项规章制度和工作流程；
(10) 完成领导交办的其他工作。

具体到不同行业、不同企业、不同种类的呼叫中心，座席员的工作职责还有更细致、具体的要求和规定，企业将通过《员工行为守则》、《员工工作纪律》等文件作出书面说明。呼叫中心座席员必须尽职尽责，不断提高客户服务水平，确保客户满意。

二、呼叫中心座席员工作空间的调整

呼叫中心的物理环境将影响到工作效果、员工士气，并为参观运营的外部人员展示一个整体形象。呼叫中心环境设计要充分考虑到座席布局、室内设备和工具的安排、室内色彩和光线的调整、噪音控制、座席员坐姿调整等各方面因素，使之能够适应复杂的电信和数据传输的需要，同时有利于不同功能组和班次的使用者进行调整，为座席员创造合理的工作空间和平台。

(一) 常见呼叫中心座席的布局

传统的座席安置采取的方式有直线式、矩阵式、波浪式、旋转木马式等等，这些方式在光线采用、空间利用、座席员工作沟通等方面往往存在一定的缺点。随着呼叫中心环境建设与现场管理的逐步成熟，一般呼叫中心的座席布局也出现了许多新的形式。座席员要根据特定的现场设置，合理安排自己的业务操作。

1. 座席同向格局

在呼叫中心现场将全部座席按照同一方向进行安置的形式，如图3-1所示。其主要优点是：①结构紧凑，可充分利用现场有效空间；②组织布局规范，便于现场指导及监控；

③座席朝向一致，便于采光、通风和现场显示屏的设计与安置；④便于管线铺设和座席终端设备集中维护。但也存在一定的缺点：①空间布局较呆板，容易引起座席员视觉疲劳；②紧密布置的座席不利于降低噪音干扰；③分组不够清晰，不同业务之间互有干扰。

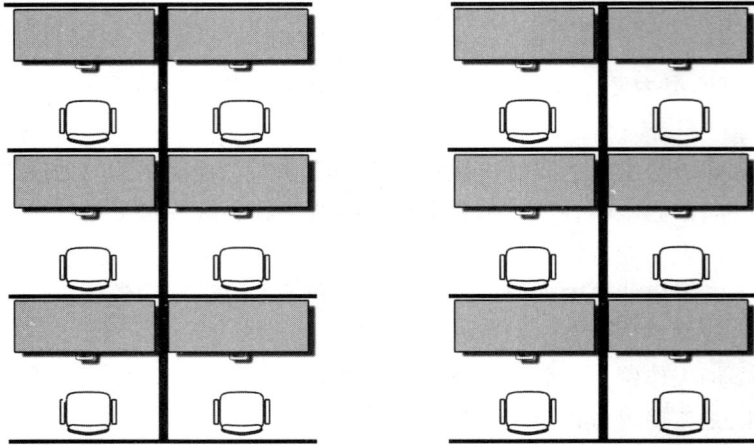

图3-1　座席同向格局俯视图

2．座席对向格局

在此格局中，客服代表采用两两面面相对的方式进行办公，但位于同一侧的客服代表是相同面向的，如图3-2所示。这种布局朝向有所变化，相对比较活泼，便于分组安排座席员业务，但空间利用率有所降低，处于中间位置的座席员很多会背靠背而坐，不利于相互交流，行动时也容易产生干扰。

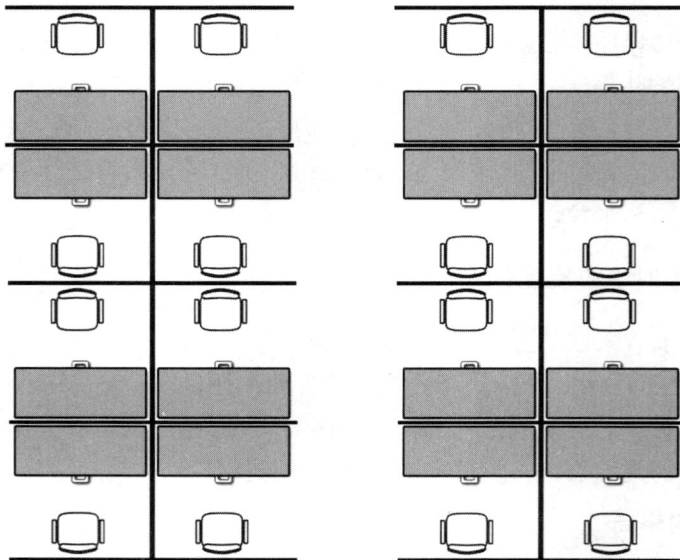

图3-2　座席对向格局俯视图

3. 座席正多边形格局

呼叫中心的典型布局。这种设计是给3～5人一个小组的设计，通常在每个座席之间有隔断，如图3-3所示。它具有独特的节省空间设计，可使3～5名呼叫中心座席员作为"迷你小组"共享一个工作空间及其功能。这种设计比起传统工作站大大减少了设备成本，因为它利用了传统呼叫中心设计中从未使用过的空间。这种工作站提供了一个无纸传输信息的环境。服务代表直接从屏幕获取信息，也同样通过屏幕与主管联系。

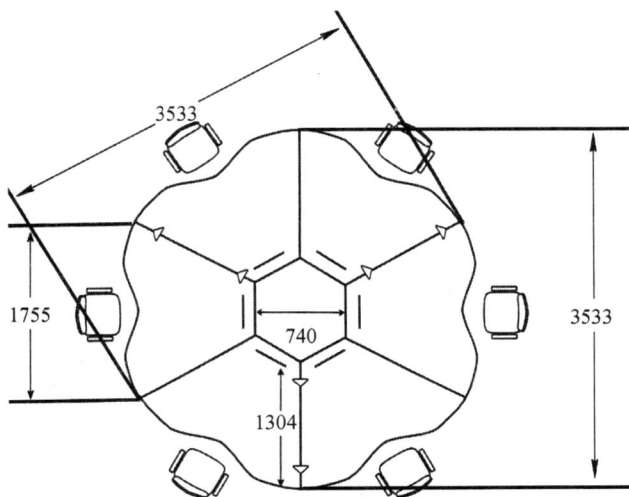

图3-3　座席正多边形格局俯视图

4. 座席"雪花"状格局

座席的"雪花"状设计是正多边形格局的变化形式，它不仅具有正多边形格局的基本优点，而且扩大了每组座席的数量，有利于按组别对不同业务进行安排。这种风格是以6人、8人、10人或者12人为一组，很适合互相沟通，如图3-4所示。

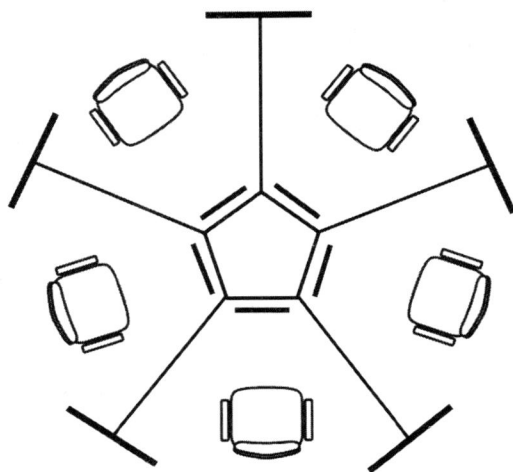

图3-4　座席"雪花"状格局示意图

5．座席集合式格局

正式的呼叫中心的现场布局可以是以上几种常见布局的集合，从而尽量克服各布局的局限和缺点，发挥各自的优点。当然，这样的集合式布局需要环境设计机构和技术部门给予专门的现场定制，特别是对现场的采光、噪音干扰进行科学的测算和分析，并利用合理的室内装饰进行现场环境调节。

（二）坐姿调整

呼叫中心座席员必须长时间在座位上进行案头工作，舒适良好的坐姿不仅能提高工作效率，而且是座席员身心健康的必要保证。不良的坐姿会造成对座席员的身心危害，同时降低工作效率。

1．错误坐姿的危害

如果采取了不正确的坐姿，在呼叫中心里，你会发现这样一些伤害(见图3-5)：①经常性的伏案工作会引起颈部疼痛；②背部的压力会增大；③这个姿势会挤压座席员的胃部；④如果座席员的手臂没有得到支撑，就会感觉麻木；⑤座席员的腿部也会因为血液循环的减慢而感觉不舒服。

图3-5　容易造成座席员伤害的错误坐姿示意图

2．座席员的正确坐姿

座席员的正确坐姿大体上要符合这些要求(见图3-6)：①头部直立，眼睛略向下看，与计算机屏幕保持一个适当的视角；②在使用计算机时，肩膀放松，上臂自然下垂，胳膊弯曲90°，手腕要直；③背部以下部分要有支撑物，保持腰部的直立；④大腿放松，与躯干成110°；⑤双脚脚板完全接触地面或踏板。座席员可以通过调节座椅的高度来实现上述正确坐姿。

图3-6　座席员正确坐姿示意图

(三) 座席员个人工作空间的调整

1. 保持工作台面的整洁

工作台是座席员最重要的办公空间,保持工作台面的整洁是座席员必须遵循的工作规则。这里主要指合理摆放和使用办公用具,包括根据工作需要和个人身体特点调节显示屏与眼睛的距离,调整键盘、鼠标、耳麦的位置等,同时在结束工作时及时归位,以便下一班座席员的使用。座席员可以在座席上安置小镜子以便清晰地看见自己的口型,调整自己的发音和表情。在值班结束时,座席员应整理自己当班的工作台面,保持台面的整洁。

2. 名片盘的摆放

每个座席员都有自己的名片盘,显示其工作台号和姓名。座席员应在工作开始时将名片盘放置在工作台的显著位置,工作完毕后将名片盘取走,并妥善保管。

3. 员工卡的佩戴

员工卡是座席员有权进入工作区的标志和证明。座席员在执勤时要佩戴员工卡,持卡上班。员工卡一旦遗失,应及时向人力资源部门汇报并申请新卡。座席员离职时,应在公司任职最后一天结束时将员工卡交还其组长。

4. 电话的使用

(1) 电话是座席员的办公工具,不得用来处理私人事务。

(2) 呼叫中心座席员不允许使用工作台上的电话打出私人电话,所有私人电话只能在用餐或休息时间用休息室电话打出。

(3) 座席员一般不得接听私人电话,私人打进电话仅允许在发生急事的情况下,由组长直接接听后将信息予以转达。

(4) 座席员在工作期间必须关闭私人手提电话及其他私人通讯工具,私人手机及其他通讯工具只能在休息或用餐时间在休息室使用。

5. 私人用品的放置

呼叫中心的工作台是由不同的座席员按班次调整共同使用的,所以座席员不得在下班后将其私人用品留在工作台上,私人用品应放至指定的储藏室里。

三、呼叫中心座席员的排班

呼叫中心常用的服务时间通常为5×8小时、7×14小时或7×24小时制度,即每周工作5天,每天工作8小时;每周工作7天,每天工作14小时;每周工作7天,每天工作24小时。为了给客户提供不间断的周到服务,大多数呼叫中心都采取7×24小时工作制,因此呼叫中心座席员有倒班的需要,必须按照公司的排班要求到岗完成业务。

一般呼叫中心都有自己的排班系统,对座席员的值班时间进行合理的安排。排班系统一般会在每周五前做出排班表,至少会做出一周的安排,确定下周内座席员的工作和休息时间。

在排班系统的控制下,呼叫中心座席员必须遵循的行为规则是:

1. 按时到岗

座席员必须准确掌握和牢记排班表,按照呼叫中心的排班表及时到岗,绝对不可耽误上班。一旦因故不能按时到岗,必须事先安排其他同事换岗并向组长汇报。

2. 按规则换岗

换岗必须经组长批准,并且只能在本工作组同等级技能级别的座席员中进行。不同组别的成员不得进行轮岗,因为业务内容不同,轮岗会导致服务功能的错失;不同技能级别的座席员也不得换岗,尤其不得让技能级别低的座席员为技能级别高的座席员顶岗,以免降低服务质量。

3. 接受遵时管理

座席员在上班时间要按照主管的安排尽职尽责地完成工作任务。呼叫中心会对座席员的遵时状况实施监控,即通过与PBX、CTI系统的接口,排班系统获取座席的实时状态信息,如登录、接听、话后处理、登出等,并以不同的颜色进行表示,与计划的班次安排进行比对,从而监控到座席的遵时例外(非遵时)。

四、问题升级和员工投诉

呼叫中心座席员在工作过程中有时候会碰到业务难题或内部待遇困扰,这时候就需要启动问题升级或员工投诉机制。

(一) 问题升级

问题升级是指呼叫中心座席员在面对与工作有关的困难问题时将自己的问题提交给自己的上级以寻求帮助的渠道和过程。呼叫中心座席员对无法独立解决的问题应尽快汇报组长,组长须帮助其下属及时解决和处理问题。

呼叫中心座席员在面临以下问题时，一般都要进行问题升级：

(1) 当客户要求一个高级别的职员接听电话时；

(2) 当遇到坏脾气的、易怒不讲理的客户，沟通效果不佳时；

(3) 言语不通，无法进行沟通时；

(4) 遇到座席员缺乏授权，无权给予处理和回复的问题时；

(5) 座席员不了解相关信息，无法回答和处理客户问题时；

(6) 遇到呼叫中心有规定的必须进行的其他需要进行问题升级的情况时。

呼叫中心座席员要不断学习、熟悉业务、提高服务客户的本领，清楚和掌握问题升级的标准，不得擅自处理需要升级的问题，以免造成服务质量的下降、客户利益的伤害和呼叫中心形象的损害。

(二) 员工投诉

员工投诉是指员工为了维护公司整体利益和个人合法权益，当对公司现状和个人处境感到不满意时依法向上级或相关部门反映情况、提出意见、要求改善的制度、途径和过程。

员工投诉机制为呼叫中心座席员表达自己对雇佣状况的不满及想法提供机会，如果一个呼叫中心座席员认为自己没有受到公平对待或希望就其雇佣事宜进行讨论，他可以公开坦诚地与其上司直接进行讨论，必要时可采取书面形式。

1. 员工投诉的对象

员工投诉的对象是有权利、有责任解决其投诉事项的机构或个人，这些机构或个人称之为受理投诉人。需要时，呼叫中心座席员可向以下机构或个人投诉：

(1) 呼叫中心座席员的直接上司。

(2) 更高一级的上司直至呼叫中心最高领导。呼叫中心座席员对其与直接上司的讨论结果不满意时，可与更高一级的上司进行讨论。

(3) 其他管理人员或人力资源管理部代表。

(4) 法律规定的执法和仲裁部门。

2. 员工投诉的渠道

呼叫中心座席员可以通过以下渠道和方式投诉并进行相关事宜的讨论：

(1) 面对面讨论。通过向受理人当面提出问题和意见，进行讨论，并寻求问题的解决。

(2) 电话。向受理人打电话，提出意见进行讨论。

(3) 信件。向受理人写信，提出书面讨论意见。

(4) 传真和电子邮件。

3. 员工投诉的规则

员工投诉是员工维护集体和个人合法权益的权力，也是其帮助企业改进工作、完善机制、参与民主管理的义务。员工投诉应当遵守合法、理性的规则。

(1) 客观真实。员工投诉的事由是真实情况的反映，不得夸大事实，更不得有诬陷、捏造、打击、报复的行为。

(2) 逐级讨论。就投诉事项与直接负责人进行讨论、沟通，在未经直接讨论的情况下一般不越级投诉。当然投诉事项涉及的是某级上司的言行时，投诉受理人就是被投诉人的上级，这不属于越级投诉。

(3) 就事论理。要就投诉的事项进行理性的讨论，求得问题的合理解决。

(4) 保密守法。无论采取何种投诉方式，通过何种渠道进行投诉，都要依法保守企业秘密，不可随意泄密。

第三节 呼叫中心座席员的职业素养

职业素养是个人对职业规范和要求进行内化的结果，是在职业过程中表现出来的综合品质，包括职业意识、职业行为、职业作风、职业道德和职业技能等多方面的素质和修养。

简单地讲，职业素养就是一种工作状态的标准化、规范化、制度化，即在合适的时间、合适的地点，用合适的方式、说合适的话、做合适的事，在知识、技能、观念、思维、态度、心理上符合职业规范和标准。呼叫中心座席员应当从职业意识、职业道德和职业能力三个主要方面提高自己的职业素养。

一、呼叫中心座席员的职业意识

职业意识是职业人关于自己所从事的职业的本质属性、技能要求、行为规则及其现实价值的基本看法和认识，这种心理意识从根本上决定了个人的职业态度和职业行为。职业意识帮助我们解决的主要问题是我们如何正确地看待自己的职业，怎样更好地从事这个职业，怎样更好地适应这个职业，怎样在职业中克服非职业行为(如个人情绪)等等。

现代职业人应该具备的职业意识一般包括两个方面：一是标准化的职业行为意识，主要是熟练地掌握和运用职业技术，保证业务质量；二是和谐地建立和保持职场关系的意识，即如何处理好与同事、上下级、合作者、竞争者特别是服务对象的相互关系。具体说来，现代职业人需要具备的职业意识有质量意识、效率效益意识、服务意识、竞争意识、合作意识等。

客户信息服务是一个新兴的现代服务职业，座席员又是呼叫中心直接服务客户的一线员工，应当在深刻了解职业特征和岗位规则的基础上树立良好的职业意识。

(一) 客户服务意识

全心全意地站在客户的立场，真心实意地为客户提供帮助、解决问题，这是客户信息服务人员应该具备的最基础、最核心的职业意识，呼叫中心座席员首先要具备良好的客户服务意识。客户服务意识具有丰富的内涵。

1. 以客户为导向

著名营销专家李维特说过："企业就是创造和保持客户。"以客户为导向就是强调和坚持客户至上、一切为了客户，即将满足客户需求、增加客户价值作为企业经营的根本战略，作为企业一切生产经营活动的出发点，而这是以对客户的消费能力、消费偏好、消费行为的调查分析为基础的，及时、准确、全面地收集、登记、处理客户的信息正是呼叫中心座席员的职责所在。

2. 满足客户的需求

以客户为导向本质上是以满足客户的需求为导向。当代世界最富权威的管理专家彼得·德鲁克一再强调："任何企业有并且只有两个职责，这就是满足客户需求和创新。"客户需求是多方面的，包括对商品的需求、对服务过程的需求、对技术支持的需求、对情感满足的需求，而这些需求又是以对信息的充分掌握为基础的，呼叫中心座席员的工作为客户的这种基础性需求以及在此基础上其他需求的满足提供了机会和途径。

3. 耐心对待客户

在客户与呼叫中心的相互沟通过程中，客户总是处于相对"弱势"的一方，是寻求帮助和支持的一方。客户在表达自己的需求时，由于专业信息和技术知识的不足，由于需求的多样性等等，往往伴随着情绪上的焦虑，这就需要座席员有足够的耐心对待和关怀他们。

(二) 职业价值意识

以诚信的精神对待职业，正确理解客户信息服务职业对社会的价值和对自我的价值，树立职业自豪感和重要感，是呼叫中心座席员职业意识的重要组成部分。

现代社会是一个复杂的相互服务的网络，任何人都离不开别人的服务，任何职业都是为"客户"服务；服务者相对于服务对象总是具有技术上、能力上的某种优势。呼叫中心座席员的工作是企业和客户联系的桥梁和纽带，是商品、技术、信息流通的渠道，在现代市场经济中占有不可替代的地位，所以呼叫中心座席员的职业劳动不仅能够创造巨大的经济、社会价值，也可以为自己带来人生价值的提升。

(三) 职业质量意识

合适、及时、有效地为客户提供真实、可靠的信息和解决问题的建议是客户信息服务工作的质量要求，职业质量意识就是对职业品质和标准的认知和追求，并将之贯彻在职业实践过程中，把自己的工作做到最优、最好。

职业质量意识的基础是保持和坚守敬业的态度，而"敬业"就必须先"精业"，不断提高职业知识和技能，做到精益求精。

职业质量意识要通过顺利完成职业操作的规范流程来实现。在复杂的信息沟通过程中，呼叫中心座席员要善于抓住关键信息，分清事情的轻重缓急，为客户提供有针对性的、个性化的服务。

职业质量意识还表现为对职业标准和规程的严格遵守。细节决定成败。呼叫中心座席员要善于缓解职业压力、调整心态、平衡情绪、注意细节，在每一个工作环节上追求优质，从而保障职业生涯的高质量和高水平。

(四) 职业竞争意识

只有敢于竞争的员工，才是最优秀的员工。

职业竞争意识首先表现为用最高的职业标准要求自己。职业竞争既是与同行竞争、与伙伴竞争，也是与自己竞争，就是要力争在同行中出乎其类、拔乎其萃，成为职业伙伴中的佼佼者，把自己最好的职业能力发挥出来，取得最好的职业成就。

职业竞争意识的核心是培养和提高自己的职业能力。竞争，必须遵循公开、公平、公正的原则，竞争的胜败最终取决于实力的高低。

职业竞争意识还要求呼叫中心座席员正确地面对职业挫折。座席员的工作每天要面对各种各样的客户，要处理纷繁的信息，要取得骄人的绩效，挫折和失败在所难免。如何在挫折中奋起、找准职业定位、提升职业技巧、创造职业绩效，在很大程度上有赖于座席员自己竞争意识的强弱和竞争能力的高低。

(五) 职业合作意识

客户信息服务最重要的职业基础是沟通与合作，既要有职业团队的互助与协作，也要有与客户的良好沟通与合作。

呼叫中心作为一个工作空间，具有人员密集、知识密集、信息密集的特点。具有良好合作意识的座席员团队，能够培养全体员工"以客户为主导"的理念；创造愉快、轻松的工作氛围；在伙伴中保持主动的态度和工作热情；提高团队的士气，改善内部管理；提高工作效率和工作质量；使团队中每个成员都能始终如一地将最好的一面展现出来。

而与客户的合作首先满足了客户的一个关键性需求——情感认同和理解的需求，对于提高客户满意度、留住和保持客户、打造企业的忠诚客户乃是至关重要的。

(六) 职业学习意识

客户信息服务工作是一项专业性、挑战性很强的工作，需要呼叫中心座席员保持强烈的学习意识，不断更新自己的职业知识、技能和观念。

在现代市场经济不断深入发展的条件下，客户的需求越来越多样化，要求越来越高，客户关系对企业的作用更加重要。呼叫中心的技术越来越成熟，管理也越发的规范严格，呼叫中心座席员只有不断学习才能适应呼叫中心的功能、技术、管理的发展变化。

二、呼叫中心座席员的职业道德

社会是由千千万万个人组成的，每个人都有其独特的利益、个性、观念和行为方式，从而会产生矛盾和冲突。为了调节这些矛盾和冲突，任何社会都要制订和执行一套行为，由法律、道德、礼仪、政策等构成的行为规范体系制约人们的行为以保证社会机体的正常运行和个人生活的顺利发展。在社会行为规则体系中，道德具有最古老的历史和最广泛的作用。

(一) 道德和职业道德的概念

道德是社会奉行的以促进经济、社会、政治和文化的正常发展，维持社会生活秩序与和谐，追求社会和个人幸福为目的，以善恶判断为评价标准，以传统习俗、社会舆论和个人信念为评价手段的行为规则。

道德是一种行为规范。这种行为规范以"应当"、"不应当"的判断，引导、评价和制约人们的行为，成为一种社会管理手段和工具。道德管理是通过两种方式实现的：一方面，它以社会舆论、传统习俗的方式实行外在管理，对于道德认可、肯定的行为予以正面的评价，给予行为主体赞许和荣誉；对于道德否定的行为则予以负面的评价，给予行为主体谴责和贬斥。舆论评价和习俗评价是以公认的道德准则为基础的，带有半强制的特点，即所谓的"他律"。另一方面，道德以个人内心信念即良心的方式实行内在管理，个人对于符合良心要求的行为感到欣慰和愉悦，并产生坚持的动力和信心；对于违背良心的行为则感到羞耻和愧疚，并加以克制和修正。内心信念的评价以一个人信奉的道德操守为依据，是主动的自我评价，即所谓"自律"。自律是道德的本质特征。

道德是一种价值理性，是对行为的善恶评价，是对价值理性思考的结果，是人们对善、公平、公正、正义的价值追求，反映了人性光辉的一面。然而，这种价值追求本质是现实利益和利益关系在观念上的反映，人们有什么样的利益追求，就会有什么样的道德观。当然，这种利益不是纯粹个人的，而是以阶层的、群体的形式存在的。当一种利益成为一定阶层、群体的追求时，就会产生相应的道德观念以论证这种追求的正当性，因此在阶级社会中，道德是有阶级性的，不同的阶级会信守不同的道德观念。

道德是一种实践精神。马克思曾把人类把握世界的方式分为四种：科学理论的、艺术的、宗教的和实践精神的。道德是社会意识，是一种思想关系，因此它是一种精神。但道德作为精神又不同于科学、艺术、宗教等其他精神，它不是单纯地反映或表现世界，而是一种以指导行为为目的，以形成人们正确的行为方式为内容的精神，因此它又是实践的。道德区别于其他社会意识的根本特征就在于它是一种实践精神，是精神与实践的高度统一，道德存在于人们的意识之中，又表现在人们的现实生活之中，它通过人们处理各种复杂的社会关系表现出来。

道德是一种最古老、最广泛的行为规范。道德萌发于原始社会，是原始社会唯一的行为规则和管理制度。在迄今为止的人类发展进程中，道德始终存在，贯穿于人类社会发展的各种形态。在未来的社会进步中，道德不仅不会消亡，可能还要进一步加强，由阶级道德真正变成人类的共同道德。同时，道德存在于社会生活的各个领域、各种社会关系中。

人类生活大体上可分为社会公共生活、家庭生活和职业生活三大领域，故道德也可以分为三种主要类型：

(1) 社会公德，是人们在社会公共生活中需要遵守的道德规范，主要调节个人与他人、个人与集体乃至国家、民族、人类的相互关系，维护公共生活秩序；

(2) 家庭道德，是人们在家庭生活中应当遵循的道德，主要调整家庭生活领域中的爱情、婚姻、代际、邻里之间的伦理关系，保障家庭生活的顺利进行；

(3) 职业道德，是指从事一定职业的人在特定的工作和劳动中所应遵循的道德行为规范，是社会道德在职业生活过程中的贯彻，每个从业人员，不论从事哪种职业，在职业活动中都要遵守道德。

职业道德的主要内容是对人们职业义务的要求；职业道德的标准是多样的，代表了不同企业的不同价值观；职业道德通常承载着宣传企业文化的使命，意义深远。

（二）职业道德的主要作用

职业道德是社会道德体系的重要组成部分，它一方面具有社会道德的一般作用，另一方面又具有自身的特殊作用。

1. 调节职业关系，规范职业行为

一方面，调节从业人员与其职业伙伴、职业组织之间的关系，如强调团结互助、爱岗敬业、遵守规程、恪尽职守等等；另一方面，调节从业人员与其服务对象之间的关系，如热情服务、诚实守信、认真负责、客户至上等等。

2. 界定职业义务，体现职业良心

职业义务就是企业和劳动者对社会、对客户所承担的职业责任。职业义务作为一种职责，是"应该做的"，这种"应该做的"只要变成劳动者的内心要求时，就能"自觉地履行"。一个劳动者，只要他认识和理解了职业和社会赋予自己的光荣使命，具有高度的道德觉悟和高尚的道德境界，他就能够在履行职业义务中获得道德自由。职业良心则是从业人员对职业责任的自觉意识，职业良心能够对自己的职业活动及其结果作出自我评价。对履行了职业义务的良好结果和影响，会得到内心的满足和欣慰；对没有履行职业义务的不良后果和影响，进行内心谴责，表现出内疚、惭愧和悔恨，促使其主动自觉地纠正错误。

3. 维护和提高职业荣誉，促进职业发展

职业荣誉是个人所从事的职业在社会公众中享有的光荣和声誉。从业人员以负责任的态度，以良好的职业道德为客户提供优质的服务，满足客户需求，让客户感到满意，就能赢得客户的赞誉，为企业、为自己、为职业带来光荣和声誉。职业的发展前途是以行业、企业的发展为基础的，而行业、企业的发展则有赖于员工的高素质。员工素质主要包含知识、能力、责任心三个方面，其中责任心是最重要的。而职业道德水平高的从业人员其责任心是极强的，因此，职业道德能促进本行业的发展。

4. 促进社会整体道德水平的提高

职业道德是整个社会道德的主要内容，一方面涉及每个从业者如何对待职业、如何

对待工作，同时也是一个从业人员的生活态度、价值观念的表现，是一个人的道德意识、道德行为发展的成熟阶段，具有较强的稳定性和连续性；另一方面，职业道德也是一个职业集体，甚至一个行业全体人员的行为表现，如果每个行业、每个职业集体都具备优良的品德，对整个社会道德水平的提高肯定会发挥重要作用。

(三) 呼叫中心座席员应当遵守的职业道德规则

美国最著名的《哈佛商业评论》评出了九条职业人士应该遵守的职业道德，分别是：①诚实、②正直、③守信、④忠诚、⑤公平、⑥关心他人、⑦尊重他人、⑧追求卓越、⑨承担责任。

每一种职业都担负着各自特定的职业责任和职业义务，由于各种职业的职业责任和义务不同，从而形成各自特定的职业道德。由于各种职业道德的要求都较为具体、细致，因此其表达形式多种多样。结合职业道德的内涵，呼叫中心座席员应当遵守的职业道德规则主要可以归纳为以下几点。

1. 爱岗敬业

爱岗就是热爱自己的工作岗位，热爱本职工作。敬业就是用一种严肃的态度对待自己的工作，勤勤恳恳、兢兢业业、忠于职守、尽职尽责。中国古代思想家就提倡敬业精神，孔子称之为"执事敬"，朱熹解释敬业为"专心致志，以事其业"。

热爱本职，就是客户信息服务人员以积极的态度对待客户服务工作岗位，努力培养热爱客户服务工作的幸福感、荣誉感。一个人一旦爱上了自己的职业，他的身心就会融合在职业工作中，就能在平凡的岗位上做出不平凡的事业。作为一名呼叫中心座席员，我们如何才能做到爱岗敬业呢？

首先，要正确处理职业理想和理想职业的关系。

其次，要正确处理社会需要与个人兴趣爱好的关系。当工作性质与个人爱好发生矛盾时，把国家需要作为自己的志愿，在工作实践中逐步培养兴趣。

再次，要正确处理选择职业与个人自身条件的关系。选择职业应根据自身条件，不能好高骛远，即使一时找不到理想职业，也要在一天就兢兢业业地做一天。

最后，要正确处理所从事职业与物质利益的关系。正确的观点是热爱本职与人才流动相统一；忠于职守与物质待遇相统一；人尽其才与物尽其用相统一；不能以追求高收入为目标，随意"跳槽"。现实生活中有许多人为取得高收入而频繁跳槽，这样就很难做到爱岗敬业。

2. 诚实守信

诚实守信是为人处世的一种美德。所谓诚实，就是忠诚老实，不讲假话。诚实的人能忠实于事物的本来面目，不歪曲、不篡改事实，同时也不隐瞒自己的真实思想，光明磊落、言语真切、处事实在。所谓守信，就是信守诺言、说话算数、讲信誉、重信用，履行自己应承担的义务。

诚实守信不仅是做人的准则，也是做事的基本准则。诚实是我们对自身的一种约束和要求，讲信誉、守信用是周围人对我们的一种希望和要求。一个呼叫中心座席员在日常工作中既代表个人，又代表他服务的呼叫中心和企业客户，如果一个从业人员不能诚实守信、说话算数，那么他所代表的社会团体或是经济实体就得不到人们的信任，无法与社会进行经济交往，或是对社会再也没有号召力。因此，诚实守信不仅是一般的社会公德，也是任何一个从业人员应遵守的职业道德，诚实守信同时也是每一个行业树立形象的根本。

3. 热情服务

热情服务，就是要求呼叫中心座席员在为客户提供信息服务时能够做到主动、热情、友好、周到，为客户提供优质的服务，让客户感到满意。

首先，真正具有服务意识。在服务过程中表现出真心实意、全心全意、充满善意的态度，善于表达服务的意愿：关怀，在与客户沟通时投入充分的关心，对客户提出的问题作出积极、及时的反应；同情，能够深入体会客户的感受，具有责任心，用微笑和愉快的情绪对待客户；理解，遇到客户抱怨或投诉时能够站在客户的角度思考问题，理解他、帮助他；行动，向客户积极承诺应当和能够解决的问题，设定目标和完成期限，并以最快的行动兑现承诺。

其次，有足够的知识准备。不仅对所提供的产品和服务要有深刻的了解，对产品的使用和服务的对象也要有一定的了解，同时对于所服务的组织构架、服务流程以及所在企业内部的制度比较熟悉。

再次，熟练运用服务技巧。了解客户的情况，向客户提供信息，征求客户的意见，提出建议，检验自己对客户的理解，与客户达成共识。

4. 按章操作

遵守规章制度，是呼叫中心座席员必须遵守的职业道德的基本规则。任何工作都有特定的程序规范，这既是组织纪律，也是工作安全和工作绩效的保障。座席员要了解和遵守呼叫中心的日常行为规则，服从公司管理，严格按照有关规程进行操作。

遵守时间、按时作业、提高效率，是遵守规章制度的具体要求。

5. 奉献社会

服务大众，奉献社会是职业道德的最高境界。所谓服务大众、奉献社会，就是全心全意为人民服务，为社会大众服务。服务大众指出了我们的职业与社会大众的关系，指出了我们工作的主要服务对象是社会大众，指出了我们应当依靠社会大众，时时刻刻为大众着想，急大众所急、忧大众所忧、乐大众所乐。呼叫中心座席员怎样才能结合自己的岗位服务大众呢？

首先，要树立服务大众的观念。我们所从事的客户信息服务工作不仅仅是一个用于谋生的"饭碗"，它要求我们提供的是关怀和服务。因此，要做好客户信息服务工作，必须先树立服务大众的观念。

其次，要做到真心对待大众。仅仅树立服务大众的观念还不够，还必须落实到行动上，即每个从业人员无论做任何事情都要想到大众，想到大众的利益，实实在在地为大众服务。

再次，要尊重社会大众。只有尊重社会大众，才能了解社会大众的所思、所想、所需，才能真正做到服务社会大众。

最后，做每件事都要方便社会大众。客户信息服务人员做每件事情都与社会大众有关。因此，我们的工作不是一个割裂的个体行为，而是需要通过个体的工作真正为社会大众谋利益，绝不应损害社会大众的利益。

三、呼叫中心座席员的能力要求

能力是人们完成任务的心理条件和特征，胜任某种职业的能力称之为职业能力。社会上的职业是多种多样的，各种职业对从业者的能力要求亦各不同，有的需要言语能力，有的需要计算能力，有的需要动手能力，大多数职业需要几种能力的综合。呼叫中心座席员职业具有基本的能力要求，从业者要不断培养和提升自己的职业能力。

(一) 职业能力的概念

职业能力是人们从事某种职业的多种能力的综合，它说明一个人在既定的职业方面是否能够胜任，也说明一个人在该职业中取得成功的可能性。

由于职业能力是多种能力的综合，因此，我们可以把职业能力分为一般职业能力、专业能力和综合能力。

1. 一般职业能力

一般职业能力主要是指一般的学习能力、文字和语言运用能力、数学运用能力、空间判断能力、形体知觉能力、颜色分辨能力、手的灵巧度、手眼协调能力等，此外，任何职业岗位的工作都需要与人打交道，因此人际交往能力、团队协作能力、对环境的适应能力以及遇到挫折时良好的心理承受能力都是我们在职业活动中不可缺少的能力。

2. 专业能力

专业能力主要是指从事某一职业的专业能力。在求职过程中，招聘方最关注的就是求职者是否具备胜任岗位工作的专业能力。专业能力主要表现为技术操作能力，它不仅是个人就业的能力和条件，更是个人职业发展的重要基础。一个人只有具备了一定的技术操作能力，才能顺利地占有特定的职业岗位，完成特定的职业任务，为就业单位创造实际的效益，才能在有效的职业实践中不断成长成熟，实现所说的职业发展。

3. 职业综合能力

国际上普遍注重培养的职业"关键能力"，主要包括四个方面：

(1) 跨职业的专业能力。从以下三方面可以体现出一个人跨职业的专业能力：一是运用数学和测量方法的能力；二是计算机应用能力；三是运用外语解决技术问题和进行交流的能力。

(2) 方法能力。一是信息收集和筛选能力；二是掌握制订工作计划、独立决策和实施的能力;三是具备准确的自我评价能力和接受他人评价的承受力,并能够从成败经历中有效地吸取经验教训。

(3) 社会能力。任何职业都存在于社会之中,都包含着复杂的社会人际关系,个人的职业发展在很大程度上取决于其被社会所接纳的水平。社会能力主要是指一个人的团队协作能力、人际交往和善于沟通的能力,在工作中能够协同他人共同完成工作,对他人公正宽容,具有准确裁定事物的判断力和自律能力等,这是岗位胜任和在工作中开拓进取的重要条件。

(4) 个人能力。职业生活中的个人能力主要指道德担当能力。一个人的职业道德会越来越受到全社会的尊重和赞赏,爱岗敬业、工作负责、注重细节的职业人格会得到全社会的肯定和推崇。一个现代职业人,必然是以自己的职业劳动为社会和他人提供相应的服务,其道德落后必然直接影响到工作的质量和他人幸福生活的实现。现代职业要建构完整健全的职业道德人格,秉持理性而独立的职业良心、职业责任感、职业荣誉感,在职业实践中,在自我利益和他人利益、单位利益和公众利益的矛盾和冲突中做出合理的选择,并以职业实践去肩负和实现自己的道德价值追求,对工作负责、对产品质量负责、对服务对象的利益负责,做一个有道德担当的人,为他人和公众的幸福作出贡献,同时使自己成为一个幸福的人。

(二) 呼叫中心座席员的能力要求

客户信息服务人员的职业是代表企业运用现代通讯技术为客户提供信息服务,其职业能力的主要要求为:

1. 熟练掌握计算机操作技能

呼叫中心座席员每天都要登录电脑网络,使用电脑与客户进行信息交流,所以快速的文字录入、信息处理是必备的技能。

2. 熟悉所代表企业的生产经营内容和流程

呼叫中心座席员代表企业为客户服务,必须熟悉企业所生产经营的产品或服务的内涵,了解企业的组织结构、管理体制、工作流程,才能及时回答客户提出的问题,或者向客户清楚地推介产品和服务项目。

3. 良好的语言表达能力

语言是呼叫中心最重要的工具,是座席员与客户联系的纽带。呼叫中心座席员要求中文普通话标准、流利,有一定的外语能力,词汇丰富,语法正确,能够规范地遣词用句,准确、明白、通俗、鲜明、生动地表达自己的意思。口齿清楚、表达流畅、声音甜美、语速适中,都是座席员应有的基本功。

4. 良好的沟通能力

沟通是双向的交流,理解是沟通的基础,所以呼叫中心座席员不仅需要清楚明白地表达自己的意思,还要能准确理解客户表达的意思,并且快速作出适当的反应。善于倾听，善于情感交流，也是呼叫中心座席员应有的本领。

5. 较强的自我心理调控能力

呼叫中心座席员的工作具有很大的压力，压力源自客户、工作环境、工作性质、管理要求及自我期望等等。当客户不理性、有抱怨时，当客户投诉时，当大量的信息涌来时，当工作绩效难以提高时，座席员需要面对负面情绪的困扰。长期在一个空间里工作，程序化的业务内容也会让座席员产生心理压力。呼叫中心会以日常例会、经验分享、教育培训、集体交流等方式帮助座席员缓解压力。但最终需要座席员运用自己的抗压能力克服压力的困扰，保持良好的情绪，克服各种挫折，实现职业发展。

(三) 呼叫中心座席员职业能力的发展

1. 职业实践促进职业能力的发展

职业能力是在实践的基础上得到发展和提高的。长期从事某一专业劳动能促使人的能力向高度专业化发展，例如，计算机文字录用人员随着工作的熟练和经验的积累，录入的速度会越来越快，准确性也会越来越高。个体的职业能力只有在实际工作中才能不断得到发展、提高和强化。

2. 教育培训促进教育能力的提高

个体职业能力除了在实践中磨练和提高之外，另外最有效的途径就是接受教育和培训。像我们所熟悉的职业教育、专科教育、大学本科教育、研究生教育等，学生通过对有关知识和技能的掌握，对以后更好地胜任本职工作会有极大的帮助。

思考与练习

1. 呼叫中心座席员职业的特征是什么？
2. 呼叫中心座席员如何实现职业发展？
3. 呼叫中心座席员的主要岗位职责是什么？
4. 呼叫中心座席员需要遵守哪些日常行为规则？
5. 呼叫中心座席员应具备哪些职业能力？

第四章

呼叫中心座席员普通话基础知识

　　语言是人类最重要的交际工具。人们在日常工作、学习和生活中可以借助多种手段达到交流思想、传递信息的目的，比如手势、姿势、眼神、表情等，其中最基本、最重要的交际手段是语言，只有语言才能准确周密地表达人们的所思所想，承载和传输各种信息，完成交际和交流的任务。可以说，如果离开了语言，人与人之间的相互联系和相互了解就无法建立。

　　呼叫中心主要是借助语言来完成信息交换的。目前在国内，这一任务主要是通过呼叫中心的座席员来完成，而普通话是对各种方言起着示范性作用的具有全民性特征的标准语言，这就不可避免地对客户服务座席员的普通话发音和语言表达提出更高的要求。因为客户对呼叫中心的服务体验首先来自声音的体验，座席员规范的发音、优美的声音、准确的表达会使客户通过声音感受到企业的良好形象。

　　普通话的学习为呼叫中心座席员对语音准确这一最基本的要求提供了理论支撑。

第一节　普通话概述

　　汉语言文字不同于其他语言文字，它存在着一个奇怪的现象，那就是全国各地、各民族之间进行文字交流可以畅通无碍，而进行语言交流却存在着严重的障碍。文字的通行得益于秦始皇统一六国文字，而我们现在也正在进行着一项与秦始皇统一文字同样伟大的工程——统一语言，一起来说普通话，让我们的沟通更加有效。

一、普通话与方言

　　我国地域辽阔、人口众多，自古以来就有方言分歧，方言的存在给交际带来不便，产生隔阂。为了克服方言给交际带来的隔阂，就要有沟通各种方言的共同语言存在。而到了商业化、信息化高度发达，呼叫中心迅猛发展的今天，普通话的运用更是势在必行。我们现在所说的普通话是新中国建立以后提出的，是现代汉民族共同语的口语形式。

　　普通话与方言存在着诸多差异，方言与方言之间也各不相同，变化多端。下面就从语音方面以安徽各地区方言为例进行阐述。

　　我们以安徽省内的两大河流——长江和淮河为界将安徽省方言划分为如下三大区域。

　　淮河以北地区：以淮南为例，主要存在平翘舌不分，部分地区h、f不分等现象。

江淮之间地区：以合肥为例，明显的尖团音不分，n、l不分。

江南地区：以芜湖为例，存在着舌面音与舌根音不分，n、l不分和平翘舌等现象。

各地区的方言虽有共性，也存在着其特殊的个性，认识自己的方言是我们更好学习普通话的前提。

二、标准普通话定义

普通话与各方言一样，不是抽象的语言，而是具体使用的语言变体。但普通话又不同于一般方言，它是以北京语音为标准音，以北方话为基础方言，以典范的现代白话文著作为语法规范的一种具有全民性的特殊方言。这一定义就从语音、词汇、语法三方面，对普通话做出了全面、周密、明确的解释。

(一) 语音

把北京话的语音系统作为普通话的语音标准，并不包括北京土语的语音成分，如北京话里的教室(shǐ)、亚(yǎ)洲等。

(二) 词汇

北方话作为普通话的基础方言并不意味着北方话里的所有词汇普通话都予以采用，普通话既要不断吸收外来词和方言词来充实自己，也要舍弃北方话中过于土俗的词语。

(三) 语法

典范的现代白话文著作是指现代名家的著作和政府公告以及重要政论文章等，这类书面语在写作过程中经过了反复的推敲锤炼，用词造句严谨精致，是对口语形式的加工完善，可以作为普通话的语法标准。

三、说好普通话的重要性

(一) 日常沟通的需要

当前，随着改革开放和社会主义市场经济的发展，各地区、各民族的联系越来越广泛，而各地区、各民族都拥有自己的方言，方言与方言之间千差万别，甚至无法沟通，这就给经济社会的发展带来巨大的障碍，因此，推广普及普通话已成为当前社会日益迫切的需求。

(二) 客户信息服务专业从业人员必备的素质

说好普通话是客户信息服务专业从业人员必备的素质，也是座席员与客户进行有效沟通的法宝。如客户需要订购四台电脑，若座席员普通话不好，"四"、"十"不分，就可能会给客户送去十台电脑，这不仅给企业带来不必要的资源浪费，还可能遭到客户的投诉。

四、普通话水平的几个层级

(一) 普通话水平测试的三级六等(见表4-1)

表4-1　普通话水平测试等级表

等　级	分　数	等级要求
一级甲等	97分及以上	省级及以上广播电台、电视台的播音员、主持人
一级乙等	92分及以上，但不足97分	其他广播电台、电视台的播音员、主持人；影视话剧演员；院校及其他教育机构的汉语语音教师
二级甲等	87分及以上，但不足92分	语文教师和对外汉语教学教师
二级乙等	80分及以上，但不足87分	其他与口语表达密切相关的专业毕业生(包括呼叫中心专业)
三级甲等	70分及以上，但不足80分	事业组织的工作人员
三级乙等	60分及以上，但不足70分	经省公务员主管部门认定属特殊情况的，不得低于三级乙等

(二) 普通话水平的三个层次

1. 准

准是指字音标准，合乎规范。现代汉语中虽以双音节词为主，单音节词也还大量存在，而且许多词所包含的音节数量少，可负载的信息量大，另外，声调读不准也会产生歧义，这就要求我们在说话时要表意准确。

2. 好

好即自然、清晰等。表达清晰对于客服人员来说是一项最基本的要求，所以客服人员吐词必须清晰、自然，能够让客户在电话中很容易清晰地听懂自己的话。

3. 美

美指圆润、饱满等，即字正腔圆，要求有较好的声音音色和较高的吐字技巧。对于呼叫中心座席员来说这一层次尤为重要，因为座席员是通过声音来传递信息以达成目的的，声音是否圆润饱满、发音是否字正腔圆，会直接影响客户的心理。

五、普通话语音结构

按照汉语传统的分析方法，总是把一个音节分成声母、韵母和声调三个部分。

声母是音节开头的辅音。普通话有22个声母(包括零声母)，其中21个由辅音充当。声母和辅音不是一个概念。虽然声母由辅音充当，但有的辅音不作声母、只作韵尾，如普通话语音中的辅音-ng；辅音-n，既能作声母，又可以作韵尾。

韵母是音节中声母后面的部分。普通话有39个韵母，其中23个由元音充当，16个由元音附带鼻辅音韵尾构成。韵母有的由单元音或复合元音构成，有的由元音带辅音构成。

声调是指音节中具有区别意义作用的音高变化，指音节的高低升降变化。普通话有四个声调：阴平、阳平、上声、去声。

第二节　普通话声母及其运用

一、声母的发音

声母的不同是由发音部位和发音方法的不同决定的。普通话共有21个辅音声母，下面将具体介绍这些辅音声母的发音情况。

(一) 声母的发音部位

发音时，气流受到阻碍的位置叫做发音部位。按发音部位分，普通话声母可以分为七大类。

双唇音(b、p、m)：由上唇和下唇阻碍气流而形成。

唇齿音(f)：由上齿和下唇接近阻碍气流而形成。

舌尖前音(z、c、s)：由舌尖抵住或接近齿背阻碍气流而形成。

舌尖中音(d、t、n、l)：由舌尖抵住上齿龈阻碍气流而形成。

舌尖后音(zh、ch、sh、r)：由舌尖抵住或接近硬腭前部阻碍气流而形成。

舌面音(j、q、x)：由舌面前部抵住或接近硬腭前部阻碍气流而形成，又叫做"舌面前音"。

舌根音(g、k、h)：由舌面后部抵住或接近软腭阻碍气流而形成，又叫做"舌面后音"。

(二) 声母的发音方法

声母的发音方法是指发音时喉头、口腔和鼻腔节制气流的方式和状况。可以从阻碍的方式、声带是否颤动、气流的强弱三方面来观察。

1. 阻碍方式

根据形成阻碍和接触阻碍的方式不同，可以把普通话声母分为塞音、擦音、塞擦音、鼻音、边音五类。

(1) 塞音(b、p、d、t、g、k)发音时，发音部位形成闭塞，软腭上升，堵塞鼻腔通路，气流冲破阻碍，崩裂而出，爆发成声。

(2) 擦音(f、h、x、sh、r、s)发音时，发音部位接近，留下窄缝，软腭上升，堵塞鼻腔通路，气流从窄缝中挤出，摩擦成声。

(3) 塞擦音(j、q、zh、ch、z、c)发音时，发音部位先形成闭塞，软腭上升，堵塞鼻腔的通路，然后气流把阻塞部位冲开一条窄缝，从窄缝中挤出，摩擦成声。先破裂，后摩擦，结合成一个音。就是说塞擦音的前一半是塞音，后一半是擦音，前后两半结合紧密，成为一个语音单位，是一个辅音，并不是两个辅音的复合。

(4) 鼻音(m、n)发音时，口腔中的发音部位完全闭塞，软腭下降，打开鼻腔通路，气流振动声带，从鼻腔通过发音。

(5) 边音(l)发音时，舌尖与上齿龈接触，但舌头的两边仍留有空隙，同时软腭上升，阻塞鼻腔的通路，气流振动声带，从舌头的两边或一边通过发音。

2. 声带是否颤动

发音时声带颤动的是浊音，又叫带音；声带不颤动的是清音，又叫不带音。浊音有m、n、l、r四个，其余的声母都是清音。

辨别清、浊音，只要用两手堵住耳朵发音即可。发浊音m、n、l、r时，耳朵里能听到嗡嗡的声音，发清音时则听不到。

3. 气流的强弱

塞音、塞擦音发音时，口腔呼出的气流比较强的叫送气音，共有p、t、k、q、ch、c等六个；口腔呼出气流比较弱的叫不送气音，共有b、d、g、j、zh、z等六个。

气流的强弱可以用一个简便的实验来判定：两个手指捏一张小纸条，一头提在嘴前面大约两三寸远的地方，先念不送气音b、d、g、z、zh、j时，会发现纸条摆动不厉害；再念送气音p、t、k、c、ch、q时，纸条向前摆动较厉害。

下面把发音部位和发音方法结合起来对普通话声母逐个加以说明。

b：双唇、不送气、清、塞音(是双唇音、不送气音、清音、塞音的简称。以下类推)。发音时双唇闭合，软腭上升，堵塞鼻腔通路，声带不颤动，较弱的气流冲破双唇的阻碍，崩裂而出，爆发成声。例如"标兵"biāobīng里的b。

p：双唇、送气、清、塞音。发音的情况和b相比，只是有一股较强的气流，其余都相同。例如"批判"pīpàn里的p。

m：双唇、浊、鼻音。发音时双唇闭合，软腭下降，鼻腔畅通。气流振动声带，从鼻腔通过形成鼻音；阻碍解除时，余气冲破双唇的阻碍，发出轻微的塞音。例如"美妙"měimiào里的m。

f：唇齿、清、擦音。发音时下唇接近上齿，形成窄缝，软腭上升，堵塞鼻腔通路，声带不颤动，气流从唇齿间的窄缝中挤出，摩擦成声。例如"丰富"fēngfù里的f。

z：舌尖前、不送气、清、塞擦音。发音时舌尖轻轻抵住齿背，软腭上升，堵塞鼻腔通路，声带不颤动，较弱的气流把舌尖与上齿背的阻碍冲开一道窄缝，并从中挤出，摩擦成声。例如"粽子"zòngzi里的z。

c：舌尖前、送气、清、塞擦音。发音的情况和z相比，只是气流较强，其余都相同。例如"猜测"cāicè里的c。

s：舌尖前、清、擦音。发音时舌尖接近上齿背，形成窄缝，软腭上升，堵塞鼻腔通路，声带不颤动，气流从舌尖和上齿背的窄缝中擦出而成声。例如"琐碎"suǒsuì里的s。

　　d：舌尖中、不送气、清、塞音。发音时舌尖抵住上齿龈，软腭上升，堵塞鼻腔通路，声带不颤动，较弱的气流冲破舌尖的阻碍，迸裂而出，爆发成声。例如"电灯"diàndēng里的d。

　　t：舌尖中、送气、清、塞音。发音的情况和d相比只是气流较强，其余都相同。例如"团体"tuántǐ里的t。

　　n：舌尖中、浊、鼻音。发音时舌尖抵住上齿龈，软腭下降，打开鼻腔通路，气流振动声带，从鼻腔通过发音；阻碍解除时，气流冲破舌尖的阻碍，发出轻微的塞音。例如"奶牛"nǎiniú里的n。

　　l：舌尖中、浊、边音。发音时舌尖抵住上齿龈，软腭上升，堵塞鼻腔通路，气流振动声带，从舌头两边或一边通过。例如"浏览"liúlǎn里的l。

　　zh：舌尖后、不送气、清、塞擦音。发音时舌尖上翘，抵住硬腭前部，软腭上升，堵塞鼻腔通路，声带不颤动，较弱的气流把舌尖的阻碍冲开一道窄缝，并从中挤出，摩擦成声。例如"正直"zhèngzhí里的zh。

　　ch：舌尖后、送气、清、塞擦音。发音的情况和zh相比只是气流较强，其余都相同。例如"长城"chángchéng里的ch。

　　sh：舌尖后、清、擦音。发音时舌尖上翘，接近硬腭前部，形成窄缝，软腭上升，堵塞鼻腔通路，声带不颤动，气流从舌尖和硬腭前部形成的窄缝中挤出，摩擦成声。例如"手术"shǒushù里的sh。

　　r：舌尖后、浊、擦音。发音的情况和sh相近，只是摩擦比sh弱，同时声带颤动，气流带音。例如"柔软"róuruǎn里的r。

　　j：舌面、不送气、清、塞擦音。发音时舌面前部抵住硬腭前部，软腭上升，堵塞鼻腔通路，声带不颤动，较弱的气流把舌面的阻碍冲开一道窄缝，并从中挤出，摩擦成声。例如"结局"jiéjú里的j。

　　q：舌面、送气、清、塞擦音。发音的情况和j相比只是气流较强，其余都相同。例如"确切"quèqiè里的q。

　　x：舌面、清、擦音。发音时舌面前部接近硬腭前部，留出窄缝，软腭上升，堵塞鼻腔通路，声带不颤动，气流从舌面前部和硬腭前部形成的窄缝中挤出，摩擦成声。例如"雄心"xióngxīn里的x。

　　g：舌根、不送气、清、塞音。发音时舌根抵住软腭，软腭后部上升，堵塞鼻腔通路，声带不颤动，较弱的气流冲破阻碍，爆发成声。例如"改革"gǎigé里的g。

　　k：舌根、送气、清、塞音。发音的情况和g相比只是气流较强，其余都相同。例如"开阔"kāikuò里的k。

　　h：舌根、清、擦音。发音时舌根接近软腭，留出窄缝，软腭上升，堵塞鼻腔通路，声带不颤动，气流从舌根和软腭形成的窄缝中挤出，摩擦成声。例如"辉煌"huīhuáng里的h。

　　为了便于理解和记忆，我们将普通话声母的发音方法和发音部位总结如表4-2所示。

表4-2　普通话生母总表

发音方法 发音部位	塞音		塞擦音		擦音		鼻音	边音
	清音		清音		清音	浊音	浊音	浊音
	不送气	送气	不送气	送气				
双唇音	b	p					m	
唇齿音					F			
舌尖前音			z	c	S			
舌尖中音	d	t					n	l
舌尖后音			zh	ch	sh	r		
舌面音			j	q	x			
舌根音	g	k			h			

二、声母的辨正及应用

方言与普通话的声母在发音方面存在着许多差异，如尖团音不分、平翘舌不分、送气音与不送气音不分、h与f不分、r与l不分，r与i不分、n与l不分等。

（一）尖团音辨正

j、q、x的发音偏靠前，在发音时成阻、除阻的部位太接近舌尖，产生齿化音，发出的音带有"刺刺"的舌尖音的味道。

◯ 辨正训练

1. zh、ch、sh和j、q、x对比辨音练习

墨迹jì——墨汁zhī　　　　交际jì——交织zhī
密集jí——密植zhí　　　　边际jì——编制zhì
就jiù业——昼zhòu夜　　　浅qiǎn明——阐chǎn明
砖墙qiáng——专长cháng　洗xǐ礼——失shī礼
详细xì——翔实shí　　　　缺席xí——确实shí
获悉xī——获释shì　　　　逍xiāo遥——烧shāo窑
修xiū饰——收shōu拾　　　电线xiàn——电扇shàn
艰辛xīn——艰深shēn　　　姓xìng名——盛shèng名

2. 读准下列各词

缉私jīsī　　　　集资jízī　　　　其次qícì
袖子xiùzi　　　下策xiàcè　　　戏词xìcí
资金zījīn　　　字迹zìjì　　　　字据zìjù
自己zìjǐ　　　自觉zìjué　　　私交sījiāo
私情sīqíng　　私心sīxīn　　　司机sījī

丝线 sīxiàn	四季 sìjì	剪除 jiǎnchú
精致 jīngzhì	趋势 qūshì	消失 xiāoshī
秩序 zhìxù	沉寂 chénjì	深浅 shēnqiǎn
审讯 shěnxùn	少将 shàojiàng	机器 jīqì
急切 jíqiè	军区 jūnqū	求救 qiújiù
迁就 qiānjiù	劝酒 quànjiǔ	稀奇 xīqí

3. 练读绕口令

(1) 司机买雌鸡，仔细看雌鸡，四只小雌鸡，叽叽好欢喜，司机笑嘻嘻。

(2) 精致不是经济，组织不是狙击，把不直念成不急，秩序就会变成继续，喜人就会变成死人。

（二）平翘舌辨正

平翘舌的辨证有一定的技巧与方法。

1. 利用普通话声韵配合关系来区分

普通话声韵配合规律显示：

(1) z、c、s绝不和韵母ua、uai、uang相拼，所以读准"抓、刷、耍、揣、踹、拽、摔、甩、率、庄、床、双、疮、爽"等字就可以放心地读翘舌音了；sh绝不和韵母ong相拼，所以读准"送、松、耸、宋、颂、诵、怂、讼、凇、菘"等字可放心地读平舌音了。

(2) 以en作韵母的字，除了"怎、参(差)、岑、森"几个字外，以eng作韵母的字，除了"层、曾"和以"曾"做声旁的少数字外，其余字的声母都是翘舌音。

(3) 以ou作韵母的字，除了"凑"等少数字外，其余的声母是ch。

(4) 以uen作韵母的字中，只有"顺、吮、舜、瞬"四个字的声母是sh，其余字声母是s。

2. 根据形声字声旁的表音功能

利用已知的声旁推断出同声旁的一批字的读音，比如：

主(zhǔ)——住、拄(zhǔ)、柱、注、驻(zhù)；

召(zhào)——照、招(zhāo)、昭、沼(zhǎo)、诏(zhào)；

朱(zhū)——珠、诛、侏、茱、洙、铢、蛛、株(zhū)，殊、姝(shū)；

昌(chāng)——菖、猖、娼、鲳(chāng)，唱、倡(chàng)。

当然，类推不是绝对正确的，有些例外字还需要特别记忆，比如"才"是平舌声母，"材、财"也是平舌声母，但"豺"却是翘舌声母。

3. 利用记少不记多的办法

在3 000多个常用的汉字中，声母是zh、ch、sh和z、c、s的字大约有900个，其中平舌音字约占30%，翘舌音字约占70%，记住少量的平舌音就可以了。

⊃ 辨正训练

1. zh、ch、sh和z、c、s对比辨音练习

自zì——志zhì	刺cì——翅chì	私sī——诗shī
造zào——照zhào	栽zāi——摘zhāi	姿zī——知zhī
增zēng——征zhēng	从cóng——重chóng	资zī——支zhī
阻zǔ——主zhǔ	材cái——柴chái	桑sāng——商shāng

2. 读准舌尖后音zh、ch、sh和舌尖前音z、c、s

振作zhènzuò	正宗zhèngzōng	赈灾zhènzāi
职责zhízé	沼泽zhǎozé	制作zhìzuò
散失sànshī	扫射sǎoshè	四声sìshēng
宿舍sùshè	随时suíshí	所属suǒshǔ

3. 练读绕口令

(1) 四是四，十是十，十四是十四，四十是四十。不要把十四说成四十，不要把四十说成十四。要想说对四和十，得靠舌头加牙齿。谁说四十是戏习，谁的舌头没用力，谁说四十是事实，谁的舌头没伸直，要想说对常练习、十四四十四十十四。

(2) 石小四，史肖石，一同来到阅览室。石小四年十四，史肖石年四十。年十四的石小四爱看诗词，年四十的史肖石爱看报纸。年四十的史肖石发现了好诗词，忙递给年十四的石小四，年十四的石小四见了好报纸，忙递给年四十的史肖石。

(3) 隔着窗户撕字纸，一次撕下横字纸，一次撕下竖字纸，是字纸撕字纸，不是字纸，不要胡乱撕一地纸。

(4) 三山撑四水，四水绕三山，三山四水春常在，四水三山四时春。

(三) 送气音与不送气音辨正

发送气音，吐的气流较强；发不送气音，吐出的气流较弱。

⊃ 辨正训练

1. 送气音、不送气音对比辨音练习

辫biàn子——骗piàn子	部bù位——铺pù位
队dùi伍——退tùi伍	稻dào子——套tào子
工gōng地——空kòng地	怪guài事——快kuài事
侄zhí子——池chí子	扎zhā针——插chā针
座zuò位——错cuò位	自zì序——次cì序

2. 读准送气音、不送气音

编排biānpái	补票bǔpiào	电梯diàntī
冬天dōngtiān	顾客gùkè	宽广kuānguǎng
支持zhīchí	车站chēzhàn	早操zǎocāo
操纵cāozòng		

3. 练读绕口令

(1) 爸爸抱宝宝，抱到布铺买布做长袍。宝宝穿了长袍不会跑，跑了八步就拉破了布长袍。布长袍破了还要用布补，再跑到布铺买布做长袍。

(2) 哥挎瓜筐过宽沟，赶快过沟看怪狗。光看怪狗瓜筐扣，瓜滚筐空哥怪狗。

(3) 早晨早早起，早起做早操，人人做早操，做操身体好。

(四) h、f辨正

f：发音时上齿接触下唇内侧、气流从唇和齿之间的缝隙中摩擦出来，声带不颤动。

h：发音时舌根接近软腭，留出一条窄缝，软腭上升，堵塞鼻腔通路，声带不颤动，气流从窄缝中摩擦出来。

➲ **辨正训练**

1. f、h对比辨音练习

舅父fù——救护hù	公费fèi——工会huì
附fù注——互hù助	仿佛fǎngfú——恍惚huǎnghū
防fáng虫——蝗huáng虫	斧fǔ头——虎hǔ头
飞fēi机——灰huī鸡	非凡fēifán——辉煌huīhuáng
奋fèn战——混hùn战	复fù员——互hù援
方fāng地——荒huāng地	防fáng止——黄huáng纸

2. 读准f和h

复活fùhuó	发挥fāhuī	附和fùhè
繁华fánhuá	符号fúhào	烽火fēnghuǒ
分毫fēnháo	附会fùhuì	焚化fénhuà
发话fāhuà	发慌fāhuāng	反悔fǎnhuǐ
耗费hàofèi	合法héfǎ	横幅héngfú

3. 练读绕口令

(1) 丰丰和芳芳，上街买混纺。红混纺，粉混纺，黄混纺，灰混纺，红花混纺做裙子，粉花混纺做衣裳。红、粉、灰、黄花样多，五颜六色好混纺。

(2) 红凤凰，黄凤凰，粉红墙上飞凤凰，凤凰飞，飞凤凰，红黄凤凰飞满墙。

(3) 风吹灰堆灰乱飞，灰飞花上花堆灰。风吹花灰灰飞去，灰在风里灰又飞。

(五) r、l辨正

r与l的辨证要从发音部位和发音方法两个方面来考察。

发音部位："r"的发音部位在硬腭，"l"的发音部位在齿龈。

发音方法："r"发音除阻时，气流的通道很窄，限于舌尖和硬腭之间的一点点缝隙，磨擦很重；而"l"音除阻时，气流的通道在舌侧两边，很宽松，磨擦不十分明显。

○ **辨正训练**

1. r、l对比辨音练习

碧蓝lán——必然rán   娱乐lè——余热rè

阻拦lán——阻燃rán   囚牢láo——求饶ráo

卤lǔ汁——乳rǔ汁   露lòu馅——肉ròu馅

近路lù——进入rù   流露lù——流入rù

衰落luò——衰弱ruò   脸liǎn色——染rǎn色

2. 读准r和l

锐利ruìlì   日历rìlì   扰乱rǎoluàn

热烈rèliè   认领rènlǐng   容量róngliàng

人力rénlì   日落rìluò   让路rànglù

热浪rèlàng   老人lǎorén   烈日lièrì

3. 练读绕口令

夏日无日日亦热，冬日有日日亦寒，春日日出天渐暖，晒衣晒被晒褥单，秋日天高复云淡，遥看红日迫西山。

(六) n、l辨正

1. 按照n的发音要求做好发音准备

用拇指和食指捏住鼻孔并试图发n音。如果有很强的憋气的感觉，说明发音的部位和方法正确，松开拇指和食指，带上元音e或a呼读，n则自然成声；反之则错误。

2. 按照l的发音要求做好发音准备

用手捂住嘴巴，并试图发l音，如果两腮鼓起并伴有憋气的感觉，说明符合发音要求，移开手掌，带上元音e或a呼读，l则自然成声。

○ **辨正训练**

1. n、l对比辨音练习

无奈nài——无赖lài   水牛niú——水流liú

男nán裤——蓝lán裤   女nǚ客——旅lǚ客

脑nǎo子——老lǎo子   年nián夜——连lián夜

留念niàn——留恋liàn   浓nóng重——隆lóng重

南nán部——蓝lán布   烂泥ní——烂梨lí

牛niú黄——硫liú磺   大娘niáng——大梁liáng

2. 读准n和l

哪里nǎlǐ   纳凉náliáng   奶酪nǎilào

脑力nǎolì   内涝nèilào   能力nénglì

来年láinián	老农lǎonóng	冷暖lěngnuǎn
流脑liúnǎo	留念liúniàn	岭南lǐngnán
牛奶niúnǎi	恼怒nǎonù	扭捏niǔnie
能耐néngnài	呢喃nínán	男女nánnǚ
履历lǚlì	理论lǐlùn	联络liánluò
流露liúlù	老练lǎoliàn	拉力lālì

3. 练读绕口令

(1) 蓝教练是女教练，吕教练是男教练，蓝教练不是男教练，吕教练不是女教练。蓝教练是教男篮的女教练，吕教练是教女篮的男教练。

(2) 南边来了两队篮球运动员，男运动员穿了蓝球衣，女运动员穿了绿球衣。不怕累，不怕难，男女运动员努力练投篮。

第三节　普通话韵母及其运用

韵母是音节中声母后面的部分。这是汉语音节的支柱，除极个别的感叹、应答等词外，其他的音节都少不了韵母，多数韵母可以自成音节。普通话共有39个韵母。韵母主要由元音构成，但也有元音加鼻辅音构成的情况。韵母的内部可以分为韵头、韵腹、韵尾三个部分。

一、韵母的分类

普通话韵母可以按照不同的条件进行分类。

(一) 按韵母结构分类

(1) 单元音韵母10个：a、o、e、ê、i、u、ü、-i(舌尖前元音韵母)、-i(舌尖后元音韵母)、er(卷舌韵母)

(2) 复合复韵母13个：ai、ei、ao、ou、ia、ie、ua、uo、üe、iao、iou、uai、uei

(3) 复合鼻韵母16个：an、en、in、ün、ian、uan、üan、uen、ang、eng、ing、ong、iang、iong、uang、ueng

(二) 按韵母发音口形分类

汉语传统语音学根据韵母开头元音的发音口形把韵母分为四类："开口呼"、"齐齿呼"、"合口呼"、"撮口呼"，简称"四呼"。

(1) 开口呼(15个)：a、o、e、ai、ei、ao、ou、an、en、ang、eng、ê、-i(前)、-i(后)、er

(2) 齐齿呼(9个)：i、ia、ie、iao、iou、ian、in、iang、ing

(3) 合口呼(10个)：u、ua、uo、uai、uei、uan、uen、uang、ueng、ong

(4) 撮口呼(5个)：ü、üe、üan、ün、iong

二、韵母的发音

(一)单韵母

单韵母指单独一个元音构成的韵母，简称单韵母。普通话里有十个单元音韵母，其中舌面元音有七个，a、o、e、ê、i、u、ü，两个舌尖元音-i(前)、-i(后)和一个卷舌元音-er。单韵母的发音主要依靠舌位和唇形的调节变化，即调节舌位的高低、舌位的前后、唇形的圆展。如表4-3所示。

表4-3 单韵母发音要领表

	舌尖元音		卷舌元音	舌面元音				
	前	后	央	前		央	后	
高(闭)	-i[1]	-i[ʅ]		展	圆		展	圆
				i[i]	ü[y]			u[u]
半高(半闭)							e[ɤ]	o[o]
中			er[e]			e[e]		
半低(半开)				ê[E]				
低(开)				a[a]		a[A]	a[α]	

1. 发音要领

(1) 舌面元音

a：发音时口腔大开，舌头前伸，舌位低，舌头居中，嘴唇呈自然状态。如"沙发"、"打靶"的韵母。

o：发音时口腔半合，知位半高，舌头后缩，嘴唇拢圆。如"波"、"泼"的韵母。

e：发音状况大体像o，只是双唇自然展开成扁形。如"歌"、"苛"、"喝"的韵母。

ê：发音时口腔半开，舌位半低，舌头前伸，舌尖抵住下齿背，嘴角向两边自然展开，唇形不圆。如"茄"、"瘸"的发音。在普通话里，ê很少单独使用，经常出现在i、ü的后面，在i、ü后面时，书写要省去符号"∧"。

i：发音时口腔开度很小，舌头前伸，前舌面上升接近硬腭，气流通路狭窄，但不发生摩擦，嘴角向两边展开，呈扁平状。如"低"、"体"的韵母。

u：发音时口腔开度很小，舌头后缩，后舌面上升接近硬腭，气流通路狭窄，但不发生摩擦，嘴唇拢圆成一个小孔。如"图书"、"互助"的韵母。

ü：发音时口腔开度很小，舌头前伸，前舌面上升接近硬腭，但气流通过时不发生摩擦，嘴唇拢圆成一个小孔。发音情况和i基本相同，区别是ü嘴唇是圆的，i嘴唇是扁的。如"语句"、"盱眙"的韵母。

（2）舌尖元音

-i（前）：发音时舌尖前伸，对着上齿背形成狭窄的通道，气流通过不发生摩擦，嘴唇向两侧展开。用普通话念"私"并延长，字音后面的部分便是-i(前)。这个韵母只跟z、c、s配合，不和任何其他声母相拼，也不能自音节。如"资"、"此"、"思"的韵母。

-i（后）：发音时舌尖上翘，对着硬腭形成狭窄的通道，气流通过不发生磨擦，嘴角向两边展开。用普通话念"师"并延长，字音后面的部分便是-i(后)。这个韵母只跟zh、ch、sh、r配合，不与其他声母相拼，也不能自成音节。如"知"、"吃"、"诗"的韵母。

（3）卷舌元音

er：发音时口腔半开，开口度比ê略小，舌位居中，稍后缩，唇形不圆。在发e的同时舌尖向硬腭轻轻卷起，不是先发e然后卷舌，而是发e的同时舌尖卷起。er中的r不代表音素，只是表示卷舌动作的符号。er只能自成音节，不和任何声母相拼。如"儿"、"耳"、"二"字的韵母。

2. 发音练习

a	o	e	ê	i	u	ü	-i(前)	-i(后)	er

大妈	打发	薄膜	婆婆	合格	特色
叶子	约定	笔记	积极	补助	出路
序曲	区域	字词	自私	支持	儿子

（二）复韵母

由两个或三个元音结合而成的韵母叫复韵母。普通话共有十三个复韵母：ai、ei、ao、ou、ia、ie、ua、uo、üe、iao、iou、uai、uei。根据主要元音所处的位置，复韵母可分为前响复韵母、中响复韵母和后响复韵母。

1. 发音要领

（1）前响复韵母

前响复韵母共有四个：ai、ei、ao、ou。它们的共同特点是前一个元音清晰响亮，后一个元音轻短模糊，音值不太固定，只表示舌位滑动的方向。

ai：发音时先发a，这里的a舌位前，念得长而响亮，然后舌位向i移动，不到i的高度。i只表示舌位移动的方向，音短而模糊。例如："白菜"、"海带"、"买卖"的韵母。

ei：发音时先发e，比单念e时舌位前一点，这里的e是个中央元音，然后向i的方向滑动。例如："配备"、"北美"、"黑霉"的韵母。

ao：发音时先发a，这里的a舌位靠后，是个后元音，发得响亮，接着向u的方向滑动。例如："高潮"、"报道"、"吵闹"的韵母。

ou：发音时先发o，接着向u滑动，舌位不到u即停止发音。例如："后楼"、"收购"、"漏斗"的韵母。

(2) 后响复韵母

后响复韵母共有五个：ia、ie、ua、uo、üe。它们的共同特点是前面的元音发得轻短，只表示舌位从那里开始移动，后面的元音发得清晰响亮。

ia：发音时i表示舌位起始的地方，发得轻短，很快滑向前元音a，a发得长而响亮。例如："加价"、"假牙"、"压下"的韵母。

ie：发音时先发i，很快发ê，前音轻短，后音响亮。例如："结业"、"贴切"、"趔趄"的韵母。

ua：发音时u念得轻短，很快滑向a，a念得清晰响亮。例如："花褂"、"桂花"的韵母。

uo：发音时u念得轻短，舌位很快降到o，o清晰响亮。例如："过错"、"活捉"、"阔绰"的韵母。

üe：发音时先发高元音ü，ü念得轻短，舌位很快降到ê，ê清晰响亮。例如："雀跃"、"决绝"的韵母。

后响复韵母在自成音节时，韵头i、u、ü改写成y、w、yu。

(3) 中响复韵母

后响复韵母共有四个：iao、iou、uai、uei。它们共同的发音特点是前一个元音轻短，后面的元音含混，音值不太固定，只表示舌位滑动的方向，中间的元音清晰响亮。

iao：发音时先发i，紧接着发ao，使三个元音结合成一个整体。例如："巧妙"、"小鸟"、"教条"的韵母。

iou：发音时先发I，紧接着发ou，紧密结合成一个复韵母。例如："优秀"、"求救"、"牛油"的韵母。

uai：发音时先发u，紧接着发ai，使三个元音结合成一个整体。例如："摔坏"、"外快"的韵母。

uei：发音时先发u，紧接着发ei，紧密结合成一个整体。例如："退回"、"归队"的韵母。

中响复韵母在自成音节时，韵头i、u改写成y、w。复韵母iou、uei前面加声母的时候，要省写成iu、ui，例如liu(留)、gui(归)等；不跟声母相拼时，不能省写用y、w开头，写成you(油)、wei(威)等。

2. 发音练习

ai ei ao ou ia ie ua

uo üe ao iou uai uei

白菜   肥美   报告   兜售   家家   贴切

哆嗦   约略   巧妙   优秀   怀揣   归队

(三) 鼻韵母

由一个或两个元音后面带上鼻辅音构成的韵母叫鼻韵母。鼻韵母共有十六个：an、en、in、ün、ian、uan、üan、uen、ang、eng、ing、ong、iang、iong、uang、ueng。

1. 发音要领

an：发音时先发a，然后舌尖向上齿龈移动，最后抵住上齿龈，发前鼻音n。例如："感叹"、"灿烂"的韵母。

en：发音时先发e，然后舌尖向上齿龈移动，抵住上齿龈发鼻音n。例如："认真"、"根本"的韵母。

in：发音时先发i，然后舌尖向上齿龈移动，抵住上齿龈，发鼻音n。例如："拼音"、"尽心"的韵母。

ün：发音时先发ü，舌尖向上齿龈移动，抵住上齿龈，气流从鼻腔通过。例如："均匀"、"军训"的韵母。

in、ün自成音节时，写成yin(音)、yun(晕)。

ian：发音时先发i，i轻短，接着发an，i与an结合得很紧密。例如："偏见"、"先天"的韵母。

uan：发音时先发u，紧接着发an，u与an结合成一个整体。例如："贯穿"、"转弯"的韵母。

üan：发音时先发ü，紧接着发an，ü与an结合成一个整体。例如："轩辕"、"全权"的韵母。

uen：发音时先发u，紧接着发en，u与en结合成一个整体。例如："春笋"、"温存"的韵母。

ang：发音时先发a。舌头逐渐后缩，舌根抵住软腭，气流从鼻腔通过。例如："厂房"、"沧桑"的韵母。

eng：发音时先发e，舌根向软腭移动，抵住软腭，气流从鼻腔通过。例如："更正"、"生冷"的韵母。

ing：发音时先发i，舌头后缩，舌根抵住软腭，发后鼻音ng。例如："定型"、"命令"的韵母。ing自成音节时，作ying(英)。

ong：发音时舌根抬高抵住软腭，发后鼻音ng。例如："工农"、"红松"的韵母。

iang：发音时先发i，接着发ang，使二者结合成一个整体。例如："亮相"、"想象"的韵母。

iong：发音时先发i，接着发ong，二者结合成一个整体。例如："汹涌"、"穷凶"的韵母。

uang：发音时先发u，接着发ang，由u和ang紧密结合而成。例如："状况"、"双簧"的韵母。

ueng：发音时先发u，接着发eng，由u和eng紧密结合而成。ueng自成音节，不拼声母。例如："翁"、"瓮"。

iang、iong、uang、ueng自成音节时，韵头i、u改写成y、w。

另外uen跟声母相拼时省写作un。例如lun(伦)、chun(春)。uen自成音节时，仍按照拼写规则，写作wen(温)。

2. 发音练习

an　en　ian　in　uan　uen　üan　ün

ang　eng　iang　ing　uang　ueng　ong　iong

单干　认真　电线　信心　专款　温存　源泉　军训

帮忙　丰盛　像样　叮咛　状况　嗡嗡　隆重　汹涌

三、韵母的辨正及应用

(一) 分清前鼻韵母与后鼻韵母

鼻韵母是用鼻音作韵尾的韵母，由主要鼻音和鼻尾音组成。普通话的鼻尾音只有两个：-n和-ng。前鼻韵母的鼻尾音是-n，后鼻韵母的鼻尾音是-ng。

发前鼻辅音韵尾时口型较闭、即开口度小；声音较沉闷、单薄、响度小。发后鼻辅音韵尾时口型微开，即开口度较大；听感上声音较响亮，响度较大，共鸣较强。

鼻韵母的发音难点是如何区分前鼻韵母中的-n和后鼻韵母中的-ng，它们在音节中只是跟在一个或两个元音后面的一个韵尾。顾名思义，前鼻韵母在发音时舌尖起作用，要抵住上齿龈，形成鼻音；后鼻韵母发音时舌根起作用，要抬起，抵住软腭(口腔上部是硬腭，后面就是软腭，再后面是小舌)，形成鼻音，这就是区别。发音时如果把大拇指和食指放在鼻梁左右，会有震动感。

1. an与ang对比辨音练习

安然ān rán——昂然ángrán　　　盘pán剥——磅páng礴

鳗mán鱼——忙máng于　　　　饭fàn店——放fàng电

担dān心——当dāng心　　　　难nán过——囊náng括

感gǎn人——港gǎng人　　　　含hán情——行háng情

产chǎn地——场chǎng地

2. en与eng对比辨音练习

大盆pén——大鹏péng　　　　门mén面——蒙méng面

分fēn化——风fēng化　　　　根gēn子——庚gēng子

狠hěn心——恒héng心　　　　阵zhèn势——正zhèng式

陈chén年——成chéng年　　　身shēn手——生shēng手

审shěn视——省shěng事　　　参cēn差——层céng次

3. ng对比辨音练习

频pín繁——平píng凡　　　　贫pín瘠——评píng级

临lín时——零líng食　　　　林lín木——陵líng墓

近jìn况——境jìng况　　　　尽jìn头——镜jìng头

金jīn鱼——鲸jīng鱼　　　　侵qīn蚀——轻qīng视

（二）齐齿呼和撮口呼韵母辨正

韵母i和ü的主要区别在于：i是不圆唇音，ü是圆唇元音。发音时注意口形的圆展。

1. 基本发音练习

i：剃头　　泥巴　　鸡蛋　　音乐　　英雄　　家园

ü：距离　　毛驴　　女孩　　趣味　　绿草　　抚恤

2. 对比辨音

名义——名誉	结集——结局	意义——寓意
盐分——缘分	绝迹——绝句	沿用——援用
通信——通讯	意见——预见	容易——荣誉
雨具——雨季	原料——颜料	院子——燕子

（三）韵母ai和ei发音辨正

在普通话中，这两个韵母分得很清楚，然而在有些方言中存在ai和ei不分的现象，比如把báicài(白菜)读成béicài。要避免这种情况，主要是注意ai和ei开始发音时开口度的大小。

对比练习

分配——分派	耐心——内心	卖力——魅力
百强——北墙	白鸽——悲歌	外部——胃部
牌价——陪嫁	陪伴——排版	埋头——眉头

（四）韵母辨正综合练习

1. 扁担与板凳

扁担长，板凳宽，扁担要绑在板凳上，板凳偏不让扁担绑在板凳上。

2. 藤动铃响

高高山上一根藤，青青藤条挂金铃。

风吹藤动金铃响，风停藤静铃不鸣。

3. 登高

风急天高猿啸哀，渚清沙白鸟飞回。

无边落木萧萧下，不尽长江滚滚来。

万里悲秋常作客，百年多病独登台。

艰难苦恨繁霜鬓，潦倒新停浊酒杯。

第四节　普通话声调及其运用

汉语是有声调的语言，声调反映着普通话或任何一种汉语方言语音的基本特征。声调是音节声音的高低升降变化，由音高决定，在汉语里具有区别意义的作用。不同的声调分别具有或升或降、或平或曲的变化特点，这种变化主要取决于音高。同一个人不同的音高变化是由控制声带的松紧决定的，声带越紧，声调越高。声带先松后紧，声音就由低变高；声带先紧后松，声音就由高变低。控制声带的松紧可以形成不同的音高，从而构成不同的声调。

一、声调的调值和调类

(一) 调值

调值是声调的实际读法，即声调的高低、升降、曲直、长短的变化形式和幅度，可以用五度标记法的数值表示出来的。调值只表示相对音高，不表示绝对音高。由于各人的声带的厚薄、长短、粗细不同，因而说同一个音节，绝对音高是千差万别的，但相对的高低升降是比较一致的。

(二) 调类

调类指声调的种类。普通话有四种基本的调类：阴平、阳平、上声、去声，习惯上称为第一声、第二声、第三声、第四声，也称四声。其调值用五度标记法可以分别标记为55、35、214、51。

(三) 五度标记法(图4-1)

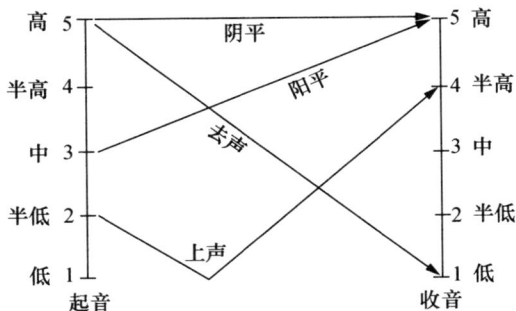

图4-1　五度标记法

(四) 普通话声调表(表4-4)

表4-4 普通话声调表

调 类	调 型	调 值	例 字
阴平	高平调	55	春暖花开、江山多娇
阳平	中升调	35	人民团结、群情激昂
上声	降升调	214	党委领导、理想美好
去声	全降调	51	创造世界、胜利在望

二、普通话四声的读法及训练

(一) 阴平调的读法

高平调55，起调要高，并将音高保持不变。
训练：虚心 夸张 吹风 冰川

(二) 阳平调的读法

上扬调35，发音时要避免有的方言中下降调型的影响。
训练：学习 昂扬 银铃 求实

(三) 上声调的读法

降升调214，完整的调型是音高起调较低，然后由2降到1，随后上扬升到4。
训练：泥土 参考 获奖 蹩脚

(四) 去声调的读法

全降调51，完整的调型是：起调高，呈落式，由最高5降到最低1。
训练：鞭策 激励 牢固 评价 哺育 渴望

(五) 声调绕口令训练

耕地要用犁，口渴要吃李。
李子掉下地，沾了一身泥。
不要怕李脏，只需洗掉泥。

三、声调辨正方法

(一) 改读方言调类

各方言的声调都是从古声调的平、上、去、入四声发展演变而来的，相互之间有着整齐的对应关系。方言区的人在学习普通话声调时首先要找出自己的方言和普通话在声调调类上的对应关系，然后根据相应的调类将调值改读过来即可。

(二) 古入声字的改读

古汉语声调中的入声调发展演变到现代汉语普通话和各方言，已经有了很大的变化。在普通话里入声消失了，古入声分别归并到阴平、阳平、上声、去声四个声调。而在有的方言中，如闽方言、粤方言，不仅保留了入声这个调类，还保留了入声韵尾塞音；也有的方言没有了入声，但入声的归类与普通话不同，如古入声字在重庆话中大多归入阳平。

(三) 识别入声字的方法

符合如下几条规则的大都是入声字。

(1) 凡b、d、g、j、zh、z的第二声字(阳平)，都是古入声字

b：拔、跋、白、帛、薄、荸、别、鳖、脖、舶、伯、百、勃、渤、博、驳("鼻"例外，是中古去声字)。

d：答、达、得、德、笛、敌、嫡、觌、翟、跌、迭、叠、碟、牒、独、读、牍、渎、毒、夺、铎、掇。

g：格、阁、蛤、胳、革、隔、葛、国、虢。

j：及、级、极、吉、急、击、棘、即、脊、疾、集、籍、夹、嚼、洁、结、劫、杰、截、局、菊、掬、橘、决。

zh：札、扎、铡、宅、择、翟、着、折、蜇、轴、竹、妯、竺、烛、筑、逐、浊、镯、琢、濯、啄、拙、直、值、殖、质、执、侄、职。

z：杂、凿、则、择、责、贼、足、卒、族、昨。

(2) 凡d、t、n、l、z、c、s跟韵母e拼合时，不论国语读何声调，都是古入声字("厕"例外)

te：特、忒、慝、螣。

ne：讷。

le：勒、肋、泐、乐、埒、垃。

ze：则、择、泽、责、啧、赜、筴、迮、窄、舴、贼、仄、昃。

ce：侧、测、策、册。

se：瑟、色、塞、啬、穑、濇、涩。

(3) 凡k、zh、ch、sh、r与韵母uo拼合时，不论国语读何声调，都是古入声字

kuo：阔、括、廓、鞟、扩。

zhuo：桌、捉、涿、着、酌、浊、镯、琢、啄、濯、擢、卓、焯、倬、踔、拙、斮、斫、斱、鷟、浞、梲。

chuo：戳、绰、歠、啜、辍、酳、惙、齪、娖。

shuo：说、勺、芍、妁、朔、搠、槊、箾、铄、硕、率、蟀。

ruo：若、鄀、箬、爇、蒻。

(4) 凡b、p、m、d、t、n、l跟韵母ie拼时，无论国语读何声调，都是古入声字("爹"例外)

bie：鳖、憋、别、蹩、瘪、别。

pie：撇、瞥。

mie：灭、蔑、篾、蔑、蠛。

die：碟、牒、喋、蝶、蹀、谍、鲽、跌、迭、瓞、眣、垤、耋、绖、咥、叠。

tie：帖、贴、怗、铁、餮。

nie：捏、陧、聂、镊、臬、闑、镍、涅、蘖、孽、啮。

lie：列、冽、烈、裂、洌、猎、躐、捩、劣。

(5) 凡d、g、h、z、s与韵母ei拼合时，不论国语读何声调，都是古入声字

dei：得。

gei：给。

hei：黑、嘿。

zei：贼。

sei：塞。

(6) 凡声母 f 跟韵母a、o拼合时，都是古入声字

fa：法、发、伐、砝、乏、伐、阀、罚、发。

fo：佛、缚。

(7) 凡读üe韵母的字，都是古入声字("嗟""瘸""靴"除外)

yue：曰、约、哕、月、刖、玥、悦、阅、钺、乐、药、耀、曜、跃、钥、礿、粤、岳。

nüe：虐、疟、谑。

lüe：略、掠。

jue：噱、撅、决、抉、诀、玦、掘、崛、角、劂、蕨、厥、橛、蹶、獗、噱、臄、谲、珏、孓、脚、觉、爵、嚼、绝。

que：缺、阙、却、怯、确、榷、壳、悫、埆、确、阙、鹊、雀、碻。

xue：薛、穴、学、雪、血、削。

(8) 一字有两读，读音为开尾韵，语音读i或u韵尾的，也是古入声字

读音为e，语音为ai的：色、册、策、摘、宅、翟、窄、择、塞。

读音为e，语音为ei的：贼、肋、勒、北、克、黑、得、忒。

读音为o，语音为ai的：白、百、柏、伯、麦、陌、脉。

读音为o，语音为ao的：薄、剥、摸。

读音为uo，语音为ao的：着、凿、落、烙。

读音为uo，语音为ou：肉、粥、轴、舳、妯、熟。

读音为u，语音为iu：六、陆、衄。

读音为üe，语音为ao：乐、药、疟、跃、钥、觉、嚼、脚、角、削、学、雀。

四、声调辨正练习

(一) 音节四声练习

衣 yī　　移 yí　　以 yǐ　　易 yì

妈 mā　　麻 má　　马 mǎ　　骂 mà

(二) 语汇练习

关心 guānxīn　　　　　　平时 píngshí

勇敢 yǒnggǎn　　　　　　四季 sìjì

光明磊落 guāngmínglěiluò

山明水秀 shānmíngshuǐxiù

深谋远虑 shēnmóuyuǎnlǜ

(三) 辨调练习

语言 yǔyán——寓言 yùyán　　　　颜色 yánsè——眼色 yǎnsè

山西 shānxī——陕西 shǎnxī　　　　题材 tícái——体裁 tǐcái

努力 nǔlì——奴隶 núlì　　　　　　洗手 xǐshǒu——吸收 xīshōu

无理 wúlǐ——无力 wúlì　　　　　　道理 dàolǐ——倒立 dàolì

白花 báihuā——百花 bǎihuā

(四) 诗词练习

《沁园春·雪》

北国风光，千里冰封，万里雪飘。望长城内外，惟余莽莽；大河上下，顿失滔滔。山舞银蛇，原驰蜡象，欲与天公试比高。须晴日，看红妆素裹，分外妖娆。

江山如此多娇，引无数英雄竞折腰。惜秦皇汉武，略输文采；唐宗宋祖，稍逊风骚。一代天骄，成吉思汗，只识弯弓射大雕。俱往矣，数风流人物，还看今朝。

思考与练习

一、读单音节字词

帮 存 镁 瞧 评 丢 暖 添 肯 隔 梦 大 刮 肥 醉 出 雄 丛 装 夺

女 孔 滑 晌 振 走 勤 锅 押 软 丝 映 茶 穷 歪 甩 仍 尺 银 剩

癌 趴 俯 旅 亏 掘 投 总 灵 冤 耐 彼 磷 俊 护 卸 贰 施 液 叁

泼 返 怒 苗 尊 翁 笋 帘 特 悬 跛 盲 褪 勺 贯 匡 泅 痣 赠 幌

锉 豫 仁 瘆 梯 焚 徽 夏 箫 糙 培 慰 萨 巢 讹 酱 瘟 婵 瘸 海

二、读多音节词语

造句	轮船	强调	飞机	本领	综合	客人	材料
夏天	牛仔裤	能够	伯母	外国	著作	快乐	约会
群众	游泳	全部	迅速	风味	妥协	贬低	赞美
起身	高粱	侧面	猖狂	纽扣儿	敏感	绷带	散发
恰当	平日	铲子	算卦	锐角	凝滞	藕节儿	来龙去脉
血缘	收摊儿	瑞雪	家园	改进	针对	航模	小曲儿

三、绕口令练习

1. 买饽饽

张伯伯,李伯伯,饽饽铺里买饽饽,张伯伯买了个饽饽大,李伯伯买了个大饽饽。拿回家里喂婆婆,婆婆又去比饽饽,也不知是张伯伯买的饽饽大还是李伯伯买的大饽饽。

2. 洞庭与铜铃

东洞庭,西洞庭,洞庭山上一根藤,藤上挂铜铃。风吹藤动铜铃动,风停藤定铜铃静。

3. 八百标兵

八百标兵奔北坡,炮兵并排北边跑。炮兵怕把标兵碰,标兵怕碰炮兵炮。

4. 小猪扛锄头

小猪扛锄头,吭哧吭哧走。小鸟唱枝头,小猪扭头瞅,锄头撞石头,石头砸猪头。小猪怨锄头,锄头怨猪头。

5. 四和十

四和十,十和四,十四和四十,四十和十四。说好四和十得靠舌头和牙齿。谁说四十是"细席",他的舌头没用力;谁说十四是"适时",他的舌头没伸直。认真学,常练习,十四、四十、四十四。

6. 六十六岁的陆老头

六十六岁的陆老头,盖了六十六间楼,买了六十六篓油,养了六十六头牛,栽了六十六棵垂杨柳。六十六篓油,堆在六十六间楼;六十六头牛,扣在六十六棵垂杨柳。忽然一阵狂风起,吹倒了六十六间楼,翻倒了六十六篓油,折断了六十六棵垂杨柳,砸死了六十六头牛,急煞了六十六岁的陆老头。

7. 红饭碗与黄饭碗

红饭碗,黄饭碗,红饭碗盛饭满碗,黄饭碗盛饭半碗。黄饭碗添了半碗饭,红饭碗减了饭半碗。黄饭碗比红饭碗又多半碗饭。

四、运用普通话练习以下话术

座席员:"您好,欢迎您致电××客服热线!请问您需要什么服务?"

客户:……

座席员："您好！这里是××客服中心，您的电话已接通，请问有什么可以帮助您的吗？"

客户：……

座席员："对不起，我听不清您的声音，麻烦您大声一点，好吗？"

客户："我需要订一张合肥至太原的机票。"

座席员："请问购票人姓名？"

客户："×××，电话号码×××。"

座席员："与您确认一下购票人姓名是×××，电话号码是×××，对吗？"

客户："是的。"

座席员："已经为您完成订票，1月1日下午15:05合肥至太原机票一张，您看行吗？"

客户："可以。"

座席员："谢谢您的来电，再见！"

第五章

呼叫中心座席员语音发声

由于客户对呼叫中心的服务体验首先是来自声音的体验,座席员的语音发声和语言表达对呼叫中心来讲就显得尤为重要,它直接关系到呼叫中心的服务质量。呼叫中心座席员的工作要求声音准确、清晰、响亮、圆润。规范的发音、优美的声音、准确的表达能够增强声音的魅力,使客户通过声音感受到企业良好的形象。从这个层面上讲,座席员的工作就是塑造声音形象。通过声音塑造客户服务中心的形象,塑造自己所服务企业的形象。

第一节　呼叫中心座席员语音发声概述

一、呼叫中心座席员发音的生理基础

语音的发出离不开气流、声带和口腔各部分器官的协作,座席员了解了发音器官的部位,就可以试着控制、调动自己的发音器官。

发音器官是指人体中参与发音活动的器官,比如唇、舌、牙齿、软腭;还有人体中的喉和肺也是与发音有密切关联的器官。通常,人们将鼻腔也看做是发音器官的一部分(如有些音在发音时会有明显的鼻腔振动)。

这些发音器官是如何参与发音活动的呢?

说话的时候从肺部呼出气流,气流经过气管到喉头时使声带颤动,再经过口腔或鼻腔的共鸣,使微弱的声音在这里得到扩大和美化。然后声音经过唇、舌、牙齿、软腭等发音器官不同方式的协调动作的调节,如口腔开合大小、舌位的高低前后、气流受阻部位的不同,就发出了不同的声音。

在这里,气流是发音的动力,它使声带振动发出声音;声带是发音体,是声源;口腔、鼻腔、胸腔是主要共鸣器,它们将声音扩大和美化。唇、舌、牙齿、软腭等部位的活动使得口腔开合,鼻腔通塞,从而控制、调节了气流,发出圆润、明亮的声音。

为了更清楚地了解发音过程,根据发音器官在发音过程中的作用,我们将它们分为如下四部分。

(一) 动力器官

动力器官主要有肺、横膈、胸廓和气管。大家知道发音离不开空气动力,肺在这里

的作用就像是一个产生空气动力的风箱，在周围肌肉组织的带动下做扩张或收缩动作，形成气流的进出。如果没有从肺里呼出的空气便不能发出正常的语音，肺就是通过呼吸来供给在发音时所需要的空气。通常，吸气时胸廓开大，膈肌下降，肺泡扩大，胸腔形成负压，为发音做好准备；当呼气时，气流经支气管通到气管，从气管到达喉部，可促使声带振动，发出声音。

（二）发声器官

发声器官包括喉头和声带。声带是发音器官中重要的发音体，没有声带的活动就不可能构成语音，就无法说话。平常说"嗓子"好坏，实际指的是声带活动的情况。喉是一个由多块软骨和肌肉组织组合成的复杂器官，它有点像一个可开可闭的阀门，这个阀门有双重作用，既可以通过开闭来控制通过的气流流量，也可以在气流的作用下产生振动，发出声音。声带富有弹性和韧性，其长短、厚薄、宽窄，因人而异。

（三）吐字器官

指喉以上各器官组织，包括唇、齿、舌、软腭、硬腭等，它们是声道上端最活跃的器官，对发声器官产生的声音进行加工、调整，构成不同的元音、辅音，进而形成具有意义的语音。

1. 唇

双唇可以自由开启，还可做敛圆、撮伸、舒扁等运动，这些不同的运动都可以产生不同的声音。如：b、p、m、a、o、e。

2. 齿

上下齿可跟舌头或下唇接触而发出声音，如：s、f。

3. 上齿龈

我们先来感受一下它的具体位置。闭上嘴的时候，它正碰着舌头尖；用舌头舔一下，可以感觉到它是上齿后面的一块隆起的硬肉。舌尖与上齿龈接触，可以发出舌尖中音：d、t、n、l。

4. 硬腭

在上牙床的后方，面积比上齿龈大得多。试用舌头卷起来舔，可以感到前半部凹凸不平，后半部表面光滑。这一部分与前舌面接触，可以产生舌面音：j、q、x。

5. 软腭

在硬腭的后方。软腭可以作升降运动而发出g、k、n、g、h；它的活动可以控制鼻腔的通路，把鼻腔打开或堵塞。

平常呼吸的时候，软腭是下垂的。如果软腭松弛下垂，空气经过常会发出呼呼的摩擦声音。有的人睡觉时常打鼾，就是软腭跟舌根接触后产生的噪擦音。

6. 舌头

舌头从舌尖到舌根都可以灵活运动，或升高、或降低、或卷曲。舌头可以跟上齿、上齿龈、硬腭、软腭等部分构成阻塞，发出辅音；也可以做不同程度的垂直升降运动，发出各种不同音色的元音。正因为舌的重要性和灵活性，使其成为吐字器官的中心部分。

(四) 共鸣器官

主要是由口腔、咽腔、鼻腔和胸腔构成。它们可以把由声带发出的声音放大，对形成语音、扩大音量和丰富音色有不可忽视的作用。

二、呼叫中心座席员的声音特点与要求

座席员有其特殊的工作环境：第一，座席员的交流对象不在身边，不能通过观察得到的反馈及时调整与客户交流的方式；第二，通过电话传递的语音信号在传播过程中会受到损耗而变得模糊不清。因此，对座席员的发声是有其一定的特殊要求的。

(一) 准确清晰

现代汉语中虽以双音节词为主，单音节词也还大量存在，而且许多词所包含的音节数量少，可负载的信息量大。另外，声调读不准也会产生歧义。这些都要求座席员的语音发声要准确、清晰，尤其是关键的字词和易混淆的字词更要讲得清楚，避免客户因听不清座席员的表述而影响信息的传递。

准确是指字音标准，合乎规范。清晰是指语音有较高的分辨率，即使在有杂音的环境中也能使人听清楚，比如声母z、c、s和zh、ch、sh。如果发音部位不正确会带有很多的杂音、噪音，再通过传输设备传递到客户的耳朵里时就会变得非常刺耳，客户会从心理上产生反感。此外，这两组词发音部位不正确还会导致信息的误传，如客户需要订购四台电脑，有的座席员"四"和"十"不分，就可能会给客户送去十台电脑。再者，座席员口语清晰的程度直接影响客户的理解和领悟程度，要防止"吃字"造成的语意含糊。

有的座席员认为只要提高嗓门，加大音量，发出的字音就会清晰。其实不是这样的，要提高吐字清晰度，须采用适当的吐字技巧。所以说，座席员准确清晰的发音是保证客户正确接收信息的基础。

(二) 圆润动听

圆润动听指要有较好的声音音色和较高的吐字技巧。

汉语独特的语音结构使得发音可以变得和谐、动听。有的座席员认为自己的嗓音条件不好，不可能发出动听的声音来，也就不愿意进行发声训练。其实先天因素固然重要，但后天训练也有不容忽视的影响。实践证明，许多人嗓音条件不够好并非先天不足，而是使用方法不当，经过一段时间的科学训练，这些人的嗓音往往会有很大改善，关键是

掌握正确的发声方法。也有的座席员认为自己的嗓音条件不错,不用再进行发声训练了,这也是不可取的做法。先天嗓音条件好并不是说就可以代替正确的呼吸方式、科学的发声方法和吐字技巧的训练。

另外,完美的吐字会使人感到声音圆润动听,可以弥补嗓音方面的某些不足,我国民间常用"吐字如珠"来形容吐字技巧,由此可见吐字对声音圆润动听有着不可低估的影响。

(三) 朴实大方

座席员的工作以信息传递的准确为根本,其语言表达不应过分夸张和过多修饰,更不能片面追求亲切感,说起话来拿腔拿调、嗲声嗲气。在声音和音高、音色上,必须朴实自然,可以使用偏实的中音,中音利于表达,而且省气省力。同时由于它自然、平和并富有个性特征,也最易让客户接受。

有的座席员误认为越发高音越费劲,也就越费气,越发低音越省劲,也就越省气。根据科学的分析和测试,人在使用低音,尤其是虚弱的低音时,由于声带松弛并留有间隙,耗气量最大。使用高音,尤其是高强音时,由于声带紧张,闭合严密,耗气量只相当于前者的一半。使用偏实的中音时,声带张力和气息压力都处于适中状态,其耗气量又只相当于使用高强音的一半,不仅节省气息,而且能够传递出座席员诚恳的服务态度。

(四) 富于变化

为满足传情达意的需要,座席员的发音要避免单调,无论是吐字力度,还是音高、音色、音强,都应随话语内容富于一定的感情色彩变化,富有活力。心理学家研究表明,人的大脑总是接受单调的信号,容易进入抑制状态,信号适当变换,才能使它的感受力总是旺盛而新鲜。

座席员声音的单调与其感情、声音、气息的运用直接相关。

座席员每天面对不同需求的客户,受理各种类型的业务。在工作中应积极关注客户的要求和问题,并随着客户的叙说激发自己的内心感受,而且将这种感受通过气息运动和声音变化表现出来,是理智的劝慰、诚恳的说服,还是耐心的解释、积极的办理。如果座席员能够产生与客户同样强烈的感情共鸣,那么传递出来的声音绝不会是单一的、乏味的;同样,如果座席员有较深的内心感受,也要避免用一成不变的气息和声音状态体现出来,这样带给客户的感受同样是冷漠的、消极的。

三、座席员的工作状态

座席员做好本职工作,过硬的业务素质非常重要。然而,不是说业务素质强,座席员的工作就是完美的。其实,在客户打来电话寻求帮助时他们更多的是在寻求一种关心和注目。可以说,座席员与客户的情感交流是以人文关怀为基础的,座席员在具备良好的业务素质的基础上对客户应倾注更多的情感。实际上,很多时候问题的解决与其说是依靠座席员的业务素质,倒不如说是客户被座席员的真情实感所打动。因此座席员的语音发声和语言表达都要与自己的情感紧密结合起来，树立起良好的服务意识与敬业精神。

(一) 真诚地对待客户

为客户提供良好的服务是每一位座席员的工作职责，如果在信息的传递中缺乏影响人的情感的因素，语言交流是不会成功的。座席员与客户交流主要是为了满足客户的客观需求和情感服务的双重需要，因此座席员在电话交流中除了提供必要的业务信息外，情感服务尤其应该得到体现。

(二) 调整好自己的心态

呼叫中心座席员在电话服务中一般提倡真情实感，就是用真情实感与客户推心置腹地交流，但是座席员在日常生活中也常常会遇到不顺心的事，情绪难免会有波动，这时座席员在工作中的表现就要同生活中的自己划分开。座席员要考虑到在工作台前，自己的一言一行是代表一个群体的形象，不是个人形象。因此要调整好心态，抛弃个人的恩怨和不良情绪，以饱满的情绪、积极的态度来为客户服务。

还有，座席员在工作中也常常会接到投诉电话，客户劈头盖脸地一通怒火直冲座席员而来。座席员应该调整好自己的心态，平静对待客户的抱怨、愤怒，杜绝与客户发生言语冲突，以良好的心态来坦然面对客户，而不是动辄与客户发生冲突，激起客户更大的怨气。

(三) 保持激情

每一位座席员都应热情地投入工作，对自己所从事的工作有着强烈的情感，积极主动地为客户提供服务，在业务上追求完美，在事业上有责任心。不积极主动、敷衍了事，不仅对客户不负责，对自己的劳动也不尊重。

从发声角度来说，精神振奋、积极，神经的传导敏锐而迅速，声音会富有感染力地从胸中流出；而以消极被动的精神状态发声，神经的传导相应迟缓，声音则显疲惫、冷漠。所以座席员应尝试着以感情的积极状态带动和调节发声器官的运动。

(四) 排除干扰集中注意力

注意是指人们心理活动的指向性和集中性。座席员是借助电话通过口语与客户交流的，口语表达的现想现说、语音稍纵即逝的特点决定了座席员的思维过程必须高度敏捷、集中。

座席员的工作，尤其在倾听电话时，不容许有哪怕是片刻的"分心"，必须把注意力集中到听和说的内容上，避免与此时此地工作内容无关的思维活动闯入脑海，应把全部精力集中在所接收的信息以及将要传递的信息中，把客户的所谈、所想化为自己的感受，化为自己的思维过程和心理活动，明确客户的主要观点和依据，澄清客户的疑难，正确理解客户所说的内容，准确判断客户讲话的感情色彩，确定客户谈话的本质，客观评价谈话内容。

座席员应始终使自己处于一种清醒的自制状态之中，能在情动于中时还可调节检验，不会贸然失态；能对客户所述有适度的控纵能力，既不游离于外，也不陷入其中。

(五) 与客户共同营造和谐的谈话气氛

一个轻松愉快的氛围有利于谈话的顺利进行，因此，为了能与客户愉快交谈，座席员应努力创造一种能达到谈话高潮的轻松和谐的气氛。

要设法激发和引导对方谈话。交谈中往往因为出现沉默和尴尬的局面而使谈话陷入僵局，这时座席员可以联系一些新的事例进行交谈或谈谈自己的看法，以打破尴尬局面、活跃谈话气氛。

要善于进行心理安抚。在与客户交谈时，座席员应该积极配合，以示对此非常在意；还可以顺着客户的话题，以积极倾听和从容不迫的态度鼓励客户继续讲下去，也可偶尔插些话语："我也认为这样"、"确实如此"，这种善意的心理安慰会使客户倾心交谈。

要积极鼓励客户。在与客户交谈时，座席员应该表现出积极赞同的态度，使对方有强烈的安全感；尽力鼓励对方多说，偶尔插入带有认同感的话语，以表示重视、肯定和强化其感觉。"是的，只有当自己也处在这样的境地才能理解别人的难处。"这样的语句无疑是对客户的一种重要的心理支持。

要诚恳地表达自己的观点。与客户交谈切忌一个劲地随声附和，人云亦云，这样会被看做是无主见和滑头。交谈中座席员要得体地向客户表达自己的不同观点，使客户知道你是在认真地考虑他提出的问题，你是真诚和坦率的。这样便于双方彼此间加强共同点，促进彼此理解和沟通。

(六) 全身松弛用声自如

全身松弛，主要是从精神到全身肌肉都要放松。精神的紧张会导致肌肉的僵硬，发出的声音也像挤出来似的。面部表情刻板、冷漠、没有神采，声音也会相应滞重、暗闷；面部表情是双眉紧皱，"咬牙切齿"，音色则浅薄干涩。因为过于紧张的面部肌肉，会导致舌根、喉部肌肉紧张。

用声自如就是选取自如声区、最佳音域、最佳音量，不要使用那种勉强、做作的声音。每一位座席员都应清醒地认识到自己声音的优劣和局限，在自己发声条件的基础上发挥所长，扩展发声能力，或找到自己最好的声音。座席员应善于发挥自己具备的客观条件和优越性，在客观条件的局限中善于充分发挥自己的主观能动性。

第二节　吐字归音

吐字清晰是从事座席员工作的基本条件。口语一瞬即逝，在语速快的情况下容易让对方听不清楚，如果吐字再含混不清，就会造成对方理解上的困难，有时甚至会造成误解，所以掌握正确的吐字方法，达到吐字准确清晰、圆润动听，应是每一个客户服务座席员不懈追求的目标之一。

汉字的发音非常严谨，要求遵循严格的吐字归音过程。这个过程从出字(吐字)开始，经过立字到归音，形成一个"枣核"形。声母、字头为开端，是吐字；韵尾为末端，是归音；韵腹为核心，是立字。汉字的发音乃是吐字、立字、归音三者的有机统一。为了使发出的字音准确、清晰，富有美感，就要掌握口腔控制的方法和吐字归音的方法。

一、口腔控制要领

口腔是最复杂、动作最灵活的腔体，它既可以上下开合，又可因舌形的变化而改变形状、容积。

口腔控制就是为使语音准确清晰，声音圆润集中，而对口腔各发音器官的发音动作进行适度调节。

我们日常讲话，一般来说口腔各部分处于自然常态下。比如软腭较为松弛；比如唇舌不用力，这样就容易造成日常口语吐字不够清楚。

这里介绍几种吐字中常用的口腔控制方法，供呼叫中心客户服务座席员参考。

(一) 提颧肌

提颧肌是吐字的动作要领。颧肌提起时，口腔前部有向上抬起扩张的感觉，鼻孔略有扩大，上唇展开贴住上齿。掌握这一要领，可明显提高声音的亮度和字音的清晰度。

这一动作要领以颧肌活动为主，同时包括面部其他相关肌肉的活动。颧肌提起时，面部似微笑状。

(二) 挺软腭

为了改变松散的口语发音状态，要学会试着将软腭适当上抬。这样不仅扩大了口腔容积，增加了声音的圆润度，也给舌的前后活动增加了空间。同时可以避免发音时过多气流冲入鼻腔，造成鼻音。

挺软腭的状态可以用打哈欠的方法体会。当然，一般打哈欠时软腭上抬较高，而我们发音，只需适当挺起软腭即可。也可用发"好"(hǎo)音来体会。

(三) 打开牙关

打开牙关，就是上下颌在发音时保持较大的开度。保持上下颌开度，可以增加发音的清晰度。

如果说挺软腭从横向上扩大了口腔容积，那么打开牙关，可使口腔在纵向上加大容积，使舌位形成较明显的高低对比，从而扩大口腔开度。

打开牙关的状态，可以体会用啃苹果的动作来获得。当然，打开牙关并不意味着口腔开度越大越好。口腔开度过大，声音会变散；打开牙关与张大嘴也不同，张大嘴是前开后不开，打开牙关是前后全开。同时应注意扩大上下颌开度时要将着力点放在上颌上，下颌在打开时略微前移，可使上下颌活动配合的自然。

(四) 松下巴

松下巴是灵活发音的必要条件，可以消除因下颌动作过僵而引起的喉部紧张、发音不畅。动作要领是：发音时下颌向内微收，开合动作保持自然。初练者可用下面的方法体会松下巴的感觉：用手扶住下巴，放松肌肉，缓缓抬头，打开口腔，再缓缓低头，闭住嘴巴。

以边音 l 为声母，开口度较大的元音为主要元音的音节，利于打开牙关，如："蓝蓝的天上白云飘，白云下面马儿跑。"其中的"蓝"字利于牙关打开。

(五) 适当收唇

收唇是指唇齿适当贴近，而唇齿贴近主要依靠颧肌收缩带动完成，因此这一要领与常用的提颧肌大体相同。

有不少人发音时唇形呈向前突出状，这样发音的结果，声音暗，响度低，影响字音清晰度，而且发圆唇音 u 和扁唇音 i 时对比不明显，容易造成语音普遍带有"u"音色彩。正确的方法是避免唇的突起，将唇齿适当贴近，这样可以改善吐字效果。如果你的口语含混，请检查一下是否发音时撅唇了。

实践证明，口语的含混与唇突出有密切的关系，所以适当收唇，使唇齿贴近是改善吐字的一种有效方法，而且在收唇过程中你再感受一下，会发现收唇还会使面部表情更为生动，这种积极的精神因素还会对吐字产生有益的影响。

(六) 力量集中

呼叫中心客户服务座席员的语言是有别于舞台或银幕上的发音的，在听筒前并不要求很大的音量。音量过大会使对方"震耳"，而且反感，影响声音效果；音量较小有时又会造成吐字无力，字音松散，让对方听不清楚。如何在较小音量下又能保持吐字力度，那就要掌握吐字着力点集中于中线这一要领了。

发音时吐字的用力部位，即吐字的着力点应集中在唇、舌、上腭的中线上，对于b、p、d、t、g、k这样的塞音，爆破的有力部位应在唇横面、舌尖和舌根横面的中段，这样发出的爆破音可产生饱满有力的效果；对f、sh、s、h这样的擦音，产生摩擦的缝隙也应处于唇、舌横面的中段，如果缝隙过宽，声音会变得扁而松散。

二、吐字归音法

(一) 咬字和咬字器官

由肺呼出的气流通过声带发出声音，经咽腔到达口腔，在口腔内受到各种节制而形成了不同的字音，这个节制的过程就叫做咬字的过程，而口腔内对声音起节制作用的各个部位，就是咬字器官。

咬字器官有：上唇、下唇、舌(舌尖、舌面、舌根)、上下齿、上下齿龈、上腭(硬腭、软腭)和下腭，其中唇和舌在形成字音的过程中动作最积极，起的作用最大。

在这里还要注意下腭，它可以有控制地开合以改变口腔容积。口腔上部的软腭能升能降，以阻塞或打开鼻腔通道(前后鼻音)。

总之，咬字器官是一个协调动作的整体，各司其职，又互相配合。正是由于它们的活动，便形成不同元音音色，又形成了不同的辅音，构成一个个音节。

(二) 咬字器官互相配合的要领

以上我们熟悉了咬字器官，并知道字音主要是由咬字器官配合发出的，那么，咬字器官又是如何配合的呢?

1. 打开口腔

一般来讲，日常说话口腔开度不大，打开口腔就是要有提起上腭的感觉。同时下腭要放松，这样可适当加大口腔容积，为字音的打开立起创造条件。

2. 力量集中

在生活语言中，大多数人的发音一般是声音散、缺乏力度，其中最主要的原因是字音含混不清、唇舌无力。声音要集中，咬字器官的力量就要集中。咬字器官力量的集中主要表现在唇和舌上。

唇的力量集中在唇中央三分之一处。如果字音散，主要原因则是唇的力量分散，可以多练习双唇音的绕口令。比如："巴老爷有八十八棵芭蕉树，来了八十八个把式要在巴老爷的八十八棵芭蕉树下住……"

舌的力量集中在舌的前后中纵线上，另外舌的成阻部位要呈点状接触，而不是片状接触。如反复发出"de、te、ga、ka、ha、da、ta、na、la"，以练舌力。

3. 明确声音发出路线的字音着力位置

在口腔打开的前提下还应讲究声音发出的路线，声音沿软腭、硬腭的中纵线推到硬腭前部，这条中纵线就是声音发出的路线，硬腭的前部就是字音的着力位置，这样容易产生口腔共鸣，可以明显改善音色，使得声音集中、穿透力强，更加明朗。

(三) 吐字归音要领

吐字归音的精髓是音节发音的头腹尾说。它将一个音节分为三部分，比如"牌"(pái)这个词，其中的声母p是字头，韵母中的a是字腹，韵母中的 i 是字尾。

1. 字头有力

字头，也叫"出字"。作为音节的开头，其发音对整个音节是有重要影响力的。字头有力就是指字头的发音要运用气息，通过发音器官的摩擦阻力形成阻碍时，阻塞部位要保持一定紧张度，形成着力点，出字准确有力，有叼住弹出之感。这主要是控制好声母的发音部位、发音方法。日常口语中一般字头咬字无力，气息也会随之流失，相应的字头以至整个音节力度会变小，那么吐字会不清晰;反过来，咬字太用力，发音也会变得笨拙，语流就会不畅。你可以这样体会:戏曲界将咬字恰当地比喻为大老虎叼着小老虎过山涧，既不能把小虎咬死，也不能让小虎掉下去。

2. 字腹饱满

字腹，也叫"立字"。字腹饱满指气息流畅地通过各发音部位，音节中的主要元音发音清晰有力，明亮充实，圆润饱满，字音能"立起"。字腹饱满要求口腔随字腹立起而打开，口腔开合适度，松紧相宜。

需要注意的是，无论是单元音韵母还是复合元音韵母，字腹的发音都是在滑动中完成的，出字与立字不能有分解。字头太长，声音显拖沓；字头靠前，声音浮浅；字头靠后，声音则闷暗。

字腹是a元音时要打开口腔，使得字音饱满；字腹是i、u、ü等元音时，口腔开度不要过小，否则声音会发暗，缺少圆润感。

3. 字尾归音

字尾，也叫"归音"，即韵尾的处理。

照顾了字头、字腹，切忌虎头蛇尾，忽略了字尾。字尾不归音也是生活语言中常见的发音现象，这是因为字尾元音多为开口度较小的元音，再加上所处的弱化地位，发音时只需大致显露出字尾去向就能使人大致听清，因此在生活语言中归音到不到位不大被重视。座席员是用声音来传递信息的，应重视字尾的归音。

归音要鲜明干净，不能拖泥带水，也不能音不到位。发音时口腔由开到闭，肌肉由紧到松，声音由强到弱。

充当字尾的元音有i、u；鼻音有n和ng。归音时，字尾结束应当到达这些音的位置，i、u应有一定舌位高度，n和ng应抵腭。字母o做字尾，如"高(gao)"、"交(jiao)"，归音的实际部位应当是u，归音到o则不够清晰。

如果在发声吐字中做到咬紧字头、发亮韵腹和收全字尾，那就会使吐字准确清晰，而且圆润饱满。民间有人用"枣核形"来形容吐字过程，从时间流程上讲，中间发音亮，动程长，两头发音轻，动程短。这种字头、字尾小而字腹大的形象概述，正是吐字归音的发音特点，如图5-1所示。

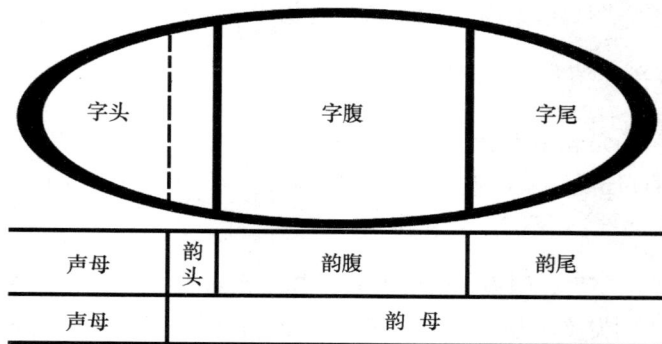

图5-1 吐字过程

当然，上述的吐字归音法不是绝对的。在平时的字词训练中，可以按照上述方法来练，做到"字头摆得准，字腹响度大，字尾收到家"。在实际语流中，不强求把每个字都"发到家"，做到准确、清晰就可以了。

三、口腔控制练习

(一) 字头出字练习

1. 声母与单元音韵母拼合练习

ba　　pa　　ma

de　　ge　　zhe

mi　　ti　　ni

bu　　fu　　tu

ju　　qu　　xu

2. 声母与不同唇形单元音练习

b：ba　　　bi　　　bu

d：do　　　di　　　du

k：ka　　　ku

zh：zha　　zhu　　zhi

s：sa　　　su　　　si

(二) 字腹立字练习

1. 用成语进行打开口腔的练习

下列成语的第一个音节容易体会打开口腔,大家在练习时注意以第一个音节带发后面音节。

来龙去脉　　高瞻远瞩　　慷慨激昂　　阳光大道

老当益壮　　相安无事　　光明磊落　　包罗万象

2. 改善音色的练习

这里的改善音色主要指语音的音色特征。语音音色的改善以音位理论为基础,在不影响表意的情况下，可以适当调整口腔的开合度和发音部位。

下面练习里的"开音"指开口度较大的音节，"闭音"指开口度较小的音节，"前音"指发音舌位偏前的音节，"后音"指发音舌位靠后的音节。

大家在练习时注意以前一个音节带发后一个音节，以使语音更圆润明亮。

(1) 以"开音"带"闭音"，达到"闭音"稍开

傲气　　巴黎　　当局　　打击　　劳力

斑竹　　宝贝　　仓库　　草地　　拔河

(2) 以"闭音"带"开音"，达到"开音"

稍闭　　孤傲　　涤荡　　激发　　库房　　抵挡

图章　　复杂　　礼堂　　立方　　苦熬

(3) 以"前音"带"后音"，达到"后音"

稍前　　提高　　帝国　　备考　　实况　　义务

煎熬　　碧空　　余额　　因果　　诗歌

(4) 以"后音"带"前音",达到"前音"

| 稍后 | 刚毅 | 个别 | 暴雨 | 毫厘 | 入门 |

可以　　共事　　高低　　合理　　蝴蝶

(三) 字尾归音练习

"归音"指音节发音的收尾过程,"到位"指有韵尾的音节,字尾音素的舌位发音要到规定位置。归音既不可"拖泥带水",也不可唇舌位置"不到家",应做到干净利索,趋向鲜明。

如 i 做韵尾,舌位应提到一定高度;u 做韵尾,唇形应拢起、收圆;n 做韵尾,舌尖收到上齿龈;ng 做韵尾,舌根收到软、硬腭交界处;o 做韵尾,要在发到 u 的过程中收音。

有韵尾的音节可用格律诗训练,注意韵尾元音唇舌到位,韵尾鼻辅音成阻到位。无韵尾的音节注意归音时控制口形、唇形,保持到发音结束。下面请以《蜀相》一诗作归音练习。

蜀　相
杜甫

丞相祠堂何处寻,锦官城外柏森森。

映阶碧草自春色,隔叶黄鹂空好音。

三顾频烦天下计,两朝开济老臣心。

出师未捷身先死,长使英雄泪满襟。

(四) 音节形成枣核形的练习

根据汉语的构成特点,各种形式的民间说唱艺术都要求一个音节的发音过程应有头有尾,形成一个完整的形状——"枣核形"。

"枣核形"是对音节的出字、立字、归音这个吐字归音过程的形象描述,有助于我们把握各部分口腔器官控制。可采用朗诵诗词等形式进行训练。下面是两个练习材料:

长征 · 七律
毛泽东

红军不怕远征难,万水千山只等闲。

五岭逶迤腾细浪,乌蒙磅礴走泥丸。

金沙水拍云崖暖,大渡桥横铁索寒。

更喜岷山千里雪,三军过后尽开颜。

二泉吟 (节选)

风悠悠,云悠悠,凄苦的岁月在琴弦上流。

恨悠悠,怨悠悠,满怀的不平在小路上走。

啊,无锡的雨,是你肩头一缕难解的愁。

惠山的泉,是你手中的一曲愤和忧。

四、口部训练操

吐字的功力来源于对咬字器官的灵活控制，要使吐字清晰、优美，应加强咬字器官的锻炼。

为了集中训练对咬字器官的灵活控制能力，平时可以多做做口部训练操。

口部操主要包括口的训练、唇的训练及舌的训练，每位座席员可以针对自己的情况来练习；一般在早晨练声前练。

(一) 口的练习

1. 口的开合练习

做口的开合练习时，牙关比日常说话开得大一些，下巴放松而略向后退，上下槽牙间像嚼着弹性物一样保持一定距离地打开、闭拢。

总的感觉是张嘴像打哈欠(打开槽牙、挺起软腭)；闭嘴如啃苹果(松下巴)。开口的动作要柔和，两嘴角向斜上方抬起，上下唇稍放松，舌自然放松。经常做这个练习，可以克服口腔开度的问题。

2. 咀嚼练习

张口咀嚼与闭口咀嚼结合进行。舌自然平放，练习时反复做。

(二) 唇的训练

唇是字音的出口，对吐字有明显的影响。唇形不正确，字音会出错；唇齿相依，声音会明朗；唇的收撮力强，声音能集中。

可以采取以下方式，有意识地练唇：

1. 撮唇

开小口，在提颧肌的前提下，唇沿齿向中间撮合，再展开，反复进行。

2. 转唇

双唇紧闭，用力撅唇，然后左转360°，再右转360°，交替进行。

3. 咧唇

双唇紧闭，尽力向前撅起，后将嘴角用力向两边伸展(咧嘴)，反复进行。

4. 撇唇

双唇紧闭，向前撅起，然后向左歪、向右歪，向上抬、向下压。

5. 双唇打响

双唇紧闭，将唇的力量集中于唇中央三分之一处，阻住气流，突然放开，爆发出b、P音。

6. 综合性唇形练习(四呼发音练习)

开口呼，口咧不要过大；齐齿呼，口咧不要过扁，相对要圆一些；合口呼，唇不要向前突出；撮口呼，撮双唇两角即可。

开口呼——a、o、e、i、er、ai、ei、ao、ou、an、en、ang、eng

齐齿呼——i、ia、ie、iao、iou、ian、in、iang、ing

合口呼——u、ua、uo、uai、uei、uan、uen、uang、ueng、ong

撮口呼——u、ue、uan、un、iong

(三) 舌的训练

舌头是活动最积极、影响最大的咬字器官,在所有的音节中几乎都离不开舌的参与。舌的弹动力越强,声母发得越清晰;舌的中纵部有力量,声音就会集中;舌的滑动感强,字音才饱满。

总体来看,字音的准确、清晰、集中、圆润、响亮与舌的状态密切相关。

1. 刮舌

舌尖抵下齿背,舌体贴住齿背,舌中纵线部位用力,随着张嘴,用上门齿刮舌面,使舌面能逐渐上挺隆起。

这是练习舌的收拢上挺力,这一练习对打开后声腔、增加口腔开度、加强舌面隆起的力量很有效。

2. 顶舌

闭唇,用舌尖顶住左内颊,用力顶,似逗小孩嘴里有糖状,然后用舌尖顶住右内颊,做同样练习。左右交替,反复练习。

3. 伸舌

将舌伸出唇外,舌体集中,舌尖向前后、向左右、向上下尽力伸展。这一练习主要训练使舌体集中,舌尖能集中用力。

4. 绕舌

闭唇,把舌尖伸到齿前唇后,向顺时针方向环绕360°,然后向逆时针方向环绕360°,交替进行。

5. 立舌

将舌尖向后贴住左侧槽牙齿背,然后将舌沿齿背推至门齿中缝,再向右运动推至右侧槽牙齿背,然后做相反方向的练习。这一练习对于改进边音l的发音有益。

6. 弹舌

舌尖上翘,以较快速度连续轻弹上齿,用以使舌放松而灵活。

7. 舌尖练习

用舌尖抵住上齿龈,阻住气流,再突然放开,爆发出d、t音。

力量应集中于舌尖，d、t、n、l发不好的人可以多做舌尖练习。

8. 舌根练习

舌根抬起至软硬腭交界处，阻住气流，然后突然打开，爆发出g、k音。

这一练习可改善舌根的力量及灵活性，g、k、h、u、o、e发不好的人可以多做舌根练习。

第三节　共鸣训练

一、共鸣器官和共鸣原理

(一) 共鸣器官

人类发声的共鸣器官，在喉以上有喉腔、咽腔(喉咽、口咽、鼻咽)、口腔和鼻腔；在喉以下有气管、胸腔。人的共鸣器官有些是可调节的，如喉腔、咽腔、口腔；有些是不可调节的，如鼻腔。其中口腔的变化最灵活。

下面对人体发声主要共鸣腔做简略介绍。

1. 胸腔

胸腔是由肋骨支撑的胸廓。胸腔共鸣可以扩大音量，使声音听起来洪亮、浑厚、结实。需注意的是，发声时应注意两肋打开、撑住，以保持胸廓的积极状态，以产生较好的胸腔共鸣。

2. 喉腔

喉腔是喉原音发出后经过的第一个共鸣腔，它的状态直接影响声音的质量。发声中注意保持喉头放松及位置相对稳定。

3. 咽腔

咽腔处于声道由垂直向水平方向转变的弯道部位，容积较大，是重要的共鸣腔。发声中注意保持软腭抬起的积极状态。

4. 口腔

口腔是发声过程中运动最灵活、复杂的腔体。口腔的形状对共鸣有重要影响，是非常重要的共鸣腔。

口腔共鸣对于发声至关重要。没有口腔的活动就不可能产生言语声；不适当发挥口腔共鸣的作用，就不可能使字音圆润动听；没有口腔共鸣，喉腔、咽腔共鸣以至鼻腔、胸腔共鸣就无从发挥效用。

要使口腔在发声过程中处于积极的状态，一般要打开牙关，提起颧肌，挺起软腭，放松下巴；同时强调各咬字器官的力量集中，尤其是唇、舌力量的集中，舌位要准确、鲜明，动程要流畅、完整。

5. 鼻腔

鼻腔共鸣要适度。带有微量鼻腔共鸣可使音色柔和、华丽；鼻腔共鸣过度，会降低语音清晰度，音色浑浊，有堵、腻的感觉。

(二) 共鸣原理

一个物体振动时会影响到其他物体及其内部空间振动，如果他体的振动频率与原物体的振动频率相同或有倍数关系时，则他体会同时振动，从而加强了原物体的振动，这种现象在物理学上称为共鸣。

我们将原物体发出的声音称为基音，将能加强原物体振动的物体或空间称为共鸣体或共鸣腔。

声带发出的基音是很小的，当它在发出过程中得到各共鸣腔的共鸣作用后便被扩大和美化，人体发声的这种现象亦称为共鸣。

人体有天然的共鸣机制，直接对声音起共鸣作用的是口腔、咽腔、喉腔、鼻腔和胸腔。

二、控制共鸣的训练

运用共鸣音讲话可使声音圆润明亮、朴实自然，要想获得共鸣音，需对胸腔、口腔、鼻腔等进行有针对性的训练。

(一) 加强胸腔共鸣练习

1. 体会胸腔共鸣

(1) 用夸大的hǎo、bǎi、mǐ、zǒu等音来体会。

(2) 用手轻按胸部，用a做练习音。从高到低，体会哪一段声音上胸腔振动强烈，然后在这一声音段做胸腔共鸣练习。一般来说，较低而又柔和的声音易于产生胸腔共鸣。

(3) 用较低的声音发hà。这时的声音是浑厚的，感觉是从胸腔发出的，如感觉不明显可以逐渐降低音高，适当加大音量。

2. 练习下列含有a音的词

(1) 字词练习，注意体会胸腔振动的感觉。

暗淡　　反叛　　散漫　　武汉
计划　　到达　　发展　　出嫁

(2) 短诗练习，注意加强韵脚的胸腔共鸣。

① 小柳树，满地栽。

　　金花谢，银花开。

② 春眠不觉晓，处处闻啼鸟。

　　夜来风雨声，花落知多少。

(3) 夸张四声练习，利用延长音体会胸腔共鸣。

山—明—水—秀　　shān—míng—shuǐ—xiù

鲲—鹏—展—翅　　kūn—péng—zhǎn—chì

百—炼—成—钢　　bǎi—liàn—chéng—gāng

翻—江—倒—海　　fān—jiāng—dǎo—hǎi

(二) 改善口腔共鸣练习

唇齿贴近，有利于提高声音明亮度。发音时有翘唇习惯的人，音色大多较暗而且混浊。可以用收紧双唇，使其贴近上下齿的方式来改善共鸣。

嘴角略微上抬，能消除消极音色。有的人发音时习惯于嘴角下垂，不善于表现欢乐、积极的感情色彩，可以结合"提颧肌"的方法，使嘴角略微上抬，声音色彩会有变化。

1. 声母韵母拼合练习

结合气息，双唇用喷法，舌尖用弹法，要有意识地将声音集中于一点发出。

(1) bā—dā—gābā—dā—gā

pā—tā— kāpā—tā— kā

(2) bā　dā　gā　pā　tā　kā

pā　tā　kā　bā　dā　gā

(3) pēng　pā　pi　pū　pāi

pāi　pū　pi　pā　pēng

(4) b—ā—bāp—ā—pā

b—āi—bāip—āi—pāi

b—an—bānp—ān—pān

2. 字词练习，注意体会口腔振动的感觉

澎湃　　冰雹　　碰壁　　拍打　　百炼成钢　　波澜壮阔

蓬勃　　喷泉　　批判　　品牌　　壁垒森严　　翻江倒海

3. 象声词练习，注意发得响亮、集中，练习时应把气息控制好

吧嗒嗒　　　滴溜溜　　　咕隆隆　　　劈啪啪

扑通通　　　呼啦啦　　　哐当当　　　哗啦啦

当啷啷　　　乒乒乓乓　　刷拉拉

4. 改善ū、u、o的音色

有的人在发带有ū、u、o音的字时嘴唇过于突起，使音色过暗，带有沉闷色彩。可以将唇齿靠近，减小突起，使音色得到改善。用下列韵母做对比练习，比较音色的变化。

ao　ou　iao　iou　u　ua　uai　uei　uan

uen　uang　ueng　ong　u　ue　uan　un

(三) 鼻腔共鸣练习

1. 体会鼻腔共鸣

鼻腔共鸣是通过软腭来实现的，当软腭放松，鼻腔通路打开，口径的某部关闭，声音则在鼻腔得到了共鸣。

鼻腔共鸣过多，鼻音色彩会重。只有适当利用鼻腔共鸣才能美化声音；软腭抬起则减少鼻腔共鸣。可用 i 和 a 做练习，利用软腭下降将元音部分鼻化来体会鼻腔共鸣。

2. 鼻腔共鸣练习

鼻腔共鸣少的人可做下面的练习。

(1) 朗读带有m、n的词组来体会鼻腔共鸣

妈妈	买卖	猫咪	弥漫	隐瞒
出门	戏迷	分秒	人民	光芒
姓名	朽木	接纳	奶奶	头脑
困难	万能	南宁	温暖	中央

(2) 鼻辅音+元音ma—mi—mu   na—ni—nu

(3) 朗读歌词，注意带有m、n的词

蓝蓝的天上白云飘，白云下面马儿跑，挥动鞭儿响四方，百鸟齐飞翔。

3. 减少鼻音色彩

鼻腔共鸣过多、形成习惯鼻音的人，可用下面的练习来改善音色。

(1) 用手捏住鼻子，用下列音来检查是否过分使用鼻腔共鸣，如果鼻腔从元音开始就振动，表明鼻腔共鸣使用过度，应减少元音的鼻化程度。

(2) 手捏鼻孔不出气，发"a"音体会。

(3) 串发六个元音，a—o—e—i—u—ü。

(4) 鼻音重，练声时则少练带有声母m、n和鼻韵尾的音节。这里再简单介绍两种共鸣控制技巧。

一是"通"。即发音的声带要通畅，不憋不挤。发音时，颈部、脊背要自然伸直，胸部要放松，不僵不憋，喉头要放松，口腔要打开，气流可以十分通畅地向上向前流动，如发a—a—a。

二是"挂"。发音的声道是畅通的，但不能把声音直通通地放出来，而要控制好气流，使其产生一种被吸住的感觉，好像"挂"在前硬腭上，这样发出的音明朗、厚重、省力。譬如可一三三打开后槽牙，从容地发复韵母ai、ei、u、ao，体会声束沿上腭前行、"挂"于硬腭的感觉。

第四节　座席员呼吸与运用

气息是声音的源泉，掌握了正确的呼吸方法才能发出有气息支撑的好声音。运用科学有效的呼吸方式，是获得美好声音的重要前提。

一、座席员的呼吸要求与状态

座席员由于每天都要做大量的电话服务工作，需接听或拨打出上百个电话，在这种情况下就需要他(她)们的声音是持久、长效、耐用的。

由于气息是直接影响声音最重要的环节，这就要求座席员在发声时呼出、吸入的气息是要均匀、平稳、自如、松弛的，使气息在体内保持的时间长，这样才能让气息的流量、速度都能够恰到好处地支撑住声音并及时地控制、运用声带调节气息，发出甜美的声音。

保持住良好的呼吸状态对每位座席员来说都是非常重要的，因为良好的呼吸状态是解决喉头和声带困难的一个极为重要的方面，所以要求呼吸是在全身放松、自如的状态下进行的，也就是要求座席员在工作中保持良好的工作情绪。

二、呼吸器官与呼吸原理

(一) 呼吸器官

颈部以上的呼吸器官包括口、鼻、鼻咽、口咽、喉咽等，颈部以下的呼吸器官包括气管、支气管、肺叶、肺泡、胸腔、横膈膜、腹肌等。

其中，肺部器官是呼吸中最重要的器官。肺在胸腔的内部，胸腔的外部叫胸廓。肺可以随着胸廓的运动使空气进入和排出。

(二) 呼吸原理

1. 肺部呼吸原理

肺虽然是最重要的呼吸器官，但它不会主动进行呼吸，呼吸是要靠胸腔的扩大和缩小来完成的。通常我们把使胸腔扩大以完成吸气的肌肉，统称为吸气肌肉群，把使胸腔缩小以完成呼气的肌肉群，统称为呼气肌肉群。

2. 呼吸肌群原理

吸气肌肉群收缩时胸腔扩大，在这个过程中胸腔内部气压就会小于体外气压，空气便由口、鼻经过呼吸通道进入肺泡，使肺叶扩张起来。反之，呼气肌肉群收缩时胸腔缩小，肺叶内部的空气又会因受到挤压从肺经过呼吸通道排出体外，这就是呼气过程。

三、呼吸与体姿

体姿的正确与否将直接影响气息的走向，最常用的呼吸体姿一般采取站姿或坐姿两种。

（一）站姿呼吸

站立时呼吸要求两脚与肩同宽，两脚也可呈有前后的小"丁字步"，重心在两脚之间，自然站立，腰部有紧绷感，目光平视，下颌微收，两肩放松。

（二）坐姿呼吸

坐于硬凳椅的前1/3，腰部挺直，两眼平视，下颌微收，两肩放松。气流吸入时人要坐正，要略微挺胸收腹，两肩松弛并自然下垂。颈部需要完全放松，同时全身肌肉也要放松，两眼平视前方、面带微笑，姿态自然大方。

四、胸腹联合式呼吸

一般常见的呼吸方法有三种，即胸式呼吸、腹式呼吸、胸腹联合式呼吸。

胸式呼吸是以扩充肋骨和胸骨气息容量为主的，在吸气时胸廓前后、左右径围会增大，空气直接进入肺部。由于这种呼吸胸部肌肉只能用一部分，呼吸不能得到自由的控制，也没有坚固扎实的呼吸根基，所以这种呼吸吸入的气量小、气息浅，也是我们通常所称的"浅呼吸"。这种气息支撑发出的声音强度不大且变化较小，换气也比较频繁，在吸气时也极易产生较为难听的吸气杂音并造成肩部紧张、喉部负担重、疲劳等不适。

腹式呼吸在吸气时横膈膜会下降，把脏器挤到下方，腹部是放松且外凸的，在呼气时横膈膜将会比平常上升，腹部是向里收缩的。腹式呼吸是一种较深的呼吸，它主要靠降低膈肌扩大胸围来吸气。虽说此种呼吸较为深入，但由于缺乏两肋及横膈膜的展开、腹肌的支撑，它是不能保持长久的。由于腹式呼吸的气息不能长久保持，所以腹式呼吸发出的声音也是较为沉闷、晦暗。

胸腹联合式呼吸是一种胸、腹结合的呼吸，是由膈肌收缩使得横膈膜下降，肺泡向下伸展挤压腹腔，腹肌放松向前下方自然扩张，同时腰肌、肋间肌自然外扩，达到扩大胸腔进行呼吸的一种联合式呼吸。由于吸气时全面扩大了胸、腹腔体，充分调动了胸腔、横膈膜和腹部肌肉来共同控制气息，所以呼吸肌肉群和呼吸器官全面运动，增强了呼吸的稳健感。这种呼吸吸入的气息容量大，气息保持的时间较长，并能减轻声带的负担。运用胸腹联合式呼吸发出的声音能产生结实、响亮的效果，因此，运用这种呼吸方法才能使座席员持久、长效地进行服务工作。

（一）胸腹联合式呼吸的作用

1. 提高发声效率

胸腹联合式呼吸能使体内气息充沛，轻松发出声音，同时还能够有效提高发声效率，使音色发出多种变化。

2. 使声音运用自如

胸腹联合式呼吸能增大体内的气息量，增强了呼吸的稳健感，也使得我们对声音控制、运用自如，发出坚实、浑厚、美妙的声音。单纯的胸式呼吸或腹式呼吸吸入的气流量在体内保存的时间不够长、不够均匀，从而使得声音会变细、重、低沉，让人听起来不舒服。

3. 掌控发声效果

我们想要嗓音发出富有弹性、持久的声音，就需要源源不断供给声带气流，胸腹联合式呼吸能使得我们的音长、音强、音色都得到自如的控制并发出浑厚、高亢、有力的声音。日常生活中常用的是胸式呼吸，发出的声音比较尖弱，声音的强度不够且变化小。

4. 满足发声需求

没有气息的支撑，声带是不能颤动发声的。胸腹联合式呼吸不仅能够满足发声需要，提高发声效率，掌控发声效果，更能在长时间的发声对话中不会感到嗓音疲劳、不舒服，这对从事话务工作的人来说是极为重要的。

(二) 胸腹联合式呼吸的要求

发声的原动力是靠气息的支撑，只有运用科学、有效、实用的发声方法才能使声音使用持久，这就要求我们要掌握胸腹联合式呼吸的要领与要求。

1. 吸气要求

(1) 两肋打开。口鼻要同时进气，两肩放松，小腹保持微收的状态，随气息的深深吸入，两侧的肋骨向左右缓缓的撑开。

(2) 腹壁站定。当肋骨向两侧扩张时横膈膜呈现出收缩、下降状态，此时小腹自然收缩、站定，胸廓也随之扩大。

(3) 腰部扩张。随着气流逐步进入体内，此时会感到腰部周围扩张，尤其后腰会有一种涨开、顶住的感觉，身体会感觉像充气球般涨起，胸腔内的气流量也会不断增加。

(4) 膈膜下降。口、鼻同时吸气，气要吸到深达肺底。横膈膜下降，这样就能稳定地保持住两肋及横膈膜的张力，并使两肋及横膈膜的张力与小腹的收缩力形成对抗，这种对抗有利于形成对声音支撑的力量。这种气息在体内活动范围大、伸缩性强，可以使气息均匀平衡，产生甜美、有力的声音。

2. 呼气要求

呼气时保持住腹部自然微收状态，不要用力收缩。随着气流的缓缓呼出，腹部要逐渐放松，感觉气息保持在横膈膜上，呼气的重点要体现在横膈膜的用力。

(1) 控制要求。气息的呼出都是由胸腹这个部位来控制的，即使感到气息即将不够时也要能够控制气息的流量。有了控制气息的能力，就会让每个发音都会有气息的支撑，声音也会呈现出圆润、自然的状态。

(2) 力度要求。控制呼气的力度要适度，控制的部位要富有弹性，要感觉轻松而自然。如果过分控制，就会使气息变得紧张，气息也不能流畅地呼出，控制部位变得僵化，发出的声音也跟着发生变化。气息的呼出要求均匀、自然、自如，控制气息也应该是有弹性的。

把握、控制好呼气力度有如下两种方法。

第一，气息力度。发声时一定要有气息的支持，并且要节约使用气息，要根据声音的高低、强弱将气息恰到好处地控制住。气息过弱，声音不响亮；气流过强，又容易冲击声带使声音无法持久。

第二，胸廓力度。两肋扩张，胸部自然挺起，胸廓自然扩张。此时上胸部不参与呼吸活动，也不要把注意力放在上胸部，这样容易产生胸部紧张，影响气息的控制，因为吸气部位越高，越会引起喉部的紧张感。

(三) 胸腹联合式呼吸的训练方法

要把胸腹联合式呼吸变为生活中的自主呼吸，就要经过积极有效的长期训练，这样才能达到用嗓不累、呼吸自如的目的。

1. 慢吸慢呼的训练(闻花香式呼吸)

慢吸慢呼可称之为闻花香式呼吸。想象在满是花香的旷野之中，深深感受四溢花香的香气。呼吸时可直立或坐正，双目平视前方，头正、肩放松，此时要口、鼻同时将气息深深吸进，这时你会觉得肺以下腰与腹间气息膨胀，气入丹田、小腹微收、保持几秒后轻缓呼出。

(1) 要求与禁忌

闻花式吸气方法容易使气吸得深，吸到肺底，吸气时两肋要打开，腹壁随气息深入而扩张。这时会感觉到躯干下部渐渐向四周扩张，腰带渐紧。

闭目做"闻花"的想象，想象中闻到一种自己喜欢的花卉味道，以慢吸状态使气吸到肺底。这种吸气可开口也可闭口。

采取直立站姿或坐姿时上身不可身体僵硬，腰部也要放松且向外展开，同时胸部也要有舒张感，吸气时不可憋气、断气、更不能发出抽气声。在轻松的状态下使体内空间增大，让气流很自然地吸进去。这样能产生既放松又兴奋的呼吸感觉。

在闭口吸气时嘴不能闭得太紧，太紧会影响气流的吸进速度和灵活性。不论是闭口还是开口都要与鼻子同时吸气，最关键的是要体会气息流入体内时的感觉。

(2) 训练方法

方法一：慢吸气后(气吸八成满)保持住气息，呼气时用最舒服的声音状态，发单母音"a、i、e、ü"的延长音。声音逐渐由小到大，由低到高，由近到远，由弱到强。气息要通畅自如，下腭、舌根、喉头都要放松，让气流集中地打到硬腭前发出。

方法二：气吸八成满，呼气时数数，1、2、3、4、5、6、7、8……数的速度要慢，吐字要清楚，嘴上用力，喉部放松，气息通畅，不憋气。发一个音马上闭住声门，不要跑气和换气。直至一口气数完，能数多少就数多少，逐渐延长呼气控制时间。

方法三：慢吸气后保持住气息，用一口气朗诵《题菊花》、《春晓》等诗歌，刚开始朗读句子时可换气，再朗读时可不换气，并努力保持音调和音强的恒定不变。

方法四：将一张纸条的一端贴在墙壁上，将纸的令一端翘起使之离开墙面，用嘴轻吹纸条使之微微颤动，颤动的幅度要一致，让气息徐徐地从嘴里吹出来。

方法五：练习数旗。操场上，飘国旗，看你能数多少面旗，一面旗、二面旗、三面旗、四面旗、五面旗、六面旗、七面旗、八面旗、九面旗、十面旗……

2. 快吸快呼的训练(惊讶式呼吸)

快吸快呼法也称惊讶式呼吸。就是人在体会惊讶时生理上作出的快速反应，达到快速吸入气息和呼气的目的。

(1) 要求与禁忌

这种吸气既要快又要深，它能使呼吸肌肉群在瞬间完成收缩与放松的循环，能锻炼呼吸器官的快速灵活性，也称为"惊讶式"吸气。要求保持慢吸时的"两肋打开、吸到肺底、腹壁站定"的基本状态，并且呼吸做到急而不促、快而不乱、长而不喘。

上身不可僵硬，需放松。在刹那间的吸气过程中胸部迅速扩张但不可憋闷，更不可有大声的吸气喘息声。

(2) 训练方法

方法一：两位同学一起练习，其中的一位背过身去，另一位趁其不备拍打其后背体会惊讶的感觉。

方法二：想象着看到一个庞大的动物突袭你，或是看到了让你惊讶的场景，体会惊讶、瞬间的吸气感觉。

方法三：快读快板书。

3. 快吸慢呼的训练(吹灰式呼吸)

快吸慢呼也称之为吹灰式呼吸。在吹灰前要深而快速地吸口气，并保持住气息，然后缓慢地、均匀地用气吹掉桌上的灰尘。

(1) 要求与禁忌

吸气时要快速、短促地进气，并保持住数秒钟。呼气时要缓缓呼(吹)出，嘴里向外缓缓地"吹气"，气息要平稳均匀。

当快速吸入气息时，喉部不可发出声音，并能很好的保持住气息不流失。呼出的气息要求均匀、缓慢，且不可时断时续。

(2) 训练方法

方法一：假设你的眼前有一张桌子，上面布满了灰尘，请你用一口气把它从左到右、从前到后依序徐徐吹净，但不能尘土飞扬，必须让呼出的气息均匀、流畅，不能让呼出的气断断续续，呼出的气息前后强弱一致。

方法二：游泳时快速地吸好气，在跃入池中的一瞬间屏住呼吸，以便为在池中潜泳储存足够的气。当进入水里后你开始呼气，也是慢慢而有节制地呼出，以便延长潜泳的距离。

4. 慢吸快呼的训练(叹气式呼吸)

慢吸快呼也称之为叹气式呼吸。叹气在日常生活中是很普通的现象，它是一种快速放下气息的呼吸，有利于吸气肌肉群的放松，以便更好地吸入更深的气息。

(1) 要求与禁忌

全身的肌肉要处于一种放松状态，深深地吸入气息后叹气，叹到哪里就吸到哪里，心里想着叹气而不是呼气。当气息随着"叹"被排出后，也就是呼气肌肉群的工作做完了，接着吸气肌肉群就会立即开始新的工作也就是吸气,这时吸入的气息是深而缓慢的。

全身的肌肉要处于一种放松的状态，千万不可僵硬，在叹气时不要人为地做强制性的叹气动作，脑子里要放松，让吸气肌群处于一种放松状态。

(2) 训练方法

方法一：想起生活中一件发生在你身上，让你不愉快或比较烦心的事，从中体会叹气的气息流程，感受叹气后做缓慢的深呼吸。

方法二：用一口气尽量说又多又快的语言，也可用简单重复的绕口令来练习。如吃葡萄不吐葡萄皮，不吃葡萄倒吐葡萄皮；班干部不管班干部等。

第五节　座席员的正确发声与噪音保护

没有经过发声训练的座席员往往在喉部控制方面存在一些问题，需要引起注意：比如发音时喉部紧张、用力，发出的声音过紧；或是发音时挤压着嗓子以追求明亮的色彩；或是压低嗓子以追求宽厚的色彩等，这些都严重地影响着座席员的发音能力和声音表达力。

用声音工作的座席员应该了解喉部的发声控制，不断纠正错误的用声方式，养成科学的发声习惯，并在日常生活起居、饮食方面保护好嗓子。

一、喉部发声控制

(一) 喉头相对放松

喉部放松是发声控制的基本感觉。

在放松喉部状态下发声，声带是轻松靠拢的，只要用较小的气流就可使声带振动；如果在喉部用力的状态下发声，声带则是紧密闭合的，冲开它就相应需要增加气息力度，发出的声音自然比较"硬"，声带也容易疲劳。

喉部放松，声带才能自如地振动，发出的声音悦耳；如果喉部用力，则会影响声带的自如振动，发出的声音暗淡，有时甚至会发出难听的噪音。

总的说来，在喉部放松的状态下发音，声带可自如振动，喉部肌肉活动自如而灵活，气息也可以较好地协调配合。当然也不能消极对待这种放松，认为越松越好。太松，气息压力小，会使声带松懈，发出的声音散、暗。如果说喉部放松是发声控制的基本要求的话，那么喉部积极而放松的状态，才是发声控制的最佳状态。

(二) 喉部控制与气息控制、口腔控制

经验告诉我们，"抓两头，放松中间"在发声训练中是奏效的。这两头，一头是呼吸控制，一头是口腔控制。抓好这两头，中间的喉部也就得到解放了。换句话说，呼吸控制和口腔控制不好，都会加重喉部负担。

为了清楚地说明上述问题，再来感受一下人的发声过程：从肺部呼出的有控制的气流通过喉部，由于声带松紧的变化，发出频率不同、音色变化的喉原音，经咽腔到达口腔，在口腔内受到咬字器官的各种节制，才变为负载一定意义的语言传递出来。

在这一过程中，要注意根据表达需要而灵活控制气息的流量、流速。如果不控制气息，一个劲儿地往外流，喉部就会自动紧缩来节制气流，这种用喉节制气流的方式，势必会造成嗓音的捏挤。同时也要避免在气息压力不够的情况下用加大喉部紧张度的办法去"喊"，以致声嘶力竭。

二、影响嗓音的用声问题

作为用声音工作的座席员，在实际工作中用声这个环节容易出现这样或那样的问题，我们应了解它们的成因，防止它们的发生。

(一)音色过于明亮

一般来说，发过于明亮的声音以女生为多，她们主观上认为这种又高又细的声音很美，因此主动追求亮音。长时间地发过于明亮的声音会因声带绷得过紧并不断碰撞摩擦而对喉部造成严重负担，会使喉咙明显感到发干、不适甚至疼痛。

(二) 声音过虚

声音过虚，使得音量小，而且给人以不真实感。这种用声由于发音时两声带不闭合，带有大量气音，使得发音漏气多，这就不得不补气，而频繁的补气又易出现吸气杂音，听起来不从容。

(三) 捏挤喉部

有些人对气息控制不好，就用捏挤喉部的办法来节制气流；有些人不了解气息在发声中的作用，发强声时不自觉拉紧喉部肌肉，使声带不能自如运动。用捏挤喉部的方式发出的声音尖而细，没有气息支持，单薄乏味，声带也极易嘶哑。发音时应注意用气息打开口腔、挺起软腭，这样就可以轻松自如地打开喉咙了。

(四) 用声偏低

生活状态中的口语发音一般多用中音区，如不适当地把音域降到低音区或为了追求声音饱满极力压低嗓音发声，不仅听起来压抑，而且由于用力收缩声带，会给喉部带来

沉重负担。

（五）"喊"

造成"喊"的感觉是由于气流量大，而声门闭得又紧，发出的音高而直，缺乏弹性。这种发音吃力而难以持久，听起来生硬。

（六）不适当地加大音量

由于交流对象不在身边，有的座席员在对着听筒讲话时不自觉地会加大音量。音量加大，喉部会受到强气流的冲击，用声之后嗓子会感到不舒服。座席员可以设想客户就坐在自己身边，这种正确的距离感会帮助座席员采用适当的音量。

（七）用声时间过长

用声时间过长会造成嗓子的疲劳；如果用声方法不对，还会对嗓子造成一定的危害。

对于大多数座席员而言，普遍存在用声时间过长的问题。这里首先要注意用声方法的正确，其次学会运用气息来发声，而不是只凭挤压嗓子发声，这样可以减轻喉部的负担。

（八）克服偏头、偏声的习惯

发声时注意坐姿要正，眼睛平视正前方。如果发声时习惯性地将头偏向一侧，时间长了，会使喉部肌肉的运动及两侧声带控制不平衡，影响声音质量。

有的座席员在接听电话时习惯低头或向前伸着下巴讲话，这种发声方式使得声道处于不自然的弯曲状态，会因压迫或拉紧声带而影响喉部控制，影响发音质量。

三、常见的不正确发声方法及其纠正

座席员的工作性质决定了其会在较长时间内连续用嗓，所以更应当养成科学的发声习惯，不断纠正不当的用声方式，做到正确用声，科学用声。

（一）喉音

喉音是从喉咙里挤出来的。有喉音的人气息浅、舌根用力，喉头、颧肌和下腭肌肉呈现紧张状态，声音停留在喉咽部振动，用声不能持久，音色不柔美，显生硬。

纠正方法

(1) 运用好呼吸，气息有深度。

(2) 喉咙、舌根、下颌要放松，可用"半打哈欠"体会。

(3) 发音时头位不要过低，另外，注意音波在口腔中的走向，使它轻轻上提，顺软腭、硬腭到达硬腭前部。

(4) 词组练习。如：明快 班长 棉花 全家 站立

(5) 为解除舌根紧张，可以交替发出"lu、lia"音，从而加强舌前部和舌中线力量。

（二）鼻音

鼻音是由于软腭无力塌下，舌的中部抬起，气流不能从口腔流出，部分气流进了鼻腔造成的，鼻音听起来像是感冒了，声音发堵、音色暗淡、不明朗。

检查有无鼻音，可在发声时捏着鼻孔试一试，如果声音不变，就表示没鼻音；如果声音变了，就表示有鼻音。

另外，主观上有意追求声音饱满、明亮，把发音的着力点放在了鼻腔中，也会产生鼻音。

纠正方法

(1) 关闭鼻腔通路，打开后声腔。

(2) 音节练习

Ya	ye	yao	you
pai	gai	kai	hai
wai	jia	jiu	qia
zhuai	chuai	shuai	

（三）闷暗

由于口腔肌肉松散无力或牙关不开，口腔共鸣不够，字音不清，似在口腔内滚动。

纠正方法

(1) 锻炼唇舌力度，加强字音的练习。练习21个声母：b、P、m、f、d、t、n、l……

(2) 锻炼口腔开合度，双唇音b、p、m与开口呼韵母相拼b-ang、m-ang、p-ang、b-ai(四)发散，由于发音时前声腔开得太大，失去了一部分口腔共鸣，音色显得单薄，声音没有力度。

(3) 声音集中练习。连发ba、da、ga、fa、ka，有意识地集中于一点发出，结合好呼吸，音波要通过硬腭前端送出。

(4) 象声词练习。如：吧嗒嗒　滴溜溜　哗啦啦　当啷啷

(5) 两字词练习。如：澎湃　冰雹　碰壁　玻璃　蓬勃　喷泉　批评　拍打

四、座席员的嗓音保护

座席员除了正确用声之外，培养有助于嗓音保护的良好生活习惯也是保护嗓子的重要措施。

斯坦尼斯拉夫斯基在《演员自我修养》一书中是这样描述一位演员对嗓子的保护的。"有一位著名的演员被人家请去吃饭的时候，他一边把袖珍温度表放进汤里、酒里和其他饮料里，一边说：'我的嗓子是我的财富。'为了保护嗓子，他甚至如此注意饮食的温度。你们看，他是多么重视创作天性中的一个最重要的禀赋——美好的、响亮的、富于表情的、有力的嗓子。"作为座席员，我们固然不可能像这位演员一样珍视我们的嗓

子，但起码在生活中要有爱护嗓子的意识。

（一）锻炼身体

身体健康状态直接影响发声。平时可做一些适当运动，比如跑步、游泳、打乒乓球、打羽毛球、做体操。但有些屏气的运动要少做，像拔河、举重等，容易造成喉部肌肉疲劳；还有些运动项目，如高速跑、长跑，呼吸过于剧烈，气流对声带刺激强烈，也不宜在用声前进行。

（二）保证必要的休息和充足的睡眠

睡眠很重要，充分的睡眠是保护声音的重要条件。睡眠不足，嗓子易沙哑，发声不能持久。良好充足的睡眠是人体解除肌肉疲劳的重要方法，发声器官肌肉的疲劳也同样需要睡眠来解除。早上醒来不宜急于发过高、过强的声音，应活动活动或过一段时间再练声或者开始工作。

（三）养成良好的饮食习惯

饮食与嗓音保健有着密切关系，饮食的合理选择与调配有助于保持嗓音的良好状态，比如尽可能做到定时定量，不要暴饮暴食，尽量多吃些水果和蔬菜。

日常食物应尽量避免刺激性，不要大量吃过冷过热的食物或饮料，尽量少吃或不吃刺激性食物。有人做过调查，发现对发声有影响的食品依次为酒、葱、蒜、炒花生、炒葵花子、肥肉；另外，辣椒、酱豆腐、甜食、韭菜、蒜苗、羊肉、虾、醋、芥末对嗓子也有影响。这些食品会使嗓子发干、发堵、口渴、痰多，声音发木、发紧、发闷。

有些食物对嗓音有一定的保健作用。根据我国中医理论和经验，金橘、萝卜、丝瓜、柿子等食物有利于保护嗓子。

另外，每天用淡盐水漱口可以防止声音嘶哑，咽喉痛时，可用盐少许加开水代茶饮用，有一定的治疗作用。

在空腹或用餐过饱的状态下不宜用声工作。空腹会感到体力不支、底气不足；过饱会造成吸气不足、发音气短。

思考与练习

1. 座席员的声音具有哪些特点？
2. 你认为哪一种常用呼吸方式比较适合于座席员？为什么？你是如何练习的？
3. 吐字归音有何要领和方法？
4. 共鸣器官有哪些？应当如何进行共鸣训练？
5. 座席员在工作中如何保护嗓音？

第六章

呼叫中心座席员的服务礼仪

　　礼仪是指在人际交往、社会交往和国际交往活动中用于表示尊重、亲善和友好的行为规范和惯用形式。礼仪存在于人类经济、政治、文化、社会、日常交际、国际交往等生活的方方面面，从而形成了社交礼仪、政务礼仪、商务礼仪、服务礼仪、涉外礼仪等礼仪体系。呼叫中心座席员要在了解礼仪一般知识和服务礼仪的基本要求的基础上熟练掌握和运用本职业主要交往手段——电话沟通的礼仪知识和规范，提高服务水平，树立美好的职业形象。

第一节　礼仪概述

　　礼仪是一个人内在修养和素质的外在表现，往往决定了这个人在社会和群众中被接纳、受欢迎的程度。要做一个知礼、守礼、用礼的人，首先要了解礼仪的本质、基本要求及其社会作用。

一、礼仪及其本质

　　礼仪即礼节与仪式。"致福曰礼，成义曰仪。"就是说，形成和维持融洽、祥和的人际关系，增进彼此的幸福叫做"礼"；规定和遵循一定的程序和方式，使交际活动能够顺利完成叫作"仪"。"礼"，主要指个人律己尊人的行为，即在社会活动中以适宜、庄敬的言行举止及仪容、仪表、仪态所表现的礼节、礼貌，如握手礼、吻手礼、鞠躬礼、着装礼等。"仪"，更多地指集体性的礼节仪式，如国(校、店)庆典礼、开学(业)典礼、毕业典礼、入党(团)宣誓仪式、婚(丧)礼仪式等。

　　礼仪是一种待人接物的行为规范，也是交往的艺术。它是人们在社会交往中由于受历史传统、风俗习惯、宗教信仰、时代潮流等因素的影响而形成，为人们所认同、遵守的、以建立和谐关系为目的的各种符合交往要求的行为准则和规范的总和。或者说，礼仪是在人际交往中以一定的约定俗成的程序、仪式来表现的律己敬人的过程和规范，它涉及人们的言语、行动、仪表、姿态和表情等各方面的内容。

我们可以从如下几个方面把握礼仪的本质。

(一) 对人的尊重和尊敬

古人云："礼者，敬人也。"尊重是社交礼仪首要的本质。每个人都有被尊重的需要，在马斯洛的"需要层次"结构中，人的尊重需要属于社会层面的中高级需要，是一种精神层面的需要。尊重的需要首先表现为自尊，即个人对独立、实力、能力、成就和荣誉等的追求；尊重的需要更表现为对被别人尊重的追求，即渴望得到他人的肯定、赏识、敬重、赞许和高度评价等等。在社会交往活动过程中按照社交礼仪的要求去做，就会使人获得尊重的满足，从而获得愉悦，由此达到人与人之间关系的和谐。礼仪是满足人的尊重需要。

(二) 道德规范的外在表现形式

规范就是规矩、章法、范则，它确立了人们在社会生活中允许和不允许做、可做不可做、该做不该做、能做不能做以及要怎么做和不要怎么做等种种规定。

现代社会的行为规范主要有法律、纪律、道德和礼仪四种。法律以国家意志的形式存在，纪律是组织意志的表现，它们都是强制性的规范，是一种他律的手段，违反法律和纪律都会受到相应的惩罚和制裁。道德和礼仪也是对人的行为进行约束的规范，道德规范通过社会舆论、传统习俗和内心信念来维持，违反道德规范会受到舆论的谴责，带有半强制性的特征，但道德的实践主要依靠个人的道德自觉和自律。同样，人们可以根据各式各样的礼仪规范来正确把握与外界的人际交往尺度，合理地处理好人与人的关系。如果没有这些礼仪规范，往往会使人们在交往中感到手足无措，乃至失礼于人，闹出笑话，所以熟悉和掌握礼仪就可以做到触类旁通，待人接物恰到好处。

法律、纪律、道德调节的社会关系都会涉及人们现实的物质利益，礼仪一般不涉及利益，而是调节人们之间精神、情感层面的关系。社交礼仪比起法律、纪律，其约束力要弱得多，违反社交礼仪规范只能让别人产生厌恶，别人不能对你进行制裁。道德的本质是向善、行善，礼仪则使善意、善行以审美的形式表现出来。因此，礼仪规范的本质更接近道德，其约束作用要靠道德修养来自律。

(三) 约定俗成的行为规范

礼仪是人际关系中的一种艺术，是人与人之间沟通的桥梁。礼仪是人际关系中必须遵守的一种惯例，是一种习惯形式，即在人与人的交往中约定俗成的一种习惯做法。所以礼仪不像法律和纪律有明确的文本、条文规定，而是非文本的规范，是一种文化习俗，其表现形式往往有地域性的差异，在不同的社会往往有不同的表示尊重的方式，如中国古人见面行拱手礼，日本人行鞠躬礼，西方人行握手礼等，所以古人有"入国问禁，入乡随俗"的教导。当然，礼仪的约定俗成性还表现在随着人们交往的深入和扩大而逐步趋同，即某种礼俗被更广泛的认同、接受和使用，如握手礼，就是现代人普遍接受和使用的见面礼。

礼仪是人们约定俗成的表示尊重的各种方式，这里的方式分行动型和非行动型两种。像鞠躬、给老人让座等，就是行动型的，它作为尊重的形式，需要行动才有效果。而像庄严场合不嬉笑、别人睡觉不吵闹等，以整洁、优雅的形象展示自己，就是非行动型的，作为行为规范，它不需要行动就有效果。

(四) 个人文明修养的具体显现

对一个社会来说，礼仪是这个国家和社会文明程度、道德风尚和生活习惯的反映；对一个人来说，礼仪是其思想道德水平、文化修养、交际能力的外在表现。每个社会都有自己普遍认同、约定俗成的礼仪规范，而礼仪实践最终要通过个人对礼仪规范的遵守，通过个人在社会活动中的仪容仪表、言谈举止、表情动作、沟通方式表现出来，所以礼仪最终是个人文明修养的具体显现。

个人的文明修养是其思想观念、道德操守、知识、能力、心理等精神因素所达到的文明程度的综合反映，一个遵守、讲究礼仪的人，在文明修养上表现出如下特征：首先是具有文明的生活观念，对人性本质、人格尊严、人际平等、社会秩序、社会和谐等有正确的认识和尊重；其次是有丰富的知识，对文化、习俗、价值观念、生活方式的丰富性、差异性有广泛的了解，懂得尊重差异性的价值，能够给予对方周到的关怀。不同时代、社会、国家、地区、文化所推崇的礼仪具有不同的内容和形式，一个知识贫乏、眼界狭窄的人难以做到懂礼仪、讲礼仪，往往在不经意间发生失礼的言行，造成对交往对象的伤害和困扰；再次是具有高雅的生活艺术，一个人仪容修洁、言辞雅致、举止庄重、进退有据、执事谨敬、文质彬彬，是懂礼的表现，也是美好的形象。这些都是其具有高雅审美知识、情趣、能力的反映。

二、礼仪的一般要求

(一) 律己尊人

以符合礼节、礼貌的规范节制自己的言行举止，对别人表示尊重，是礼仪最基本的要求。

首先是对他人人格的尊重。以人为最高价值和一切行为的目的，在人格平等的基础上保持对对方利益、名誉、荣誉的尊重，能够维护对方的体面，深切关怀对方的情感需要。

其次是对文化差异性的尊重。不同地域、社会、阶层的人们往往在价值观念、行为方式等方面存在差异，生活正因为有差异才丰富多彩。在交往的过程中，礼仪要求我们以理解、包容、悦纳的态度尊重对方的价值观和行为方式，而不是将自己的文化强加于对方。

再次是对对方成就的真诚赞赏。高度评价交往对象的成功，不嫉妒、不贬低，对他人的挫折抱有同情心，理解和宽容他人的失败，都是礼仪的要求，是尊重他人的表现。

(二) 言语庄敬

语言是最重要的沟通工具。一个人的言辞谈吐能够反映他的学识才华、思想态度、社会见解、价值观念、趣味爱好等等。礼仪对言谈的基本要求有诚信、谨慎、规范、清楚、明白、生动、温婉、风趣等，言谈礼仪的基本要求为：

(1) 态度真诚，要抱有与对方坦诚交流信息、沟通感情、共建和谐关系的态度；

(2) 使用礼貌用语和敬语；

(3) 准确、清楚，要使用双方都通晓、熟练的语言进行沟通，汉语沟通要讲普通话，语音、语速要适中，内容力求言简意赅、简单明了、通俗易懂；

(4) 谈吐温婉，在完整清楚地表达自己意见和观点时要注意情绪、表情的配合，注意对对方情绪、情感的关怀和体贴，使对方乐于接受；

(5) 适当幽默，幽默风趣的言谈能调节情绪、缓和紧张、融洽感情、避免摩擦、制造愉快的氛围。幽默要有高尚的趣味，禁止说庸俗、低俗的笑话，同时要注意避免交往场合的文化、宗教、风俗方面的禁忌，以免造成尴尬。

(三) 举止得体

即姿势、行动、态度自然，大方、庄重，符合场合的礼仪要求，通过展示自己良好的修养，给人以尊重、稳健、适宜、美观的感受。

1. 姿态礼仪

站姿、坐姿、走姿、蹲姿等是举止的基础内容，姿态礼仪是举止礼仪的重要组成部分。

(1) 站姿。正确的站姿要给人以挺拔向上、稳重大方、端庄亲切、精力充沛的印象。站立时，人应直立、挺胸、收腹、略微收臀。从正面看，身躯正直，身体重心线在双腿间向上穿过脊柱和头部，防止重心偏左或偏右；从侧面看，后脑勺、脊背、臀部、小腿肚、脚后跟要在同一个平面上。

(2) 坐姿。入座时要轻、稳、缓。走到座位前，转身后轻稳地坐下，臀部坐满座椅的1/2到2/3；入座后上身挺直，重心向下，背部与臀部成直角；双肩平齐放松，下颌微收，颈部挺直；双膝并拢(男士可略微分开)，双腿正放或侧放，双脚并拢或交叠；脚尖朝向正前方或侧前方，不可脚尖向上；双手自然放在两腿或椅子的扶手上。

(3) 走姿。基本要求是头正、目平视、肩平齐、躯干稳正、部位正、步幅适度、步速平稳、双臂自然下垂，前后自然摆动。

(4) 蹲姿。下蹲拾物时应自然、得体、大方，不遮遮掩掩；两腿合力支撑身体，避免滑倒；应使头、胸、膝关节在一个角度上，使蹲姿优美；女士无论采用哪种蹲姿，都要将腿靠紧，臀部向下。

2. 致礼动作

在交际过程中有一些基本的表达礼仪的动作，如握手、介绍、交换名片等，是举止礼仪的重要内容。

(1) 握手。正确的握手姿势是：问候对方，自报姓名并伸出右手，四指并拢，拇指向上，掌心略微向上，双方虎口相互接触，然后放下拇指，用其余四指包住对方的手掌，同时上身略微前倾，注视对方并面带微笑。握手要坚定有力，晃动两至三下即可(但异性间握手不可用力，只轻轻一握即可）。握手的次序一般是：客人、年轻者、身份地位低者和男性先问候对方，由主人、年长者、地位高者或女性先伸手，再与之相握。

(2) 介绍的礼仪。自我介绍时应该以简明、谦虚的态度表明自己的姓名、身份和所在单位等。为他人作介绍时，要把被介绍者的姓名、职务、所在单位等说准确、清楚。其顺序一般是先介绍年轻者、地位低者、主人和男性，后介绍年长者、地位高者、客人和女性，这是对"尊者"优先了解权的尊重。介绍时要礼貌地用手示意，不能用手指指指点点。被介绍时，被介绍者以谦和欣赏对方的态度表示会意。介绍完毕时，被介绍的双方要用礼貌用语或握手、起立等方式致意对方。

(3) 名片交换的礼仪。接受对方递来的名片，应双手接过，认真阅读，再郑重地将名片放在面前的桌上或放入名片夹、上衣口袋中。接受对方名片时应交换名片，如果自己的名片用完了，应致歉并说明。向对方递送名片，双手拇指和食指执名片的两角，以文字正面面向对方，一边自我介绍，一边递过名片。

3. 空间、方位礼仪

空间主要指交往双方之间的距离。一般来说，45cm以内属于亲密距离，45～120cm是私人距离，120～360cm是社交距离，360cm是公众距离。如果弄错了关系性质与空间距离的匹配，乃是失礼的，会造成双方的尴尬。在方位上，一般说来，前面、中间、右边、面南、面向入口为尊，后面、左边、面北、背向入口为卑。

(四) 仪表整洁

仪容仪表一般来说包括人的容貌、服饰、人个卫生、表情等方面，它是一个人给予他人的视觉形象，也是其内在精神面貌的外在反映。干净、整洁、素雅、大方的仪容仪表能给观者带来审美愉悦和信任感，是个人修养的表现，也是对他人的尊重和体贴，因而也是礼仪的基本要求。

1. 容貌

容貌的核心在于头部和面部。

(1) 头发。符合礼仪要求的发式要庄重、整齐、清洁。要经常修剪、梳理、清洗头发，做到发式庄重、不染彩发、头发干净、无头皮屑、梳理整齐。男士不剃光头，不留长发，做到前不遮额、侧不盖耳、后不触领。女士不剃光头，可留长发但在工作场合应采用盘、绾、束等方式进行处理，且不梳怪异发式，刘海不遮住眼睛，短发应合拢于耳后。

(2) 面容。礼仪要求面容清洁、健康、端庄。眼、鼻、耳、牙无污垢；去掉坏死的头皮、手脸皮、耳皮、唇皮；男士不留胡须，鼻毛不长出鼻孔；女士的面部可适当化妆，化妆要淡雅、自然、清新、含蓄，不要浓妆艳抹，不要画奇异的妆容，主要修饰眼部、面颊、唇部，要注意整体的协调。

2. 服饰

服饰指人们穿着的服装和佩戴的饰物。服饰礼仪是人们在交往过程中为了相互表示尊重与友好，达到交往的和谐而体现在服饰上的一种行为规范。

(1) 着装。着装的礼仪要求主要是整齐清洁、体现个性、协调和谐、庄重美观等，即要做到清洁合体，全身整齐有致；与自己的年龄、体型、肤色、性别、职业、身份、性格、文化修养相一致，能够显现自己的美好气质；款式、面料、色彩搭配和谐，特别是色彩的搭配尤其重要，可以参照同色搭配、近似色搭配和主色搭配的原则来实行。着装色彩的选择上，国际上有一个所谓的"三色原则"，即正装的色彩要控制在三种色彩以内，以显示规范、简洁、和谐、雅致。着装最重要的原则称之为"TPO原则"，即着装要与时间、地点、场合相适应的原则。

(2) 饰物。饰物指与服装搭配对服装起修饰作用的其他物品，饰物在着装中起着画龙点睛、协调整体的作用。首饰主要指耳环、项链、戒指、手镯、手链等。佩戴首饰应与脸型、服装协调。首饰的佩戴总量以不超过三件为宜，除耳环外，同类首饰只佩戴一件。

3. 表情

表情是指一个人的喜怒哀乐等内心情感，通过面部肌肉的运动所呈现出来的感觉。表情礼仪的总体要求是：热情、友好、轻松、自然，而表情礼仪主要是指人们对目光和笑容两方面的礼仪规范。

(1) 目光。目光要坦然、温和、大方、亲切，正视对方的两眼与嘴部的三角区，表示对对方的尊重，但凝视的时间不可太长，因为长时间凝视对方会让对方感到紧张、难堪。

(2) 微笑。人际交往时，表情应以喜、乐为主调，微笑是人类最美好的语言。微笑是自信的象征，是礼貌的表示，是心理健康的标志，在各种场合恰当地运用微笑，可以起到传递情感、沟通心灵、征服对方的积极心理效应。在与人交流时可以在开口之前先以微笑示好；在与人交流时如果对方向自己投以微笑，自己一定要以微笑予以回应。

三、礼仪的作用

荀子曰："人无礼则不立，事无礼则不成，国无礼则不宁。"中国古籍《礼记》指出："夫礼者，所以定亲疏、决嫌疑、别同异、明是非也。"礼仪倡导、教育人们遵守道德习俗，规范、约束人们的行为，促进沟通和人们的相互尊重，建立和维持和谐、融洽的人际关系，在社会生活中具有重要的作用。

(一) 表尊敬

尊敬，以诚实的态度、言行和方式尊重人、关心人，既尊重他人，也尊重自己，是礼仪的首要原则，也是礼仪的首要功能。人们在现实中保持恭敬的态度、温婉的言语、得体的举止，运用和遵循隆重程序、仪式、场景，都是为了发挥礼仪表示尊敬、重视的作用。首先是对人性的追求和赞扬，确定每个人都有平等、高贵的人格尊严和价值，肯定和赞许人的美好言行、出色的能力、突出的成就，引导每个人向往和采用文明、高尚的生活方式。其次是理解和体贴，尊重每个人的个性、文化、价值观和行事风格，保护生活的差异性，保护他人的尊严、声誉和隐私，以实现生活的丰富性。再次是包容和宽容，对他人非原则性的不足和错失，采取宽和的包容乃至忽视态度，而不是直截了当地指出和斥责，保持彼此的体面。最后是自信与自尊，只有足够自信的人才能以真诚、开放、大方、自然的态度尊敬他人并得到他人的尊敬。敬人是起点，获得他人的尊敬是收获和回报。这就是孟子所说的"爱人者，人恒爱之；敬人者，人恒敬之。"

(二) 别尊卑

人格是平等的，这是现代文明的法定规则，但是由于年龄、性别、身份、角色、能力、成就的不同，人们的地位又有尊卑之别，这也是客观现实。邓小平在《坚持四项基本原则》中说："历史是人民创造的，但是这丝毫不排斥人民对于杰出个人的尊敬。"中国古籍《礼记》"曲礼"篇指出："夫礼者，自卑而尊人。虽负贩者，必有尊也，而况富贵乎？富贵而知好礼，则不骄不淫；贫贱而知好礼，则志不慑。"敬老尊贤是中华民族的传统礼仪，而现代社会也以各种态度、方式、仪式对年长者、女性、客人、领导人、成就杰出者表示特殊的尊重，让他们享受尊荣。

(三) 定秩序

在社会生活中，秩序是指有条理、不混乱，符合社会规范化状态。它表现为一定社会的组织制度、结构体系和社会关系的稳定性、规律性和连续性。马克思认为：秩序是一定物质的、精神的生产方式和生活方式的社会固定形式，因而它们是相对地摆脱了单纯偶然性和随意性的形式。秩序是依靠一系列社会规则维持的，法律、纪律、道德和礼仪都发挥着确定和保障秩序的作用。礼仪的秩序作用，就是要求人们找准自己的社会地位，认清自己的角色，安分守己、恪尽职守、按规办事。如果我们的言行都能与身份、环境、场合相适宜，表现出高度的修养、克制和礼貌，社会生活就会井然有序。

(四) 致和谐

和谐是对立事物之间在一定的条件下，具体、动态、相对、辩证的统一，是不同事物之间相同相成、相辅相成、相反相成、互助合作、互利互惠、互促互补、共同发展的关系。社会和谐则社会矛盾得到顺利化解，社会冲突得到有效控制，社会生活的各个方面相互配合、协调发展，生活目标顺利实现等等。遵守礼仪，不仅使人们的社会交往活动变得有序、有章可循，同时也能使人与人在交往中更具有亲和力。1922年《西方礼仪集萃》一书问世，开篇中这样写道："表面上礼仪有无数的清规戒律，但其根本目的在于使世界成为一个充满生活乐趣的地方，使人变得和易近人。"

(五) 树形象

礼仪是塑造形象的重要手段。形象是事物在观察者心中留下的深刻印象，任何组织和个人都渴望在公众和他人心中留下美好形象。一个组织，如果环境优美、制度健全、功能完善、运转顺畅、效率高，就会在公众面前树立值得信赖的形象。在社会活动中，一个人交谈讲究礼仪，可以变得文明；举止讲究礼仪，可以变得高雅；穿着讲究礼仪，可以变得大方；行为讲究礼仪，可以变得美好……只要讲究礼仪，事情都会做得恰到好处。总之一个人讲究礼仪，就可以变得充满魅力。

第二节 客户服务礼仪概述

服务礼仪是各服务行业人员必备的素质和基本条件，它要求出于对客人的尊重与友好，在服务中服务人员要注重仪表、仪容、仪态和语言、操作的规范；服务人员发自内心热忱地向客人提供主动、周到的服务，从而表现出服务人员良好的风度与素养。

一、客户服务礼仪及其特征

服务礼仪是在服务过程中对服务对象表示尊重的行为规范和要求，是职业人尊重客户、维护自尊态度的外在表现。服务礼仪是一般社会礼仪在服务行业的具体体现，是一种职业规范和职业素养，具有特殊的行业性、职业性特征。

(一) 职业性

服务，是向消费者、向客户直接提供满足其需要的各种劳动的总称，属于第三产业范畴，商业、交通、运输、旅游、金融、通讯、教育培训等一切以劳务满足消费者需要的行业都属于服务业。不同的服务业对职业环境、服务规范、服务程式、从业者的仪表仪态、言语表达、行为举止等都有不同的要求，这就是服务礼仪的职业性特征。

(二) 主动性

服务礼仪是服务人员对客户主动的尊重和关切。诚恳、主动、热情、周到地为客户提供服务是服务业从业人员基本的职业素养，是个人从事服务职业，担当职业责任的基本条件。任何职业的服务人员都要首先了解、掌握、遵守本职业特定的礼仪要求，树立良好服务意识，保持标准的服务姿态，遵守操作规程，提供规范服务，保证服务质量。

(三) 回应性

任何客户寻求和消费某种服务都有特定的利益需求，任何服务业都有行业内涵、业务范围。服务礼仪要求服务人员精通业务、熟悉规程，准确地了解客户的需要，恰到好处地提供服务。服务人员应当通过言语、行动，及时、快速地回应客户的服务要求，按照职业责任和规范做好服务工作。

(四) 规范性

服务礼仪是一整套行为规范，要求服务人员以规范的程序和方式提供服务。首先是依法经营，依法服务，一切服务工作都要遵守国家的法律规定，不得开展非法的服务业务。其次是遵守企业的组织纪律和规章制度，围绕企业的宗旨和目标开展业务，体现企业的经营风格，提高效率和效益。再次是按照尊重客户、关怀客户的理念，标准化操作，注入丰富的感情，真正做到让客户满意。

（五）全程性

服务礼仪贯穿服务过程的始终。服务是一个过程，从市场调查，到客户接待，到服务操作，到送走客户，到客户消费的售后服务，都是服务过程的组成环节。在每一个环节上都要遵守礼仪，不折不扣地做好服务工作。尤其要注意细节的处理，因为细节最能体现服务水平和真情，最能让客户感到服务的细腻和规范，因此，"细节决定成败"是管理学上的一个共识。

二、客户服务礼仪的一般原则

尊重客户、接纳客户、满足客户需要、保障客户利益、体验客户感情、让客户满意，是服务礼仪的一般原则要求。

（一）态度诚恳

服务工作是为客户提供帮助、解决问题、满足需要，使客户享受消费快乐的工作。服务人员只有真正理解客户对于自己工作的重要意义，理解自己工作对于社会的重要价值，热爱自己的职业，才能保持良好的服务意识。只有具备了良好的服务意识，才能精神饱满、态度积极、仪容整洁、言语温和、举止适度，才能真正做到按服务礼仪办事。

（二）悦纳客户

客户是千差万别的，具有不同的个性和修养。服务礼仪要求对不同的客户都能表现出接纳的态度。不管客户的容貌、气质、风度、财富、能力、地位、修养如何，服务人员都要表现出一视同仁的欢迎和对待。要记住，我们是为客户的需要服务，而不是为客户的某个我们自己喜欢的优越特征服务，所以客户永远受尊重，客户永远是对的，客户永远可爱，这是服务礼仪的重要原则。

（三）主随客愿

服务行业提供的服务会有不同的内容、风格、价位、档次，这本身就是针对客户的多样性而设计的，是对客户选择权的尊重。在我们的业务内容中，无论客户选择何种类型、规格、价位的服务，都是客户的权力，都要尊重客户的选择。不能因为客户选择了低价位、利润回报低的服务，就敷衍、歧视客户，降低服务标准。可以向客户介绍本企业多种形式、价位的服务，体贴地提出建议，但不可向客户强行推销某种价位、类型的服务。

(四) 言语得当

运用尊称、敬语和规范化的服务语言是服务礼仪的一个重要规则。任何服务的实现都离不开信息交流,而语言是最基本的信息交流工具和过程,从接待客户的欢迎语到清楚、准确地了解客户的需要,规范地介绍服务内容,到对客户的光临表示感谢,礼仪用语贯穿在服务过程的始终。除了用语规范外,在服务过程中,服务员的语音、语速、语调也要表现出清晰、温和、亲切、体贴的态度,让客户感觉到尊重和关怀。

(五) 热情周到

服务礼仪要求服务人员想客户所想,急客户所急,主动、细心、周到地为客户服务。热情周到除了要求对客户表示真诚的欢迎和接待,还要精通业务,能够准确、快速地了解客户的核心需要及个性化要求,有能力为客户提建议、想主意、提供信息咨询和技术支持。

(六) 形象清雅

服务形象的一般要求是服饰得体、着装规范、整洁端庄。不同的服务职业会要求服务人员穿着特定的职业装,而基本的要求是自然、大方、整齐,给人以美感。不可以奇装异服、花里胡哨、过分装扮,要使自己在审美水平上与客户相比处于"配角"的地位,显示对客户的尊重。其次是便于工作操作。职业着装要合体,体现职业特征,有利于安全、迅捷、规范的操作动作,不可穿着过紧、过松的衣服,更不准穿着过分暴露的服装。再次是衣饰、身体要清洁。除了艺术表演,一般服务职业都不可浓妆艳抹、涂脂抹粉、香味浓郁、异味杂陈。在身体方面,要保持发式、面部、肢体的清洁;在装饰方面,一般说来,男性员工除了领带、领带夹、手表外不可佩戴其他饰物,女性员工要求淡妆上班,少戴能显现高雅气质和美感的饰物,原则上饰物总数不超过三件。

(七) 环境舒适

工作场所清洁、有秩序、有条理,能给客户带来舒适的感受。整洁、优雅、舒适的服务环境不仅显示了企业的实力和管理水平,更是对服务对象的尊重和关怀。好的环境,能让被服务者在接受服务时感到愉悦和舒适,能够安抚、稳定客户的情绪,提高客户的满意度。

三、客户服务礼仪的作用

服务礼仪在职业实践和社会生活中发挥着十分重要的作用,它能更好地满足客户的需要,提高服务质量,提高企业效益,在社会上传递美好的感情,维护职业人的职业尊严。

(一) 更好地满足客户的需要

客户在消费服务时不仅要解决现实的问题,实现客观的利益,还要满足尊重的需要,享受消费的快乐，知情权、了解权、选择权、利益保障权和享乐权是客户的正当权益。在市场经济高度发达、生产技术高度成熟的今天，消费者在市场上能够轻易地购买到自己需要、满意的产品，其消费的快乐源泉越来越集中于对服务质量的感受。服务礼仪就是在为客户提供优质产品和劳务的基础上尊重客户、关怀客户、体贴客户的行为规范，遵守服务礼仪，就能更好地赢得客户，保证客户的正当权益，提高客户的满意度，保持与客户的良好关系。

(二) 规范服务行为，提高服务质量

服务不是向客户提供有形的产品，更多的是向客户提供无形的心理感受。服务礼仪具体规范服务人员的服务过程和服务艺术，并通过他们的言谈、举止、姿态、行为表现出来，使无形的服务有形化、规范化、系统化，能够进一步提高服务质量。首先，服务礼仪要求规范的服务能够更准确地理解客户的需要，解决客户的问题，为客户提供及时的帮助，建立客户的信心。其次，服务礼仪使客户收到更好的关怀、享受到消费的乐趣、获得精神的满足，用同样的消费成本获得更高的消费收益。再次，服务礼仪为公众和管理者提供了比较、评价服务质量的客观依据和标准，指明服务改进的方向。

(三) 树立良好的企业形象

服务礼仪体现了企业对客户的理解、尊重和关怀，能够树立企业的良好形象，提升企业声誉和美誉度，建立和提高客户对企业的信任感和忠诚度。公众正是通过员工的精神面貌、工作态度、仪容仪表、操作规范程度、业务熟练程度、责任感和责任能力等等外在的服务过程和效果来认识企业的宗旨、理念、文化、实力、管理水平、责任能力和发展前途等内在特征，从而形成对企业的印象。

(四) 维护个人职业尊严

服务是"伺候"人的职业，但绝不是"卑贱"、低人一等的职业，它与其他正当职业一样具有平等的价值和尊严。服务人员遵守服务礼仪，以诚恳热情、自然大方的态度，规范的服务行为，熟练的业务和技术，高雅整洁的仪表等对待客户，对客户的尊重，也是对自己和所从事的职业的尊重，能够赢得大众的敬重和感谢，从而维护个人及其职业的尊严。理发行业有一个著名的对联："虽云毫末技艺，却是顶上功夫"，用一语双关的幽默方式表达了豪迈的职业自尊心和自豪感，体现了服务礼仪的美妙魅力。

第三节　呼叫中心座席员的电话服务礼仪

电话是呼叫中心重要的工具，接打电话是呼叫中心座席员最基本的工作过程和工作方式。掌握电话礼仪、规范使用电话，是座席员不可缺少的职业素质，对于提高服务质量、塑造美好的职业形象具有极为重要的意义。

一、呼叫中心座席员电话沟通的特征与电话形象

(一) 呼叫中心座席员电话沟通的特征

呼叫中心座席员的电话沟通不同于网络沟通、书面沟通的文字沟通，是一种口语沟通；也不同于日常的电话沟通，比日常电话更具专业性、职业性，因而有更严格的礼仪要求。

1. 口语性

电话沟通是口语沟通，受到通话者口语能力的制约。通话者的口语表达能力包括语音、语调、语速、停顿、情感、态度等，都影响着电话沟通的效果。

2. 即时性

电话沟通是通过口头即时的互动实现的，语音通过电波传播，超越了时空距离的局限，使通话双方能够进行即时的信息交流，相当于面对面的口语交流的效果。

3. 超视距性

电话沟通的双方并非面对面的直接对话，对话是借助现代通讯技术在很远的距离上进行的。一般呼叫中心尚未采用可视电话，沟通的双方不能通过丰富的面部表情进行情感交流，但可以通过声音想象来感受对方的态度和情感。

4. 职业性

呼叫中心座席员的电话沟通不是日常的电话接打，不是熟人、家人朋友之间的交流，而要面对广大的客户、面对大量陌生的对象，为客户提供专业性的信息服务，故要受到专业规范的制约，通话的环境，内容、节奏和信息的处理，都有专门的制度管理。

(二) 呼叫中心客户座席员的电话形象

接打电话的人虽然不能直接看见对方的容貌、表情，但可以通过语音、语速、语调、停顿、口气、用词、句式等元素来勾勒、描摹对方的形象，这就是所谓的电话形象。电话形象的三要素如下。

1. 通话的时间和空间

接听电话要迅速、及时。呼出电话在时间选择上要注意：避免睡觉时间、避免吃饭时间、避免节假日时间，考虑时差及夏时制的差异，确定对方是否方便接听。

作为职业的工作性的电话，呼叫中心座席员只能在呼叫中心工作场所进行和完成。要保证按时值班，及时接听到客户打进的电话。呼出电话不得使用呼叫中心之外的电话机打出，更不得使用个人手机开展呼出业务。

2. 通话的态度

态度通过表情、语音、语速、语调、语气、停顿、体姿等要素表现出来。

言语合乎礼仪的态度是：合适的尊称和敬语，发音正确、清晰、有舒适感，声音柔和、亲切、有感染力，措辞准确、生动、有亲和力，语速稍慢、音量稍高、多用升调。

电话通话的体态语言要求是：专心致志，面带微笑，保持端正、规范的坐姿，左手持握话筒，话筒离嘴唇一个拇指宽的距离，右手操作键盘或使用记录工具，随时记录对方的关键信息。

3. 通话内容

内容要切实反映客户的服务需求。呼入电话要准确回应客户的问题，按规定程序和权限对客户的问题作出处理。呼出电话要反映服务内容，不使用呼叫中心电话工具打出私人电话，同时做到言语简洁，条理清晰，通话时长适度。

二、电话服务的态势礼仪

(1) 按时上岗，做好准备工作，以免忙中出错。

(2) 以饱满的精神状态迎接工作的开始，并在工作中保持愉悦的心情。

(3) 整理工作台，适当调节电脑显示屏、键盘的位置，使之便于操作；清楚台面的多余物品，以免影响操作。

(4) 正确佩戴耳麦，耳机要戴紧，以免在通话中滑落发出不应有的噪声；调节送话器与嘴部的距离，一般在3cm左右。

(5) 调整坐姿，使身正腿平、脊柱挺直、大腿与小腿成90°角，双脚平放在地面，眼睛平视时看在显示屏的上沿。正确的坐姿能放松身心，减缓疲劳，并有利于愉快、清楚地发声。

(6) 面带微笑，仿佛对方就在面前，让对方也能在电话中感受到你的热情。

(7) 停止一切与通话无关的动作。如果让对方感觉到你在处理一些与电话无关的事情，对方会感到你在分心，这也是不礼貌的表现。绝对禁止边吃食物或嚼口香糖边接打电话。

三、电话服务的过程礼仪

(一) 掌握接听和呼出电话的铃声次数的礼仪

接听呼入电话时铃响一般不超出3声，应在铃响2~3声时拿起话筒接听。这是为了及时抓住客户的注意力。因为心理学研究表明："当一个人进入陌生环境时，前5秒钟的注意力是最集中的"。在声音环境中也是一样，所以在客户电话打进来时，为了使客户达到满意，应该抓住至关重要的前几秒。电话铃响一声用时1秒，间隔2秒再响第二声。电话铃响2声大约用时在4~6秒之间。如果响3声以上，就会让客户误解没人接听电话，或让客户感觉受到了冷遇。但也不是铃声一响立刻就接听，那样反而会让对方感到惊慌，或让对方感觉到座席员不够稳重。

呼出电话一般要给予对方适当的反映时间，一般办公电话可等待铃响5声左右，家庭电话等待铃响10声左右挂断，以免造成对客户的骚扰。

接通电话的第一句话必须是符合礼貌的问候语："您好；早上/中午/晚上好"等。

(二) 确认通话双方身份的礼仪

呼叫中心座席员无论接听电话还是呼出电话，在问候对方后紧接着都要首先表明自己的身份，一般要说明呼叫中心、所在部门的名称以及个人的工号，这是对通话对象知情权的尊重，让对方清楚是在与谁通话。"这里是××公司，我是×××，请问有什么需要帮助的吗？"

在表明身份后要确认对方的身份，以保证通话的针对性和有效性，避免打错电话。

(1) 主动询问客户称呼："先生/小姐，请问您贵姓？"

(2) 礼貌称呼客户，并正确应答客户的问题："××小姐/先生，您好。关于……"

(3) 如未准确领会客户意图，要主动与其确认："××小姐/先生，您好，您是说……(您的意思是……)吗？"

(三) 控制通话时长的礼仪

一般通话时间以不超过3分钟为限，如果自己要长时间通话须预先告知对方。如果客户通话时间过长，问题已解决，而通话内容是重复问题或与服务范围不符时，可通过重复通话要点，并说明这些问题已解决来暗示通话结束，也可通过询问对方是否需要其他服务来暗示通话结束。

呼入性电话时长控制的关键在于客户信息服务人员熟悉呼叫中心服务的业务内容、流程和规则，能够及时、规范、有效地回应客服的服务需求。

呼出性电话时长控制的关键在于客户信息服务人员要编辑好呼出的内容，使用合适的话术脚本，使之清晰、简明、易懂。

(四) 电话交流的礼仪

在通话过程中呼叫中心座席员要做到：

(1) 真诚对待客户，对客户提出的问题给予高度注意和表示出兴趣；

(2) 准确了解客户的需要；

(3) 围绕客户问题展开谈话，抓住谈话的重点；

(4) 简洁、自信地回答客户的问题，主动向客户提供帮助信息；

(5) 对客户的情绪、情感给予积极、友好的回应，建立和谐的关系和谈话氛围。以下是一个成功的电话交流案例。

座席员："××网络客户服务部，我是×××，我能帮您做点什么？"

客户："你好，我是×××，我希望你能帮忙。"

座席员："当然，我非常愿意帮助您，我能做些什么？"

客户："请帮我查一下我的上网卡，它突然无法连接上网了！"

座席员："当然可以，我们马上帮您办。"

客户："那太好了，我的上网卡是包月卡，还没到期，不应该出现这种情况啊！"

座席员："是呀，遇到这种事情我也会很烦的。"

客户："啊！看来不只是我这样想，太好了！"

座席员："当然。现在，告诉我您的卡号好吗？"

客户："好的，7890。"

座席员："为了确认一下，能告诉我您首次登录的时间吗？"

客户："2月14日。"

座席员："谢谢。请稍候。"

座席员："是网络服务器故障，现在问题已经解决。由于我们的问题给您带来不便，十分抱歉。"

客户："没关系……"

(五) 电话等待的礼仪

在需要客户等待电话回复时，座席员需要做到：

(1) 告知客户需要等待的原因；

(2) 用询问语句征得客户同意；

(3) 给客户一个等待时限，如"××先生/小姐，就您所提的这个问题，我要查询相关资料，请您稍等1分钟好吗？"

(4) 时刻记住对方在等待中，及时、迅速处理问题；

(5) 不时告知对方处理的进程或谈论一些相关话题。

(六) 电话转接的礼仪

遇到下列情形时，客户电话需要转接：

(1) 客户寻找指定的接听人员；

(2) 问题升级；

(3) 客户的问题需要相关部门直接回复等。

转接客户电话时，呼叫中心座席员需要做到：

(1) 确认客户的称呼和来电目的；

(2) 向客户解释为什么电话需要转接；

(3) 询问客户是否介意电话被转接，"××先生/小姐，你所提的这个问题我会转至××部门的同事那里，由他给您做专业解答，您看可以吗？"

(4) 转接电话挂断之前要确定被转接电话处有人接听；

(5) 被转接人接听电话时要告知客户自己的身份、姓名或工号，感谢客户的等待，并回答、解决客户的问题。

(七) 电话记录的礼仪

呼叫中心座席员需要做好电话记录，记录的主要内容是：

(1) 通话的时间——年、月、日，通话的起止时间；

(2) 客户的姓名及其所在单位、部门的名称；

(3) 客户的联络方式——电话号码，包括分机号码、邮编、通讯地址、邮箱等；

(4) 通话的事由及其处理结果；

(5) 通话效果；

(6) 通话的客户信息服务人员的姓名及当班的班次等。

在记录之前要向客户征询和确认客户信息。

(1) 以询问句征求客户的意见："××先生/小姐，方便留下您的联系方式以便以后更好地为您服务吗？"

(2) 在客户同意后用"请问……"开头，询问客户的姓名、电话号码(分机号码)、住址、邮箱、邮政编码、通讯地址等关键信息并及时记录。

(3) 核对记录的客户信息，就留下的信息向客户确认，反复检查记录的信息是否准确无误，特别是姓名要问清用字及其写法。

电话记录要规范地进行归档管理。

(八) 预约电话的礼仪

如果客户提出的问题一次不能解决或者对于呼出电话客户暂时不能做出决定时，呼叫中心座席员需要再次联系客户，就会发生预约电话。

如果是预约延时回复客户电话，要向客户致歉，说明延时原因，并约定再次通话的准确时间。要记录需要回复的信息，并在客户挂断电话前重复一下所记录的信息，尤其是相关的数字信息。

有预约电话一定要按时接打。如果预约的是呼入性电话，要按时等候对方呼叫，及时接听电话，以免对方空叫或长时间呼叫。接到客户电话时首先要向客户致谢。如果是呼出性预约，要按时呼叫对方，以免对方空等或失望。当客户接听电话时，首先要向客户致谢。

特殊情况下不能按时接打预约电话的，应事先通知对方取消或更改预约；不能事先消约或改约的，事后要尽早向对方解释并致歉。

(九) 挂断电话的礼仪

通话结束，一般由被叫方挂断电话，应由尊者、长者、客户即地位高的一方挂断电话。挂电话前应有明确、温婉的结束语和告别语。无论是呼入还是呼出电话，呼叫中心座席员都要向客户致谢，感谢客户的来电或客户接听自己的电话，表示欢迎客户再次来电联系。挂放话筒的动作要轻。

四、电话服务的言语礼仪

语速、音调、音量、语句，倾听的态度，准确的信息传递，积极的情感交流以及礼仪用语的使用，构成了呼叫中心座席员的言语礼仪。

(一) 声音礼仪

1. 合适的语速

语速就是说话的速度。呼叫中心座席员在电话沟通时要使用合适的语速，清晰地表达自己的意思，以达到交流信息、联络感情的目的。语速太快，客户不容易听清楚，听不明白，还给人情绪急躁、自我中心、不尊重人的感受；也不能太慢，太慢，不仅浪费了时间还会分散客户的注意力，让客户不耐烦，不能耐心地听下去，同时会给人漫不经心，傲慢无礼的感受。合适的语速基本就是我们平常交谈、会议、演讲的速度，一般说来，每分钟120~150个汉字的语速是比较合适、合乎礼仪的语速。

2. 合适的音调

声调是有区分意义作用的声高变化。汉语是一种有声调的语言。汉语的声调主要体现为字调，有规则地选用不同声调的字可以使音节抑扬顿挫、起伏跌宕，形成优美的旋律，增强语言的表现力。汉语的诗歌、韵文讲究平仄相间、上下相对，就是为了相对的搭配，就是为了读起来铿锵悦耳、和谐动听。呼叫中心座席员在电话沟通中通过音调的变化可以帮助客户保持注意力，突出核心信息，达到有效传递信息的目的。音调的变化还能区分意义，表达感情的变化。一般说来，在散文性的口语表达中用阳平音结束句子，使声音略微上扬，可以表达和传递比较愉悦的情绪。

3. 合适的音量

音量又称响度、音强，是指人耳对所听到的声音大小强弱的主观感受，其客观评价尺度是声音的振幅大小。呼叫中心座席员的电话音量不可太大、太强，那样会给客户太大的压力，会让客户感觉座席员太过强势，从而产生防备心理和厌恶心理。音量也不可太小、太柔，那样可能会分散客户的注意力，让客户注意"欣赏"座席员的声音魅力而忽略了信息内容，或者让客户感觉座席员缺乏信心和责任能力，丧失对座席员的信任。合适的音量以对方听起来清楚、舒适为尺度。

(二) 电话交流的言语礼仪

1. 准确传递信息

为了达到准确传递信息的目的，呼叫中心座席员必须具备口齿清楚、发音规范、普通话流利、表达得体、声音优美的语言表达能力。一是要准确地说清楚自己的意思，让客户听明白自己的话；二是要听明白客户的意思，准确了解客户的需要和问题，抓住核心信息；三是要实现彼此信息的有效交流，不能自说自话，各说各的理。呼叫中心座席员的所有表达都应该是对客户的呼应。

2. 积极交流情感

呼叫中心座席员要把自己的语言表达与情感表达有机地结合起来，用自己的真情实意打动客户，使客户接受和赞赏自己的专业技能。保持自己声音的愉悦，使声音充满热情，让客户真切地感受到座席员愿意帮助他，真正理解他、尊重他。通过适度附和、对重点信息的重复、适当地提问，表明自己在认真倾听客户说话，表明自己听懂了客户的问题和情感，才能实现积极的情感交流。因为客户在打电话时不能直接观察座席员的表情，如果一味地沉默，会被客户误会为座席员对其问题不感兴趣、漠不关心。

3. 表现负责的态度

呼叫中心座席员的语言表达要让人听起来充满自信，对相关业务熟悉，有能力为客户提供帮助。要证明自己知道正在讲什么，正在处理何种问题。保持积极的、愿意提供帮助的态度，对于出现的问题愿意并且有能力承担责任，及时解决客户的问题和困难，对于没有能力或无权回答的客户问题要及时进行问题升级。

(三) 电话礼仪用语的使用

1. 尊称语

尊称语是在称呼对方时使用的礼仪用语。

人称尊称：表明对方一般身份的尊称，如先生、小姐、女士、同志，贵公司等。

亲属尊称：晚辈对长辈，年轻者对年长者的称呼，如叔叔、阿姨、大爷、伯母及大哥、大姐、某兄等。

职业尊称：以对方的职业名称为称呼，如医生、老师、法官、律师，在职业名称前加上姓氏，往往显得更加亲切。有时候在职业后加人称尊称，如可以称警察先生、护士小姐等，但不可再冠以姓氏，如"王护士小姐"，就有点不伦不类。

职务尊称：称呼对方的职务是表示敬意的一种方式，如教授、处长、经理、主任等。

2. 致敬语

致敬语是表示尊敬、欢迎、悦纳、亲切的用语。如"请"、"您好"、"先生好"、"小姐好"、"早上好"、"下午好"、"您早"、"光临"。敬语是包含美好感情、赞许态度的用语，如可以说"您早"，含有勤勉、积极、先进的意思，绝对不可以说"您晚"。

3. 欢迎语

欢迎语表示对对方欢迎、欢喜的用语。如"欢迎致电××呼叫中心"、"欢迎试用××产品"、"欢迎光临××地"等。

4. 告别语

告别语是在某次活动结束时使用的礼貌用语。如"再见"、"××时候再见"、"欢迎再次光临"等。

5. 致谢语

致谢语表示对对方感谢时的用语。如"谢谢"、"诚挚感谢"、"衷心感谢"、"谢谢您的理解与支持"、"拜托"、"劳驾"等。

6. 致歉语

致歉语是在失礼、服务不周到或其他原因给对方带来不便、麻烦或困扰时使用，致歉语是对不够礼貌的补救，更是尊重对方的表现。如"对不起"、"打扰了"、"让您久等了"、"给您添麻烦了"。

7. 祝福语

祝福语是在对对方表示恭喜、祝福时使用的语言。如"恭喜发财"、"恭贺新禧"、"祝您节日快乐"、"祝您生日快乐"、"祝您消费愉快"等。

礼仪用语的使用首先是要真诚，是从内心真切地尊敬对方时说的话。其次要具体、适宜，要与时间、地点、人物、场合、事件相贴切。例如亲属尊称，对于有职称、有职务的客户不宜使用，而对于普通劳动者使用起来却显得亲切，能迅速拉近彼此的情感距离。再次，在电话沟通时要尽可能口语化、通俗化，不可过多使用书面语言和专业名词，以免给人生硬、造作的感觉。

思考与练习

1. 礼仪的本质是什么？
2. 礼仪的一般要求和社会作用是什么？
3. 客户服务礼仪的主要特征是什么？
4. 客户服务礼仪的基本要求是什么？
5. 呼叫中心座席员应当掌握哪些电话礼仪？

第七章

呼叫中心呼入电话的服务技巧

客户向呼叫中心打入电话进行咨询、查询、订购、投诉以及寻求技术支持，由呼叫中心座席员给予回应和解决问题，是所谓的呼叫中心呼入电话服务。呼叫中心客户服务首先是呼入电话的服务，对于70%~90%的工作时间都用于以电话与客户沟通的呼叫中心座席员来说，只有深刻认识客户服务的重要性、树立正确的服务心态、切实提升专业的服务技能、增强反应能力、学会情绪管理和压力释放，才能持续提升服务质量，获得客户认同。

第一节　呼入电话服务技巧

一、呼入电话的主要业务内容

呼入电话是客户主动打进电话，由受过训练的座席代表接听来电，提供一系列的服务与支持。呼叫中心的呼入电话服务是呼叫中心最初的业务应用，起源于美国AT&T公司在1967年运营的800被叫付费业务，承担呼入服务工作的呼叫中心座席员通常被称为客户服务代表(CSR，Customer Service Representative)。

呼入电话服务在呼叫中心系统中常见的应用如下。

1. 客户咨询

呼叫中心向客户提供业务上的咨询，客户可24小时随时拨打呼叫中心电话以获得自己希望得到的信息，如了解订单受理情况、寻求某个方面的技术支持等。

2. 客户查询

呼叫中心向客户提供信息查询服务，客户可24小时随时拨打获得自己希望得到的信息，如话费账单查询、邮包邮递过程查询等。

3. 客户申办业务

客户可以通过呼叫中心提供的相应功能申办各种业务，如以网络、短信或电话的形式完成开(停)机、挂失等业务。

4. 客户建议

客户可以通过呼叫中心向企业或组织提出各方面的建议。

5. 客户投诉

客户可以通过呼叫中心向有关企业或组织投诉其产品质量或服务质量问题,如收费不合理、服务态度恶劣等。

6. 客户报修/案

客户可以通过呼叫中心向企业或组织报修/案正在使用的产品,如车辆出险向保险公司报案、电话故障向电信公司报修等。

呼入电话服务中,座席员(CSR)的工作职责是针对客户的需要与要求提供信息、解决问题的方法。

呼入电话工作流程如图7-1所示。

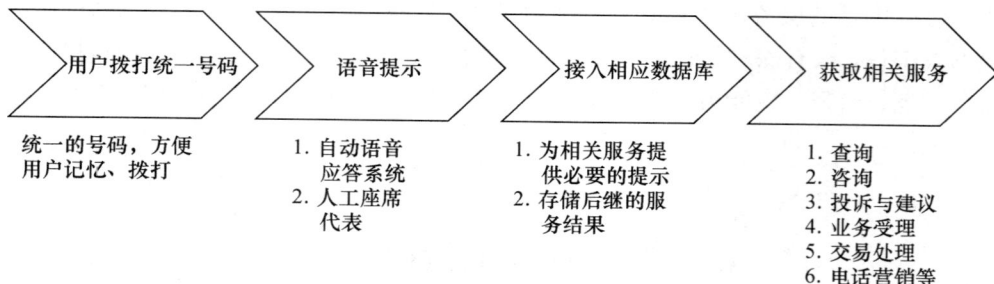

用户拨打统一号码	语音提示	接入相应数据库	获取相关服务
统一的号码,方便用户记忆、拨打	1. 自动语音应答系统 2. 人工座席代表	1. 为相关服务提供必要的提示 2. 存储后继的服务结果	1. 查询 2. 咨询 3. 投诉与建议 4. 业务受理 5. 交易处理 6. 电话营销等

图7-1　呼入电话工作流程

二、呼入客户对优质服务的要求

一份由洛克菲勒基金会所做的调查显示,有如下原因导致客户不能成为企业的回头客:

- 死亡 1%
- 迁移 3%
- 使用了同一行业中朋友的服务 5%
- 为竞争对手所得 9%
- 对产品不满意 14%
- 因为劣质的服务 68%

通过以上调查显示,超过三分之二的客户不使用某一产品或服务是因为缺乏优质的客户服务。

客户服务是企业竞争的利器,客户服务的水平和质量代表着一个企业的文化形象、整体能力和综合素质,与企业的利益直接挂钩。优质的服务能给企业带来好的口碑,树立企业品牌,赢得竞争优势,从而获得客户信赖、客户忠诚,所以具有一定战略眼光的企业必须时刻关注客户的兴趣和感受、关注客户需求的变化、加强与客户的及时沟通。为了给客户提供更好的服务,企业要做出很多努力来探寻和满足客户的需求,从而在风云变幻的市场中争得立足之地。

呼叫中心是企业面对客户的第一道门户,呼叫中心座席员是确保客户满意的关键人物。客户在接受呼叫服务的过程中往往会把对座席员的印象笼统地用于整个企业，我们把这种思维称之为"客户逻辑"，所以，如果企业的形象是100，而座席员的服务是1的话，就存在着这样的关系："1=100，100-1=0"。优质服务需要从座席员开始进行全程护垒。在呼入电话服务中，客户对座席员服务的评价主要来自两方面：一是服务后的所得，即"接受了什么服务"；二是在服务传递过程中与座席员之间互动的感觉，即"如何得到服务的"。相对于前者，客户更注重的是与座席员的服务接触感觉，它能给客户带来最生动的印象。具体来说，呼入客户对优质服务的要求包括如下几点。

(一) 电话一打就通

这是优质服务的第一步，电话最好在三声之内被接听。电话铃声响一声大约3秒钟，若长时间无人接听或持续占线，客户会产生急躁感甚至受欺骗感，对企业产生极端不好的印象。

(二) 客户感到受欢迎

电话接通后，座席员应致亲切问候，通过声音传递微笑。客户听到座席员亲切、优美的招呼声，心里会很愉快，感到受欢迎，有助于双方对话的顺利展开。

(三) 客户感到被关注

每天对待每一位客户，座席员都要表达一种积极的关注。即使遇到的问题已经重复了100次，座席员也要像第一次一样对待，始终礼貌待人、专心致志，随时准备为客户提供有效、快捷的服务。

(四) 对客户的需求及时作出回应

优质的服务必须对客户的需求做出及时的回应。座席员要加强与客户的沟通，充分了解客户的真实需求并及时回应，或是密切监督企业的反应与行动，保证回应的质量和速度。

(五) 客户得到专业而友好的服务

客户呼入电话的根本需要是解决问题。座席员必须拥有产品或服务方面最好的专业技术知识，确保客户的实际问题得到解决，客户满意。

三、呼入电话接听步骤及服务技巧

(一) 亲切的问候

消费者心理学研究表明："当一个人进入陌生环境时，前五秒钟的注意力是最集中的"，从而形成对环境的第一印象。声音印象也是在最初几秒钟形成的，所以在客户电话打进来时为了使客户达到满意，应该抓住至关重要的前几秒。

一个亲切的问候是接近客户的第一步，是建立和谐氛围的第一步，同时还可以给客户留下良好的第一印象。

（二）通过匹配创造和谐的沟通氛围

当客户感到我们是可信赖的时候，就会与我们交流；当客户感到我们不仅可以信赖，而且是跟他同一类型的人的时候，客户就很愿意与我们交流。怎样让客户感到我们跟他是同一类人呢？就是通过匹配的方法，即我们准确地呼应客户的信息，主要有语言的匹配、声音的匹配、感受的匹配等。

1．语言的匹配

一般而言，语言的匹配就是感官语言的匹配，其中包括：视觉、听觉、味觉、嗅觉、触觉。

例一

客户："听我告诉你他是怎么说的，告诉我他是不是对的。"

客服："我想听听，您说吧。"或者"好的，我听听看。"

例二

客户："我仍然看不清楚，帮我看一下好吗？"

客服："好的，让我再帮您看看……"

上面的两个例子告诉我们，客户的电话语言需要我们在回答时作出相应的感官动作与之相匹配。第一种回答的方法就是利用了感官语言的"听觉"匹配，当客户要求我们"听听"时，我们匹配给客户的就应该是"听"。第二个例子，我们运用了"视觉"匹配，当客户要求我们去"看"时，我们匹配给客户的就应该是"看"。

2．声音的匹配

对于呼叫中心客户服务人员，声音是我们与客户沟通的唯一方法，所以声音是匹配客户最基本也是最直接的方法。一般匹配客户的声音包括音量匹配、音调匹配、速度匹配、语气匹配、强度及停顿的匹配，但是在进行声音匹配的时候要注意：不可向客户喊叫来匹配他，只能用正常的音量来匹配对方的强度和速度。

3．感受和问题的匹配

客户打电话过来的时候总是带着情绪的，他更希望能找个可以理解他的人倾诉他的不满，这时我们就可以通过匹配客户的感受和问题来让客户感受到你是可以理解他的。

"如果是我，我也会很着急的……"

"我与您有同感……"

"是挺让人生气的……"

但是不要总说"我理解……"如果这样说，客户只会想"你真的理解吗？"

在匹配客户的感受和问题时还需要掌握一个"yes、but"原则："yes"是指可以认同客户的感受，"but"是指不能轻易认同客户的观点。比如客户打电话进来愤怒地投诉："你们的服务人员怎么工作的？我的机器刚买了一个月就坏了，我说换一换都不行……"这时客户信息服务人员一定不要轻易地认同客户的观点来承受错误，因为我们还没有判断出这个产品是人为损坏还是产品自身原因造成的损坏，但是也不能在客户愤怒的时候直接否认或直接了解事情的真相，可以委婉地认同客户的感受，"您别急，如果是我遇到了这样的事情，我也会着急的，让我看看能为您做些什么……"然后再引导客户说出事情的原委。

（三）有效掌握通话的主动权

在呼叫中心，作为客户服务信息人员，每一个电话面对的都是不同的人和不同的事。为了提高工作效率，我们既要为客户解决问题让客户达到满意，又要有效地控制通话时间，这就要求我们在通话的过程当中有效地掌握主动权。如何在客户喋喋不休的时候控制客户，让客户随着我们的节拍走呢？

1. 同步和引导

在客户打电话进来的时候不能急于掌握主动权，应该先了解客户的问题、融入客户的世界，让客户感受到我们在听他们诉说。一旦通过客户的诉说了解真相后，就可以通过发问的技巧让客户慢慢跟着我们的脚步走，直到最后提出解决方案并得到客户认可。这种方法就是我们平时所说的"同步与引导"，要先跟客户的步调保持一致，然后运用技巧引导客户随着你的脚步走，加快解决问题的步伐。

2. 总结和重复的技巧

在客户向你喋喋不休地倾诉时，适当地打断，并对客户所述的事情进行总结和重复，让客户感觉到你在用心听他诉说，并且理解了他的意思，这样也可以有效地帮助你控制通话的主动权，在客户说出重要的信息时也要进行重复以核对信息的准确性。重复和总结的方法是最容易掌握的一种很有效的服务技巧，人们喜欢别人重复自己的话，觉得这样会很舒服。

适当的总结和重复可以帮助客户信息服务人员：

- 弄清信息
- 节省时间
- 将客户话题集中在问题上
- 始终控制电话和交流的主动权
- 加深和谐的程度
- 让客户知道你在仔细倾听并理解他的意思

（四）采取行动

在客户服务过程当中有效运用服务技巧可以安抚客户的情绪、让通话顺利地进行、提升客户的满意度，但最重要的还是迅速采取行动，因为客户打电话的最终目的就是希望你帮助他解决问题。

1. 表示出愿意帮助的态度

- 把客户的问题当成自己的问题，让客户感觉到我们是真诚地为他解决问题。
- 不要总是一味地安抚客户的情绪，为了能够帮助客户解决问题，适当的时候要运用技巧把我们和客户的谈话重点放在问题的解决上。
- 采取初步的行动，协商好解决方案，就要采取初步行动，让客户知道我们在及时地为他解决问题。

2. 结束电话

- 重复关键信息以确保客户没有误解
- 讲一些结束语
- 问封闭式问题来了解客户满意度
- 感谢客户打来电话
- 要给客户留下一个良好的最终印象

第二节 呼入电话中的语言交流方法

《圣经》旧约《创世纪》中记载着这样一件事：诺亚领着他的后代乘着方舟来到一个地方，居住在这块平原上，他的子孙打算造一座通向天庭的通天塔以扬名显威。上帝知道后深为不悦，他没有直接阻止他们造塔，而是搅乱他们的语言，使他们彼此语言不通，由于缺乏共同语言而无法协作配合，通天塔始终未能建成。这个故事充分道出了语言在人们沟通交往中的重要功能。

座席员与客户之间的沟通其实就是一个运用语言交流的过程，沟通中座席代表会面临很多挑战：有些客户很难相处；有些客户行为古怪；有的喜欢挖苦别人；有的一点儿通融的余地都没有。对待形形色色的客户，呼叫中心座席员除了要掌握规范的服务用语之外，还要结合客户的思维方式及语言特点讲究沟通的策略。只有这样，才能与客户自如、融洽地沟通。

一、倾听的技巧

（一）倾听的意义

交流并不是相互讲话听听而已，呼叫中心座席员必须学会倾听。只有倾听，呼叫中心座席员才能学着去了解客户，决定如何进行最有效的交流、提供最有效的服务。设法成为好的倾听者是重要的交流技巧，理由有以下几点：

第一，倾听能使呼叫中心座席员和客户谈话的对象协调，能使呼叫中心座席员了解客户的需求，从而达到交流的目的。

第二，如果交谈中客户认为他说的话座席员根本不听，会立即给他们带来挫折感，从而对交流造成很大影响。把客户的话当成网球比赛而不是高尔夫球比赛，在网球比赛里两位球员互相影响、互相作用、互为牵扯，但是在高尔夫球比赛中两个人各自打球，其中一人打球时另一位仅是等待。电话交谈时应尽量避免高尔夫球形式。

　　善于倾听是电话服务的关键，呼叫中心座席员的倾听态度是走向成功倾听的重要一步，要知道听是被动的、积极倾听是主动的，积极倾听主要包括以下几个方面。

- 保持冷静：多听少说，集中精力听客户所讲的每一句话。
- 鼓励回应：听的过程中时时给予发出信息者以积极的反馈，表示自己在听。
- 镜子感应(设身处地)：认同其他人的感受或设身处地从他人的角度思考问题。
- 澄清事实：听的过程当中充分了解事实的真相，可以进一步延续对话。
- 意译：对于不明白的问题通过反馈给信息发出者以确认或修正的方式意译对方的话语。例如，您刚才是说……对吗？
- 以静默引发犹豫不决的人：对于犹豫不决、没有主意的人，以静默等待的方式多听他讲，请他给予准确回复。

懂得倾听客户的声音，精确有效的倾听能够帮助你：

- 一次性妥善处理客户投诉
- 正确有效地处理问题
- 提高与同事之间的合作效率

　　有效地倾听意味着讲话要少，客户讲，你倾听(双方之间的比重通常为80：20，甚至达到90：10)，不轻易打断客户，除非谈话已经偏离正题或者你无法理解对方的意思。要真正留心谈话内容而不要假装倾听，一定要对一些重要的事情进行记录。

(二) 倾听的技巧

1. 确保了解谈话意思

- 要确保你已经准确理解谈话的内容。
- 当遇到不明白的问题时一定要提出来。
- 不时对对方的谈话给予一些总结性反馈，以确保双方对谈论的话题有一致的见解。
- 对于一些自己不愿听到的东西，主观上不要有意进行疏忽。

2. 显示出倾听

- 通过一些方式向对方显示你在认真听。
- 电话沟通中无法通过眼神交流和身体语言的帮助，语调则成为唯一可以表达倾听的途径。

3. 建立与对方的关系

- 与对方建立友善的关系。
- 在进入解决问题的过程前，给对方足够的空间发泄情绪。
- 让对方知道你站在他的立场上来思考问题。
- 称呼对方的名字。

- 强调你们将会采取有利于他的行动。
- 把对方当做共同解决问题的一个成员。

4. 诊断式倾听

- 把倾听过程也当做一个诊断问题的过程。
- 勇于承认错误并道歉。尽管问题并不是由你造成的，但你代表了整个公司的形象。
- 尽管客户的要求和投诉的问题听起来比较耳熟，也千万不要在收集到足够的信息之前轻易下结论。
- 寻找问题解决途径而不是故障，要知道向客户强调你所能做的事情，会给客户留下深刻良好的印象。

5. 其他倾听技巧

- 尽量把讲话减至最低程度。呼叫中心座席员讲话时便不能倾听客户良言，可惜许多人都忽略了这一点。
- 建立协调关系。试着了解你的客户，试着从他的观点看事情，这是提高倾听技巧的重要方法之一。
- 表现兴趣的态度。不时重复关键信息，并适当发问是积极沟通的关键。
- 试着将注意力集中到客户谈话的要点。努力地检查、思索过去的事情和统计资料以及确定客户谈话的本质。
- 抑制争论念头。打断客户的谈话，纵使内心有这种念头，也会造成交流的阴影。学习控制自己、抑制自己争论的冲动，放松心情，记下要点以备一会儿交谈之用。
- 不要主观臆断。主观臆断几乎总是会引导呼叫中心座席员远离他的真正目标，所以呼叫中心座席员要尽量避免对客户做主观臆断，有时候主观臆断有可能是正确的，但最好尽可能避免，因为主观臆断是交流的障碍。
- 不要立即下判断。人们往往习惯立即下结论，这会成为人们进一步交流的障碍，诚实地面对、承认偏见并且倾听客户的观点、容忍客户的偏见。
- 做记录。做记录不但有助于倾听，而且有集中话题及取悦客户的优点。

(三) 倾听的注意事项

- 不要假装听。
- 非必要时不要打断别人的对话。
- 不要带着偏见听人讲话。
- 不要匆忙下结论。
- 不要让自己陷入争论。
- 提问不要太多。
- 对带有情绪的话不要过分敏感。
- 不要用沉默代替听。

二、提问的技巧

(一) 提问的好处

(1) 通过提问，可以尽快找到客户想要的答案，了解客户的真正需求和想法。

(2) 通过提问，理清自己的思路，这对于客户服务人员至关重要"您能描述一下当时的具体情况吗？""您能谈一下您的希望和要求吗？"，这些问题都是为了理清自己的思路，让自己清楚客户想要什么，你能给予什么。

(3) 通过提问，可以让愤怒的客户逐渐变得理智起来。客户很愤怒，忘记向你陈述事实，客户服务人员应该有效地利用提问的技巧，"您不要着急，一定给你解决好，您先说一下具体是什么问题，是怎么回事儿？"客户这时就会专注于对你所提问题的回答上。在他陈述的过程中，情绪就会从不理智而逐渐变得理智起来。

(二) 提问的技巧

1. 针对自己的需求提问

- 谁？(Who)
- 为什么？(Why)
- 什么？(What)
- 何处？(where)
- 哪个？(which)
- 何时？(When)
- 怎样？(How)

2. 注意使用不同的提问方式

(1) 开放式提问

提出的问题是纯开放式的，回答的内容非常广。例句："您别着急，您跟我说说到底发生了什么事情？"开放式的提问方式一般是用于初步了解客户需求的时候。

(2) 封闭式提问

提出的问题是封闭的，答案只能包括"是"或"不是"或其他特定的应答。例句："请问您是想查询您的电费清单吗？"封闭式问题迫使对方提供简洁、特定的信息，一般用于确认客户需求或澄清问题时。

(3) 探查式提问

这是一种很好的提问技巧，即提出的问题是有选择的，对方回答的内容一般都在提问的选择范围之内。例句："请问您是想查询通话费还是想查询通话记录？"一般用于进一步了解或探寻客户需求的时候。

（三）向客户提出可延续对话的问题

你如果向客户提问，客户可能会告诉你他们想什么，不一定告诉你为什么，因此要掌握好发问的技巧，多问延续对话的问题，诱导客户说出更多，帮助你进一步了解他的需要。

1. 注意声调、语气

在你开口问话之前一定要先想好你是否想帮助客户。冷漠的表情，有再好的提问技巧也没用。提问时要注意声调，不要让客户感觉到你在审问他或者对他表示怀疑。

2. 少用是非题或选择题

如果你问客户是非题，你不会了解整件事情，你或许会知道客户想要什么或不想要什么，但不会知道原因。

3. 多问调查性问题

如果能提出适当的问题就能找出客户购物的动机，从而提高满足客户和售出货品的机会。多问些调查性问题，以找出客户的喜好和需要。如："您是给哪位买的？""您打算什么时候用它？""您通常喜欢购买哪些系列的服装？"

4. 提问有关客户信息的问题

这些问题一般在电话的开头问，目的是获得解决问题所需要的信息，例如客户的姓名、联系方式等。

5. 提一些额外的问题

这是与客户交往中最好问的问题，询问客户还有什么其他的要求，这种问题能使客户感觉你真的是在为他服务。

6. 一些不应涉及的问题

知道什么问题该问、什么问题不该问，才是能让客户信赖的呼叫中心座席员。有些问题不但会令客户作出使对话终止的反应，更会令你失去再次提供服务的机会——客户不会再回来了。例如："对我们公司或对我们提供的服务，您哪里不喜欢？"问这样的问题等于向客户承认他选择你的公司是错误的。还有，不要问一些客户还没有看到产品之前或还没有了解产品的性能之前就一定让他做决定的问题。例如："我们银行有四种银行卡，您要办哪一种？""这款机型有三种颜色，您要哪一种？"这些问题容易把客户置于守势，不愿很快地将其想法和问题告诉你，最后产生不良的沟通。

总之，在与客户交谈时应该想办法多问一些可延续对话的问题，这样可以使双方的谈话继续进行下去，不至于陷入僵局，你也可以从客户那里获得更多的需求信息。

三、语言表达技巧

（一）规范的服务用语

呼叫中心是企业与客户之间相互沟通的桥梁和纽带，座席员每一句应答代表的都是企业的形象，因此，座席员在受理客户诉求时要依照企业的服务标准规范服务用语，为客户提供最优质的服务。

1. 规范的问候语

铃声响起三声之内应接听电话并致以问候语，然后自报工号，委婉询问客户需要什么帮助，问候时要以开朗的语气微笑着表达。

(1) 问候客户时

"您好，××号很高兴为您服务，请问，需要我为您提供什么帮助？"

"您好，欢迎致电××呼叫中心，请问您需要什么帮助？"

(2) 客户问候时

客户："您好！"

座席员："您好，请问您需要什么帮助？"

(3) 让客户等候时

接通后要先致歉，不可以没有表示。"您好，对不起，让您久等了，请问您需要什么帮助？"

2. 规范的应答用语

如果可能，在应答过程中要尽量使用客户姓名，这样会使客户感觉到你对他的重视。

(1) 需要客户重复时

"对不起，我没听清楚您的问题，请您再重复一遍，好吗？"

"非常抱歉，您刚才说的我不是很明白，麻烦您再讲一遍。"

(2) 转接客户来电的注意事项

- 向客户解释转接电话的原因以及接转给何人。
- 询问客户是否介意转接他的电话。
- 在挂断电话前要确认转接的电话有人接听。
- 把来电者的姓名和电话内容一起转接过去。
- 如果无法转接，要将对方电话告知客户或请客户留下联系方式。

"这事有专人负责，我帮您把电话转给专家座席好吗？"

"对不起，请稍等一下，您咨询的是技术问题，我请专家为您解答好吗？"

(3) 无法回答客户咨询的问题时

"对不起，您咨询的问题我暂时无法确定，需要核实后再回复您，请您留下联系电话好吗？我会尽快查询后与您联系。"

(4) 遇到客户询问服务范围之外的内容时

"对不起，这不在本公司的服务范围内，请问我还能帮您做什么？"

(5) 无法听清楚客户的声音时

"对不起，您的声音太小，麻烦您说话大声点儿，好吗？"

"对不起，我没有听清楚您说的最后一句，请重复一遍，好吗？"

"对不起，可能是话机或线路问题，请您换一部电话打来，好吗？"

"对不起，您周围的声音太响，我听不清楚，如果您方便，换个地点打来，好吗？"

(6) 遇到客户讲方言时

"对不起，请您讲普通话，好吗？谢谢！"

"很抱歉，您讲的方言我听不太明白，请您讲普通话好吗？或者您讲慢一点儿。"

3. 规范的查询用语

(1) 需要客户等待时

让客户等待要征得客户同意、告知等待的原因，如果可能，还要提示等待时间的长短。回线时要感谢客户的耐心等候。

- "这个问题我帮您查询一下好吗？请您稍等1～2分钟。"
- "我需要帮您核实一下情况，这可能需要您等待 1～2 分钟，您方便在线等候吗？"返回通话状态时要说："××先生(小姐)，让您久等了。"或者说："感谢您的耐心等待。"

(2) 需要客户提供资料时

- "请问您贵姓？"
- "为了更好地为您提供服务，方便留下您的联系方式吗？"
- "为了准确地为您提供服务，请您将产品型号告诉我。"
- "您的查询需要您提供××资料，请您将资料传真到××，收到传真后，我们会尽快为您办理。"

(3) 需要客户记录有关内容时

要引导客户完成必要的信息记录，不可以语速过快，也不可以不提示客户。

- "麻烦您记录一下，好吗？"
- "请问您记录好了吗？"

(4) 答复查询结果时

- "您要求的××业务已受理，一般情况下大约在××时间内完成。"
- "经过查询，您的问题正在处理，还需要××天(小时)的处理时间。"

4. 规范的解答用语

解答问题时，座席员要自信地向客户提供正确信息，不能误导或说出模棱两可的话；遇到无法解决的问题时不能推给客户。

(1) 客户总是不明白时

- "对不起，是我没说清楚，我再给您讲一遍，好吗？"
- "不知道我讲的您听明白了吗？"

(2) 客户的要求与企业的规定相矛盾时

座席员的态度要诚恳、要讲清缘由，争取客户的理解。

- "对不起，按照××规定，您的这个要求我们无法满足，请原谅。"

- "根据多数客户的情况，我们公司目前是这样规定的。请您谅解！"
- "不好意思，这件事情恐怕暂时帮不到您了，因为……"
- "这不符合公司目前的规定，但我们会尽力寻找其他解决办法。"

(3) 客户提出的要求无法满足时

座席员的表达要委婉，对客户的期望要表示理解，要告诉客户不能满足其要求的原因，争取客户的支持或谅解。

- "我很愿意帮助您，但目前处理这件事有难度。"
- "对于您的抱怨我十分理解，但这个问题我实在无法立即给您答复。"
- "很抱歉，这超出了我们的服务范围，恐怕我不能帮助您。"

(4) 客户提出的问题无法立刻答复时

对于权限之外或不确定的问题，要适当地对客户表示赞扬或致歉，要勇于承认自己无法立刻回答，要向客户保证，会迅速找到答案并尽快回复他。切忌不懂装懂。

- "您提的这个问题非常好，我还是第一次碰到，您方便留下联系电话吗？等我请教了专业人士后，尽快给您回复。"
- "对不起，这个问题有点特别，请稍候，我帮您查一下。"
- "对不起，你的问题我暂时无法答复，我已记录下来，在××(时间)后我的同事会与您联系，您看可以吗？"

(5) 需要请求客户谅解时

- "对不起，给您造成不便，请您原谅。"
- "对不起，非常抱歉！"

(6) 消除客户顾虑时

- "我一定会尽力而为。"
- "这次维修后，请您放心使用吧。"
- "我相信没有什么问题了。如果需要我的帮助，尽管给我打电话。"

(7) 需要回绝客户时

- "对不起，由于市场需求大，我们暂时没货了。您方便留下电话吗？到货后我通知您。"
- "对不起，我们暂时没有解决方案。"

(8) 当客户理解有误时

- "不好意思，也许我没说明白。"
- "对不起，我再说一遍好吗？"

(9) 对待有特殊要求的客户时

- "您的这个要求有点特殊，待我请示了上级后再答复您，行吗？"
- "让我考虑一下您的这个要求，××(时间)后再答复您，好吗？"

(10) 解答完客户问题时

- 要确认客户的需要，不可以不与客户确认就匆忙结束服务。

- "××先生(小姐)，不知我是否将您的问题解释清楚了？"
- "您还有什么疑问吗？"
- "问题这样解决，您看可以吗？"

5. 面对抱怨或投诉时的规范用语

(1) 客户抱怨应答慢时

- "对不起，刚才因为线路忙，让您久等了！请问有什么可以帮助您的？"

(2) 客户情绪异常时

先稳定客户情绪，再处理问题。

- "对不起，我非常理解您的心情，但是为了帮助您解决问题，请您慢慢说，好吗？我会尽全力帮您解决的。"
- "非常抱歉，给您带来不便。"
- "对不起，给您添麻烦了。"
- "我理解您的苦衷。"
- "请您放心，我会优先考虑处理您的问题。"

(3) 客户抱怨产品或服务不佳时

- "我怎么才能帮到您呢？"
- "您看，我能帮助您什么呢？"
- "您希望我怎样帮助您呢？"

(4) 客户抱怨受理过程太慢时

- "对不起，让您久等了，我将尽快帮您处理。"
- "谢谢您的耐心，马上就办好了。"

(5) 客户投诉座席员服务态度不好时

- "由于我们服务不周，给您添麻烦了，请您原谅。您是否能将详细情况告诉我？"
- "您能说说具体情况吗？"
- "您反映的情况我已做好记录，在××(时间)后，我们答复您好吗？"

(6) 客户投诉座席员工作出错时

- "对不起，给您添麻烦了，我会将您反映的问题如实上报主管并尽快核实处理，给您带来的不便请您原谅！"
- "对不起，您是否可以留下联系电话，由我们的主管与您联系处理，您看好吗？"

(7) 客户失礼时

- "××先生(小姐)，让我们一起找一个妥善解决问题的方法，好吗？"
- "对不起，您一定希望尽快解决这个问题，是吗？"

(8) 当遇到无法当场答复的客户投诉时

- "多谢您反映的意见，我会尽快向上级部门反映，并在××(时间)内给您明确答复，好吗？"
- "很抱歉，这个问题有专人负责处理，现在我无法马上答复您，我把电话转给专家，让他答复您，您看好吗？"

(9) 当客户语速过快时

- "对不起，请您稍微慢点儿讲，我正在做记录。"
- "对不起，您说的问题很重要，请您慢慢说，我记一下。"

(10) 投诉受理结束时

- "××先生(小姐)，多谢您反映的意见，我会尽快向上级部门反映,并在××(时间)内给您明确的答复。"
- "您反映的问题我已经记录下来，请您放心，我们一定会为您妥善处理。"
- "我还有什么能为您做的吗？"

6. 接受建议或表扬时的规范用语

(1) 遇到客户表示感谢时

- "请不必客气，这是我们应该做的(这是我们的工作职责)。"
- "感谢您对我们工作的支持，随时欢迎您再次来电。"
- "非常感谢您的支持与称赞，您的满意就是对我们工作最大的支持。"

(2) 遇到客户提出建议时

- "谢谢您！您提出的宝贵建议，我将及时反馈给公司相关负责人员。再次感谢您对我们工作的关心和支持。"
- "您的建议很重要，我会及时转给相关部门，谢谢您的支持！我们将尽快与您联系。"
- "谢谢您的建议，我已记录下来，以后一定改进。"

7. 其他方面的规范用语

(1) 遇到客户打错电话时

座席员应礼貌地说明情况。

- "对不起，这里是××呼叫中心，我能帮您做什么吗？"
- "对不起，我们是××呼叫中心，请问您需要什么帮助?"

(2) 遇到客户想直拨企业内部其他部门电话时

"对不起，您能否将具体情况和联系电话告诉我，我帮您联系好吗？"

(3) 通话中出现口误或疏忽时

"对不起，刚才我的解释有误，请允许我重新解释。"

(4) 当系统或设备出现故障不能操作时

- "对不起，线路正在调整，请您稍后再来电，好吗？"

- "能否留下您的联系方式，我稍后与您联系。"

(5) 遇到无声电话时

"您好，请问有什么可以帮助您的？"稍停，若对方无回应，再说："对不起，您的电话没有声音，请您换一部电话再次打来，好吗？"稍停后，挂机。

(6) 接到骚扰电话时

座席员切忌由于气愤或其他原因与对方展开争论。

- "对不起，如果没有业务需要咨询，请挂机。"
- "目前线路比较忙，请配合我们的工作，请把线路让给其他客户，再见！"
- "希望您能够理解，还有很多客户正在焦急地等待我们办理业务。"
- "很抱歉，这里是××公司，我们正在工作，若您想咨询我们产品方面的问题，我很乐意为您服务，其他工作以外的事情，很抱歉，我无法帮助您。"
  "对不起，如果没有其他业务要咨询，请您挂机，好吗？"
- "先生(小姐)，请您使用文明用语，否则，很抱歉，我将结束这次通话。"

8. 规范的结束语

结束服务时要与客户确认所谈相关事宜，询问客户是否还需要其他帮助，对客户的指点要表示感谢，欢迎其继续使用服务。要让对方先挂机，随后记录此次通话的重要信息。

(1) 结束前的确认

- "请问我刚才的解释，您明白了吗？"
- "请问还有什么可以帮助您的？"
- "请问您还有其他问题需要解决吗？"
- "我还有什么可以为您做的？"

(2) 客气致谢并示意收线时

- "不客气，谢谢您使用我们的服务，再见！"
- "不用谢，很高兴为您服务，再见！"
- "我是××号，欢迎您再次致电，再见！"

(二) 说话的技巧

语言表达技巧是一门大学问，虽然有些用语是由企业统一规范的，但更多的是座席代表自己对表达技巧的熟练掌握和娴熟运用，以使整个与客户的通话过程体现出最佳的客户体验与企业形象。

1. 3F(Fell-Felt-Found)服务技巧

3F的意思是客户的感受、别人的感受、发觉，它是一种表示体谅理解的答复技巧，由于承认了客户的感受，因此是一种客户能听得进去的说明。如：

"我理解你怎么会有这样的感受(Fell)，其他人也曾经有过这样的感受(Felt)，不过经过说明后，他们发觉(Found)这种规定是为了保护他们的安全。"

2. FAB(Feature-Advantage-Benefit)引导技巧

FAB的意思是特点、优点、利益。在呼入营销中，座席代表向客户介绍产品时可以把介绍词连成一句有说服力的说辞：因为F(特点)……它可以A(优点)……对你而言B(利益)……

一般说词：这种衬衣是由纯麻纱织成的。

FAB说词：因为这件衬衣是由纯麻纱织成，您在炎热的天气里穿，格外清爽。

一般说词：这是一个不用电池的太阳能计算器。

FAB说词：这是一个不必用电池也能运算的太阳能计算器，只要有微弱的灯光就可以计算，您不必担心电池是否有电，并可节省购买电池的费用和麻烦。

一般说词：这双运动鞋是配合慢跑的力学结构造型，而且用弹性极佳的泡棉垫底。

FAB说词：因为这双运动鞋是配合慢跑的力学结构造型，您穿着它慢跑时，舒适、贴地且毫无束缚感，而泡棉垫底的弹性使您轻步如云，跑起来轻松且不易受伤。

一般说词：这辆山地车装有最新五段变速器，能够依据不同路况调节而节省体力。

FAB说词：因为这辆山地车装有五段变速器，您就能够依据不同的路况变速，使您更有效地运用体力，让您轻松地跑完长程距离也不疲倦。

作为呼叫中心一线座席员，要对企业的行业特点非常清楚才能引导客户。引导时首先应该去了解客户的需求，然后从企业的产品、服务、供货渠道、包装等方面总结特点，深入探讨客户消费企业产品所能获得的利益，进一步利用FAB技巧成功说服客户。

3. 用客户喜欢的方式交谈

(1) 说"我会……"以表达服务意愿

避免使用"我尽可能向××询问你的事情。""没看到我们多忙吗？你先等一下。""我尽可能把您的情况反映给××部门，拜托不要再打电话了。"

许多客户听到座席员的上述表达后会很生气，因为感到座席员在推卸责任，"我尽可能……"客户不知道有多大的可能。但当他们听到"我会……"后，就会平静下来，因为座席员表达了他的服务意愿，客户就会满意。

(2) 说"你能……吗？"以缓解紧张程度

避免使用"你不能……"这三个字会令大多数人恼火；避免责备对方"你本来应该……"这会让客户不由自主地产生防范心理。

"你能……"这是对客户说"不"的温和积极的表达用语，没有人喜欢被告知他们不能做某事，要告诉他们能做什么事。当要急于通知对方的时候或是原来的要求没有得到满足的时候，座席员可以选择使用"你能……吗？"的句式，比如"你能在周末以前给我答复吗？"

(3) 用"你可以……"来代替"不"

避免使用："今天不行，你必须等到明天才有材料。""我必须记录下你的资料。""你必须告诉我为什么如此不满。"

上述表达会让客户极为愤怒。为了令双方交流更轻松平等，座席员应学会使用较为婉转的表达方式，在下列情况中使用"你可以……"

- 你不能完全满足客户的需求，但你的确还有别的办法。
- 尽管你可能无法立刻帮上忙，但是却想表达你的真诚，乐于为对方提供服务。
- 你的客户可能对自己要什么并不明确，给他提个建议通常能激发他的思路。

4. 选择积极的用词与方式

在保持积极态度的同时，沟通用语也应当尽量选择正面意思的词。比如说要感谢客户在电话中的等候，常用的说法是："很抱歉让您久等"、"抱歉久等"，实际上在潜意识中强化了对方"久等"这个感觉，比较正面的表达可以是："非常感谢您的耐心等待。"

如果一个客户就产品的一个问题几次向你寻求解决办法，你想打消客户的顾虑，于是你说："我不想再让您重蹈覆辙，这个问题可以解决。"其实没必要提起"覆辙"这个词，这会让客户感觉很不舒服。你不妨这样表达："我这次有信心让这个问题不再发生。"是不是更顺耳些？

又比如，你想给客户以信心，于是说："这件产品并不比上次那个差。"按照上面的思路，你应当换一种说法："这件产品比您上次购买的产品情况好。"

即使客户遇到的问题真的有些麻烦，你也不必说："你的问题确实严重。"换一种说法："您遇到的这种情况有点不同往常。"不是更好吗？

你现在可以体会出其中的差别了吧？下面举出更多的事例，你可以进行训练。

习惯用语：你要的那个产品卖完了。

专业表达：由于需要的客户多，您需要的这款产品我们暂时没货了。

习惯用语：你怎么老是觉得我们公司的产品有问题？

专业表达：您的这些问题很相似。

习惯用语：对不起，(在未征得他本人同意前)我不能给你他的手机号码。

专业表达：您是否能向他本人询问他的手机号码呢？

习惯用语：我不想给你错误的建议。

专业表达：我想给您正确的建议。

习惯用语：你没有必要担心这些问题。

专业表达：您的这些问题我们都能很好地解决，请您尽管放心。

5. 善用"我"代替"你"

服务用语中应尽量用"我"代替"你"，因为后者常会使人感到有根手指在指向对方。

习惯用语：你的名字叫什么？

专业表达：请问，我可以知道您的名字吗？

习惯用语：你必须……做。

专业表达：我们希望您能这样操作，比较合适。

习惯用语：你错了，不是那样的！

专业表达：对不起我没有说清楚，但我想这中间有些不同。

习惯用语：如果你需要我的帮助，你必须……

专业表达：我十分愿意为您提供帮助，但首先我需要……

习惯用语：你做得不正确。

专业表达：我得到了不同的结果，让我们一起来看看到底问题出在什么地方，我们一同来解决这个问题。

习惯用语：听着，不是这样的。

专业表达：您的疑虑是正常的，专业人员和我们都按科学严格的方法检查过了，您完全可以消除这些疑虑。

习惯用语：你没有弄明白，这次听好了。

专业表达：不好意思，也许是我说的不够清楚，请您允许我再解释一遍。

6. 在客户面前维护企业的形象

如果有一个客户的电话转到你这里，抱怨他在前一个部门所受的遭遇，你已经不止一次听到这类抱怨了。为了表示对客户的理解，你应当说什么呢？"你说得不错，这个部门表现很差劲。"可以这样说吗？适当的表达方式是："我完全理解您的苦衷。"

当一些客户的要求企业没法满足时，你可以这样表达："对不起，我们暂时还没有解决方案。"请不要用一种无奈的口气说："我没办法。"

当你有可能替客户想一些办法时，与其说："您的问题我试试看吧。"为什么不更积极些说："您的问题我一定尽力而为"呢？

如果有人要求打折、减价，你可以根据企业的优惠业务或服务项目给客户一些建议，应避免说："我不能，除非……"

客户的要求是企业政策不允许的情况时，与其直说："这是企业的规定，我也没办法。"不如这样表达："根据多数人的需求情况，我们企业目前是这样规定的……"

如果客户找错了人，不要说："这事我不管，您还是找他好了。"换一种方式："您的事有专人负责，我帮您来联系他，请您留下联系方式可以吗？"

另外要注意有一些方言的表达方式应用在普通话中会不妥当，比如"一塌糊涂"、"不好啦"等上海或港澳台味道的表达，不应带到普通话的规范表达中。

第三节　正确理解和对待客户投诉电话

客户投诉是客户对产品、服务等产生不满而引起的抱怨。与客户满意相反，当客户购买商品后对商品本身和企业的服务都抱有良好的愿望和期盼，一旦这些愿望与要求得不到满足时就会失去心理平衡，由此产生抱怨和想"讨个说法"的行为就是客户投诉，所以投诉实质上是客户对于现实和自身期望值之间差距的一种外在表露。

客户投诉的产生需要一个过程，找上门只是最终投诉的结果。当企业的产品和服务存在某种缺陷，客户初期往往只会产生潜在化的抱怨，随着时间的推移逐步转化为显在化的抱怨，并最终转化为投诉。比如客户购买了一部手机老掉线，一开始没有想到去投诉，但随着手机问题带来的麻烦越来越多，就变成显在化的抱怨，显在化的抱怨变成了潜在投诉，最终看到的是投诉，所以投诉是客户不满的升级，对呼叫中心座席员来说，面对客户投诉采取充耳不闻、敷衍了事的态度，必然导致严重的客户纠纷，最终影响企业的诚信度和美誉度。

一、客户投诉的原因

投诉是每一个企业都会遇到的问题，它是客户对企业管理和服务不满的表达方式，暴露出了企业的弱点。一般来说，引发客户不满并最终导致投诉产生的原因有如下几种。

(一) 提供的商品不良

1. 品质不良

如服装遇到汗水变色，旅游鞋穿不上半月就开胶等问题。

2. 产品标示不清楚

食品未明显标注生产日期，产品标示的规格和实际规格有出入，产品使用说明不够详细等等。

(二) 所提供的服务不佳

1. 呼叫中心座席员服务方式欠佳

- 客户长时间在电话音乐中等候，或是有人接听却由于电话系统的混乱，使客户电话被转来转去。
- 缺乏语言技巧。不会打招呼或者机械式问候，说话没有礼貌、口气生硬等。
- 不管客户需求和偏好，一味对产品加以说明，从而引起客户的不满和抱怨。
- 产品相关知识不足，无法满足客户的询问。
- 不愿回答客户提出的繁琐、冗长的询问。
- 上门送货时间过长或送错了地方，耽误了客户的时间。
- 不遵守约定，客户履约提货，可由于公司原因，产品未能准备好。

2. 呼叫中心座席员态度欠佳

- 只顾处理自己的事情，接了客户电话后和同座聊天，不注意听客户的电话，使客户觉得受了冷落，从而抛弃购买产品的念头。
- 不顾客户反应，一味鼓动其购买，让客户觉得对方急于营销，在心理上形成一定的压力。
- 客户不买时，就一改刚才的热情，草草结束。
- 说话瞧不起客户，言语中流露出蔑视的口气。尤其是当客户说话有外地口音、对产品一无所知、犹豫不决或试图压低价格时，座席员就用"您再考虑一下，我还要接其他电话。"而结束通话。

- 表现出对客户的不信任，客户提出一些使用产品的要求，被生硬拒绝。

3. 呼叫中心座席员自身的不良行为

- 呼叫中心座席员对自身工作流露出厌倦、不满情绪。
- 呼叫中心座席员在接听电话时对其他客户进行评价、议论。
- 呼叫中心座席员自身素质差、言语粗俗，经常在电话中夹带方言，使客户对企业丧失信心。
- 呼叫中心座席员之间互相推诿、互相不满、互相拆台，使企业的声誉受到极大的影响。
- 呼叫中心座席员对于企业经营方式和策略的不认同。
- 呼叫中心座席员对于企业的衡量尺度和企业自身不同。
- 呼叫中心座席员由于自身素质修养及个性的原因对企业提出过高的要求无法得到满足。

此外还有其他类型的投诉，包括：

- 财务类——出账错误、无法于承诺的时间内退款。
- 业务类——不实或不正确的广告、广告商品为限量发售或数量不足，销售人员的错误指导。

二、怎样看待客户投诉电话

你只能从那些欣赏你、支持你、对你温柔的人身上学到东西吗？那些反对你、与你相争执、吵嚷的人从不曾给你任何启发吗？

——美国诗人　沃尔特·惠特曼

客户的情绪反映了他们内心要表达的声音，这声音并不总是动听的，在商业活动中，几乎各行各业的工作人员都难免听到客户的抱怨，面对客户的愤怒，这实在不是让人开心的事。许多人在接听投诉电话的时候心里就已经敲起了退堂鼓；也有人积极应战，用怒不可遏来吓退 "找麻烦"的客户；还有人去见提出投诉的客户时，一路上想着："今天真倒霉！"然而，他们当中有许多人没有看到客户的抱怨既可以是燃烧的火山，也可以是翻涌的油田，那里有着无限的机会！从客户的抱怨里，我们可以学到很多东西。

客户对企业的投诉，对企业来说也是非常珍贵的。据有关统计数据表明，在对企业产品或服务不满的客户中，有25%的客户遇到了严重的问题而不去投诉，他们选择悄无声息地离开企业。实际上，客户的投诉是对企业的信任，是在让企业了解自身产品或服务的不足，因此更多时候我们说客户的投诉就是给企业的礼物，能够有效地处理客户投诉电话，对于企业具有重大的意义。

(一) 阻止客户流失

现代市场竞争的实质就是争夺客户资源，但由于种种原因，企业提供的产品或服务会不可避免地低于客户期望，造成客户不满意，客户投诉是不可避免的。向企业投诉的客户一方面要寻求公平的解决方案，另一方面说明他们并没有对企业绝望，希望再给企业一次机会。相关研究发现(见图7-2)，54%的投诉客户如果投诉得到解决，他们还会再次与公司做生意；如果投诉得到快速解决，这一比重上升到82%。因此客户投诉为企业提供了恢复客户满意的最直接的补救机会，鼓励不满客户投诉并妥善处理，能够阻止客户流失。

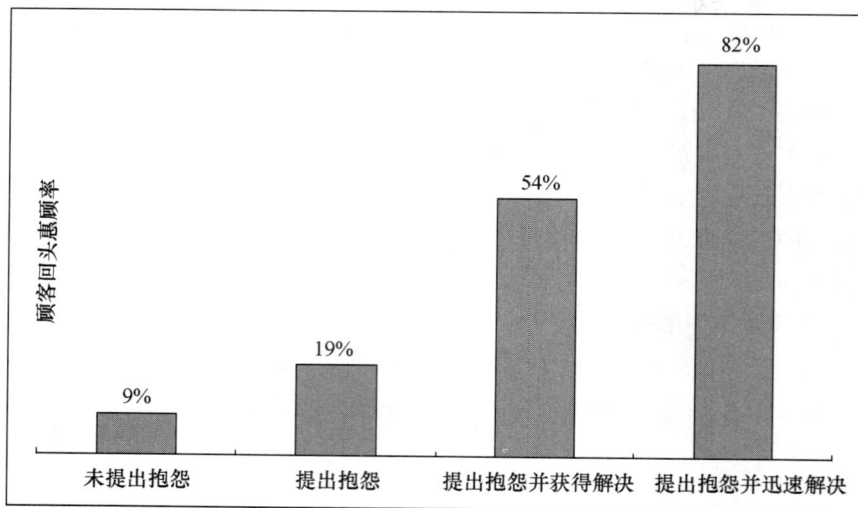

图7-2　麦肯锡公司关于客户回头率调查统计数字表

(二) 减少负面影响

不满意的客户不但会终止购买企业的产品或服务、转向企业的竞争对手，而且还会向他人诉说自己的不满，给企业带来非常不利的口碑传播。据研究发现，一个不满意的客户会把他们的经历告诉其他至少9人，其中13%的不满客户会告诉另外的20多个人，这些人在产生同样需求时，几乎都不会光顾那些被批评的企业。但投诉可以帮客户找到直接的宣泄渠道、抒发不满，从而减少向他人诉说的概率，如果投诉得到迅速、圆满的解决，客户的满意度就会大幅度提高，甚至具有比以前更高的忠诚度。

(三) 免费提供市场信息

投诉是联系客户和企业的一条纽带，它能为企业提供许多有益的信息。研究表明，企业大量新产品的构思来源于用户需要，客户投诉一方面有利于纠正企业营销过程中的问题与失误，另一方面还可能反映企业产品和服务所不能满足的客户需要，仔细研究这些需要，可以帮助企业开拓新市场。从这个意义上讲，客户投诉实际上是常常被企业忽视的一个非常有价值且免费的市场研究信息来源。

(四) 预警危机

一些研究表明，客户在每4次购买中会有1次不满意，而只有5%以下的不满意的客户会投诉。所以如若将对企业不满的客户比喻为一座冰山的话，投诉的客户仅是冰山一角，不满的客户这座冰山的体积和形状隐藏在表面上看起来平静的海面之下，只有当企业这艘大船撞上冰山后才会显露出来，但如果在碰撞之后企业才想到补救，往往为时已晚。所以企业要珍惜客户的投诉，正是这些线索为企业发现自身问题提供了可能，企业及时进行改善，才能避免更大的危机。

三、投诉电话处理的宗旨和原则

(一) 投诉电话处理的宗旨

投诉电话处理的宗旨是"客户的满意最大、企业的损失最小"，要求既站在客户的角度又兼顾企业的利益，寻找处理问题的平衡点，尽最大可能解决客户实际问题，提升客户满意度，收集客户信息，改进自身工作。

(二) 正确处理客户投诉电话的原则

1. 先处理情感，后处理事件

意思是先关注客户的心情，再关注事实，这是处理客户投诉的首要原则，然而企业很多服务代表都忽略了，往往只是关注投诉事件本身，而不顾客户的感受。事实上客户更多的问题是情感上的，而不是事实，如果座席员过度关注事实，与客户探讨什么是事实的话，只能使客户的情感受到进一步的刺激，事情会变得越来越难处理。

2. 耐心地倾听客户的抱怨

只有认真听取客户的抱怨，才能发现其实质原因。一般的投诉客户多数是发泄性的、情绪都不稳定，一旦发生争论，只会火上浇油、适得其反。真正处理客户投诉的原则是：开始时必须耐心倾听客户的抱怨，避免与其发生争辩，先听他讲。

3. 想方设法地平息客户的抱怨

由于客户的投诉多数属于发泄性质，只要得到企业方的同情和理解、消除了怨气，心理平衡后事情就容易解决。因此作为一名客服人员，在面对客户投诉时一定要设法搞清楚客户的怨气从何而来，以便对症下药，有效地平息客户的抱怨，才能及时解决问题。

4. 要站在客户的立场上来将心比心

漠视客户的痛苦是处理客户投诉的大忌。客服人员应该站在客户的立场上去思考问题、将心比心，诚心诚意地去表示理解和同情，承认过失。所以，无论已经被证实还是没有被证实的，客户投诉的处理都不是先分清责任，而是先表示道歉，这才是最重要的。

5. 迅速采取行动

体谅客户的痛苦而不采取行动是一个空礼盒。例如："对不起，是我们的过失。"不如"我能理解给您带来的麻烦与不便，您看我们能为您做些什么呢？"客户投诉的处理必须采取行动，不能单纯地同情、理解，要迅速地给出解决方案。

第四节　客户投诉电话的处理技巧

一、投诉电话处理中的沟通技巧

(一) 投诉电话处理中的沟通态度

(1) 冷静、积极、敢于面对，避免个人情绪受困扰。

(2) 只讲客户希望知道的，而不是你想讲的。多用换位思维表示你对客户的同情，但坚持企业的原则。如果有必要的话，要清楚地解释原则。

(3) 运用熟练的业务知识，集中研究解决问题的有效办法，体现职业化形象。

(4) 避免提供过多不必要的资料，会有增大客户期望与事实差距的风险。

(5) 要充满信心、不畏刁蛮客户的法律威胁或无理要求，但也要重视他们所提的要求，积极进行原则性及人性化的解说，必要时迅速与上级取得联系。

(6) 耐心聆听、重复要点、作出回应并记录。

(二) 令客户心情晴朗的"CLEAR"方法

C—控制你的情绪(Control)

L—聆听客户诉说(Listen)

E—建立与客户共鸣的局面(Establish)

A—对客户遇到的情形表示歉意(Apologize)

R—提出应急和预见性的方案(Resolve)

1. 控制你的情绪(C)

当客户发怒时，座席员要处理的第一个因素是控制自己的反应情绪。坚持一项原则，那就是：可以不同意客户的投诉内容，但不可以不同意客户的投诉方式。客户投诉是因为他们的需求没有被满足，所以应该要充分理解客户的投诉和他们可能表现出的失望、愤怒、沮丧、痛苦或其他过激情绪等，不要与他们的情绪共舞或是责怪任何人。

有效技巧

- 深呼吸，平复情绪。要注意呼气时千万不要大声叹气，避免给客户不耐烦的感觉。

- 思考问题的严重程度。

- 登高几步。要记住，客户不是对你个人有意见，即使看上去是如此。

- 以退为进。如果有可能的话给自己争取点时间，如"我需要调查一下，10 分钟内给您回电。""我需要两三分钟时间同我的主管商量一起解决这个问题，您是愿意稍等一会儿呢，还是希望我一会儿给您打回去？"当然你要确保在约定的时间内兑现承诺。

2. 倾听客户诉说(L)

座席员的情绪平复下来后，需要客户也镇定下来才能解决好问题。先别急于解决问题，应先抚平客户的情绪，然后再来解决客户的问题。

为了管理好客户的情绪，座席员要善于倾听，把握客户的情绪是什么，客户为什么投诉。倾听客户诉说的不仅是事实，还有隐藏在事实之后的情绪，要遵循的原则应该是为了理解而倾听，并非是为了回答而倾听。

有效技巧

- 全方位倾听。要充分调动左右脑、直觉和感觉来听，用心体会、揣摩，听懂弦外之音。
- 不要打断。要让客户把心里想说的话都说出来，这是最起码的态度，中途打断客户的陈述可能遭遇客户最大的反感。
- 向客户传递被重视。
- 明确对方的话。对于投诉的内容觉得不是很清楚，要请对方进一步说明，但措辞要委婉。

3. 建立与客户共鸣的局面(E)

对客户的遭遇深表理解，这是化解怨气的有力武器。当客户投诉时，他最希望自己的意见受到对方的尊重，自己能被别人理解。与客户共鸣的原则就是换位真诚地理解客户，而非同情。只有站在客户的角度想客户之所想、急客户之所急，才能与客户形成共鸣。要站在客户的立场想问题，学会换位思考："如果我是客户，碰到这种情况，我会怎么样呢？"

有效技巧

- 复述内容。用自己的话重述客户难过的原因，描述并稍微夸大客户的感受。
- 对感受做出回应。把你从客户那里感受到的情绪说出来。
- 模拟客户的境地，换位思考。

4. 对客户的情形表示歉意(A)

聆听了客户的投诉，理解了他们投诉的原因和感受，那么就有必要对客户的情形表示歉意，从而使双方的情绪可以控制。

有效技巧

- 为情形道歉。要为情形道歉，而不是去责备谁。即使在问题的归属上还不是很明确，需要进一步认定责任承担者时，也要首先向客户表示歉意，但要注意，不要让客户误以为企业已完全承认是自己的错误，座席员只是为情形而道歉，例如可以用这样的语言："让您不方便，对不起。""给您添了麻烦，非常抱歉。"这样的道歉既有助于平息客户的愤怒，又没有承担可导致客户误解的具体责任。
- 肯定式道歉。当客户出了差错时，座席员不能去责备。要记住，当客户做错时他们也是正确的，他们也许不对，但他们仍是客户。座席员无法保证客户在使用产品的过程中百分之百满意，但必须保证当客户带着不满找上门时，在态度上总是能够百分之百的满意。

5. 提出应急和预见性的方案(R)

在积极地听、共鸣和向客户道歉之后，双方的情绪得到了控制，现在是时候把重点从互动转到解决问题上去了。平息客户的不满与投诉，问题不在于谁对谁错，而在于争端各方如何沟通处理，解决客户的问题。

对于客户投诉要迅速做出应对，针对问题提出应急方案，同时提出杜绝类似事件发生或对类似事件进行处理的预见性方案，而不仅仅是修复手头的问题就万事大吉了。

有效技巧

- 迅速处理，向客户承诺
- 深刻检讨，改善提高
- 反馈投诉的价值

【案例】

客户：　"我那批货怎么现在还没送到？你们说帮我联系快递，但我没有收到电话。"

客服：　"哦，不好意思，麻烦您告诉我您的手机号，我查询一下具体情况。"

客户：　"电话是13752***30。"

客服：　"抱歉久等了，请问您是徐小姐吗？"

客户：　"对。"

客服：　"麻烦徐小姐稍等，我查看一下之前的记录。"

客户：　"嗯。"

客服：　"徐小姐我看到您之前来电查询一笔8号的订单是吗？"

客户：　"是啊，我11号的订单都收到了，但8号的怎么还不到啊？"

客服：　"是的，对于这个包裹没有收到影响了您的使用我先向您表示歉意，我也看到已经有座席代表为您联系了，但目前还没有回复，让您一直等待确实是我们的不对。"

客户：　"是啊？不管怎么样也要让我知道一下呀！"

客服：　"是的，是的，您看这样好吗？徐小姐，为了避免您一直等这个包裹，我这边会特别为您留意的，也会做好跟进工作，一旦收到快递的回复就会通知您，让您知道这个包裹的情况。"

客户：　"那这个包裹到底是怎么回事呢？是不是丢啦！我11号的都收到了。"

客服：　"在这点上我们和快递公司还没有做到位，也感谢您来电反馈这样的问题，给您添麻烦了，您放心，我会做好跟进工作的。"

客户：　"那你要快点儿，里面还有一些朋友的东西，她们也很着急。"

客服：　"是的，我非常能够理解徐小姐的心情，而且我看了一下这笔订单也不是一笔小数目，有600多元呢。"

客户："对对对。"

客服："一方面金额比较大，而且看得出商品也是急用的，这样的情况发生，我是非常能够理解徐小姐的心情的。"

客户："就是啊，你们快点吧！"

客服："好的，这次确实是快递公司在送货方面有延误了，您放心，电话结束后我们马上和快递公司的负责人联系一下，会和您联系137的手机的，请您放心好吗？"

客户："好吧！"

这是一通普通的快递延误送货的投诉，座席代表在处理方面非常诚恳，能够让客户感到处理问题的诚意，也有站在客户的角度考虑问题，比如"我看了一下这笔订单也不是一笔小数目，有600多元呢。"整体的舒缓情绪及提升满意度方面都处理得不错。

(三) 处理投诉过程中的大忌

(1) 缺少专业知识；

(2) 怠慢客户；

(3) 缺乏耐心，急于打发客户；

(4) 允诺客户自己做不到的事；

(5) 急于为自己开脱；

(6) 可以一次解决的反而造成客户升级投诉。

二、难缠客户的应对

(一) 难缠客户的心理分析

- 他们疲劳和沮丧
- 困惑或者遭受打击
- 不善于说话或者对语言的理解能力差
- 心情不好因而在你身上出气

(二) 难缠客户的应对方法

- 面对生气的客户，呼叫中心座席员应该首先保持冷静和耐心，让客户发泄，以专业的口吻告知自己的权限并控制住局面。在处理问题时不应该批评客户的观点和想法，如果有，请尽量提供多项处理意见以供选择。

- 面对强势/蛮横的客户，呼叫中心座席员应该重复客户所说的话，让他觉得自己很重要，让客户认为他的某些观点是对的，寻找某些认同的观点，如果有，尽可能提供多项处理意见以供选择。

- 面对彪悍的/操纵欲强的客户，呼叫中心座席员应充满自信的解释状况，偶尔同意客户所说的话，并表示感谢，同时清楚并友善地向客户说明自己能做到的以及自己做不到的。

- 面对粗鲁无礼/言语伤人的客户，不要把客户的话放在心上，可以以严正的态度要求他们停止说粗话，向客户提问以示关心并分散其注意力。

三、座席员的心态准备及情绪控制

(一) 投诉处理中座席员的心态准备

心态是一个人处理事情、问题的一种比较稳定的方式与方法，或对外界的独特看法。心态有两种：一是积极心态，看事物好的方面、看自己得到的、看别人的优点、看事情的发展；二是消极心态，看事物坏的方面、看自己失去的、看别人的缺点、看事情目前的状态。积极心态使人成功，消极心态致人失败。

有这样一个故事——

一位十几岁的少年去拜访一位智者。

少年问："我如何能变成一个自己愉快，也能够带给别人愉快的人呢？"

智者笑着望着他说："孩子，在你这个年龄有这样的愿望已经是很难得了。很多比你年长的人，从他们问的问题本身就可以看出不管给他们多少解释，都不可能让他们明白真正重要的道理，就只好让他们那样好了。"

少年满怀虔诚地听着，脸上没有流露出丝毫得意之色。

智者接着说："我送你四句话。第一句话是，把自己当成别人。你能说说这句话的含义吗？"

少年回答："是不是说，在我感到痛苦忧伤的时候，就把自己当成别人，这样痛苦就自然减轻了；当我欣喜若狂时，把自己当成别人，那狂喜也就变得平和一些？"

智者微微点头，接着说："第二句话，把别人当成自己。"

少年沉思了一会儿，说："这样就可以真正同情别人的不幸，理解别人的需求，并且在别人需要的时候给予恰当的帮助。"

智者两眼发光，继续说道："第三句话，把别人当成别人。"

少年说："这句话的意思是不是说，要充分尊重每个人的独立性，在任何情形下都不可侵犯他人的核心领地？"

智者哈哈大笑："很好，很好，孺子可教！第四句话是，把自己当成自己。这句话理解起来太难了，留着你以后慢慢品味吧。"

少年说："这句话的含义，我一时体会不出。但这四句话之间有许多自相矛盾之处，我用什么才能把它们统一起来呢？"

智者："很简单，用一生的时间和经历。"

少年沉默了很久，然后叩首告别。后来少年变成了壮年，又变成了老人。再后来在他离开这个世界很久以后，人们都还时时提到他的名字。人们都说他是一位智者，因为他是一个愉快的人，而且也给每个见到过他的人带来了愉快。

故事中老智者的话发人深省。积极的人像太阳，走到哪里哪里亮；消极的人像月亮，初一十五不一样。在投诉处理中，座席员面对着各类客户、各种困难，如果过度关注困难，人就会因此而消沉，但如果更加关注着困难的排除，就会感觉到自己的心中充满阳光、充满力量。同时积极的心态不仅使自己充满奋斗的阳光，也会给身边的人带来阳光。所以座席员必须拥有积极的心态准备，不要把处理投诉工作当作一种负担，而是能够勇敢地接受工作中的各种挑战，甚至可以把工作的内容当作自己的兴趣爱好来做，这样就能够激发人的更大潜能，带给个人和企业更好的回报。这种心态准备包括：

1. 理解客户

- 了解客户的问题
- 站在客户的角度
- 表示同样感想
- 理解客户冲动

2. 承担责任

- 代表企业接受
- 代表企业处理
- 分清工作责任
- 主动处理抱怨

3. 处理准备

- 冷静、忍耐
- 耐心、细心
- 控制不良情绪
- 保持精神愉悦
- 视为工作挑战

(二) 投诉处理中座席员的情绪控制

座席员一天可能会接到上百个投诉电话，可能接待第一个客户就被臭骂了一顿，心情变得很不好、情绪很低落，但后边99个客户依然在等待服务，这时就需要掌控情绪、调整自己的情绪，不能把第一个客户带来的不愉快转移给下一个客户，因为对于客户，你永远是他的第一个，你需要对每一个客户都保持同样的热情度。因此，优秀座席员的情绪掌控和调节能力非常重要。

在处理客户投诉的时候难免遇到情绪低落或者情绪难以把控的时候，这时就要求座席员做好情绪的自我调控，在这里给大家提供几种把控情绪的自我对话：

- 我是问题的解决者，我要控制住局面。
- 客户的抱怨不是针对我，而是针对公司的产品和服务。
- 保持冷静，做深呼吸。
- 客户不满意，不是对我不满意，我不能受他影响。
- 我需要冷静地听客户诉说，虽然他的措辞很激烈。
- 我需要知道事情的经过和真相，所以我不能激动。
- 我要用良好的情绪影响他，使他放松，缓和他的紧张情绪。

思考与练习

1. 呼入客户对优质服务的要求是什么？

2. 呼入电话服务的基本步骤是什么？

3. 什么是积极倾听？呼叫中心座席员倾听的技巧有哪些？

4. 提问有哪几种方式？呼叫中心座席员提问中要注意什么？

5. 何谓呼入服务的3F法？

6. 何谓投诉？客户投诉的实质是什么？

7. 应如何看待客户电话投诉的原因与处理意义？

8. 客户电话投诉的处理宗旨与原则是什么？

9. 请解释处理客户电话投诉的"CLEAR"方法？

10. 难缠客户的心理表现有哪些方面？座席员应如何分类应对？

第八章

呼叫中心呼出电话服务技巧

在国外，大多数呼叫中心的呼出电话都是在做电话销售，目前电话销售在国内也迅速发展起来，它是提升企业价值的一种有效服务手段，也是一种低成本、高效率的行销模式。电话销售是将电话作为一种促销媒介，利用电话作为精心策划、组织及管理市场推广方案的一部分，并通过非面对面的接触凸显个人销售的重要性。

越来越多的企业开始借助电话来完成销售，这意味着如何尽可能地、有效地运用电话对于企业员工是非常重要的。从事呼出服务工作的呼叫中心座席员通常也被称为电话营销员(TSR，Telesales Service Representative)，TSR既是一个电话语音服务的职位，又同时兼具销售的职能，工作的难度和对技能掌握的要求不言而喻。

第一节　呼叫中心呼出电话业务概述

一、呼出电话主要业务——电话销售

呼出电话服务是指企业通过呼叫中心的电话销售人员直接对客户进行主动呼叫，是企业进行产品营销的现代化服务方式，也是树立企业形象、提高企业知名度、扩大市场规模、增强客户满意度、维护客户关系的重要营销手段之一。呼出服务从市场开拓到客户满意度调查，为客户提供了一站式的全方位服务，打破了企业传统的被动式服务模式，真正实现了呼叫中心由成本中心转为利润中心。

呼出服务在呼叫中心运营中常见的业务主要有电话销售、电话调查、客户资料确认及访问预约、客户咨询及投诉回复等。电话销售是指通过电话或传真(信函、电子邮件、即时通信等作为辅助工具)为媒介对目标客户或目标市场进行宣传、推广公司业务和销售产品的互动式行销模式。电话销售是呼出电话服务中最主要的业务，是呼叫中心营销体系中的重要环节，是企业有计划、有组织、有目的地向潜在目标客户进行推广和销售，是企业开拓市场、维系客户的重要手段。

电话销售在国外运用比较早，也已经被认为是成长最快的一种新型销售方式。而在中国，由于通讯行业起步比较晚但发展速度很快，电话作为一种方便、快捷、经济的现代化通讯工具正日益得到普及，也越来越多地运用在咨询和购物方面。作为一种新的有效销售方式，越来越多的公司和行业开始重视电话销售，比如在保险、电信、移动、金融、培训、人力资源等适用电话销售的行业，电话销售作为公司业务推广和销售产品的

主要方式，几乎已完全取代了传统的面对面销售方式。

二、电话销售的特点

电话销售之所以超越传统模式成为主流的销售模式，本身具有两大明显优势：一是电话销售的相对成本较低。随着传统销售模式在人力成本、交通费用和机会成本等方面的不断攀升，电话销售逐渐引领一种潮流，受到各种行业的重视，成为企业不可或缺的一种主流销售模式。二是电话销售的效率很高。电话是世界上最快的交通工具，可以在几秒钟之内到达世界的任何地方，可以迅速有效地与客户沟通、解决客户的问题、增加客户的保持率、提高企业利润率。

除了拥有两大突出优势之外，电话销售还具备与其他销售模式不同的特性：

(一) 电话销售是一种互动沟通的过程

电话销售的过程是电话营销员与客户进行的"一对一"交流互动沟通的过程。最好的销售过程是电话营销员说1/3的时间，而让客户说2/3的时间，如此可以更好地了解客户的需求，及时变换销售技巧。

(二) 电话销售只通过声音传递信息

在电话销售过程中，电话营销员和准客户之间是无法看到对方面部表情、肢体语言的，电话营销员只能靠听觉去感受准客户的所有反应并判断销售方向是否正确。同样，准客户只能借着听到的声音及其传递的信息来判断自己是否喜欢这个销售人员、是否可以信赖这个人、并决定是否继续这个通话过程。因此，具备良好的声音魅力和语言表达能力对于电话营销员来说非常重要。

(三) 电话营销员必须在极短时间内激发客户的兴趣

如果电话销售人员在电话接通的20～30秒时间内无法引起准客户的兴趣，对方可能随时会用各种方式中断通话，因为任何人都不喜欢浪费时间去听与自己无关的事情，除非这通电话对他们产生某种好处。

(四) 电话销售是感性的销售而非全然的理性销售

电话销售是感性销售的行业，电话营销员必须在"感性面"多下工夫，首先打动客户的心，再辅以理性的资料以强化感性销售层面。

三、中国电话营销发展历程中的重要事件

1998年，美国戴尔计算机公司(后更名为"戴尔公司")在厦门设立客户服务中心，开展电话直销业务。

2001年，作为中国市场最早的外包服务商——维音数码开始为美国AT&T进行离岸

外包电话营销服务，这是中国第一家越洋开展离岸外包电话营销服务的公司。

2001年，中国惠普有限公司在上海金桥设立"中国惠普客户互动中心"，首创分销渠道的"协同销售模式"，同年创立"渠道销售中心"，在中国首创利用呼叫中心进行分销渠道管理的商业模式。

2003年，张煊博先生的专著《一线万金——电话销售培训指南》出版，这是中国电话营销史上第一本关于电话营销技巧的图书。

2003年，美国友邦保险公司AIA在中国首推媒体营销，成为业界第一个利用电话进行保险直销的公司。

2003年，中国联通在广东、浙江秘密试水打造电话营销为主的直复营销体系，第二年利用直复营销体系在全国十几个省推广"世界风"取得一定成功，这是占据中国呼叫中心半壁江山的中国电信运营商首次大规模的电话营销应用。

2007年，中国保监会向各保险机构下发了《关于规范财产保险公司电话营销专用产品开发和管理的通知》，这也是第一份有关电话营销的国家级规范性文件。

四、成功电话销售的要素

企业实施电话销售成功与否与一些关键因素有关，这些关键成功因素主要包括如下几个方面。

(一) 准确定义目标客户

准确定义适合企业产品或服务的目标客户是电话销售成功的基础，准确定义目标客户主要表现在两个层面：一是企业，企业需要分析和找到目标客户相对集中的那部分市场并通过各种营销活动去影响这个市场里的所有客户，只有在这个市场中寻找客户，才会有的放矢，才能完成企业目标；二是电话营销员，电话营销员每天都会与相当数量的客户进行接触，但这些客户是否是你的目标客户，电话营销员需要去判断和定义，比如你销售的是一台价值100万的汽车，而对方是一个年收入仅有3万元的刚刚毕业的客户，显然是不合适的。因此无论是In Bound Call(呼入电话)销售还是Out Bound Call(呼出电话)销售，准确定义目标客户都会增加销售的成功率。

(二) 准确的营销数据库

定义了你的目标客户后，你需要一个准确的客户数据库。电话营销员可以每天从这个数据库中调出自己的客户资源，然后去不断跟进电话，随时把握客户的需求变化，客户管理也容易了许多。客户资料越准确，电话销售的效率越高，成效也越明显。准确的数据库可以保证电话营销员每天与客户充分的电话沟通时间，减少了无效电话，使电话销售更具计划性，提高了销售的成功率。

(三) 良好的系统支持

系统支持包括电话系统、客户关系管理(CRM)系统、销售管理系统等等，良好的系统支持对于提高企业电话销售的成功率作用明显，主要有几方面：一是可以使业务流程系统化、规范化；二是可以方便电话营销员管理自己的客户，提高电话销售的效率；三是便于管理层管理和分析客户，制订合适的电话销售策略；四是可以增强部门之间的协作和沟通。

(四) 各种媒介的支持

企业实施电话销售需要包括各类广告、信件直邮等各种媒介的市场活动配合和支持，媒介支持做的好，能够吸引有明确需求的客户，让客户了解企业的经营范围、内容、理念和风格，从而产生与企业进行沟通和合作的冲动，甚至主动向呼叫中心打入电话。一般说来，主动呼入的客户电话具有明确的需求和消费意愿，电话营销员可以针对他们提供准确、个性化的服务，销售成功率也就比较高。企业通过这些媒介对客户进行宣传，影响客户对企业和产品的认识，引起他们的兴趣。那么，当电话营销员与客户沟通交流时就相对轻松多了，很容易把潜性需求变为显性需求，将会极大地提高销售的成功率。

(五) 明确的多方参与的电话销售流程

电话销售需要各个部门的配合和支持，在复杂产品的销售中，电话营销员、外部销售代表、售前工程师等不同部门的人员需要相互协调、分工合作。如果销售流程不明确，会给客户留下不好的印象，影响企业形象。例如在跟进客户时，电话营销员如果与外部销售代表沟通不顺畅，可能会出现同时给一个客户打电话、探讨相同的一件事，引起客户对企业管理上的质疑。因此一个明确的电话销售流程是非常重要的，可以去规范部门和人员的行为，明确他们的职责，真正提高电话销售的工作效率。

(六) 高效专业的电话销售团队

电话销售主要是由电话营销员来完成的，是电话营销员与客户接触，进行宣传企业、推广业务、销售产品、建立客户关系等工作内容，因此，一支高效专业的电话销售团队是企业电话销售能否成功的一个很重要的因素。如何建立高效、专业的电话销售团队呢？主要有几点：

一是人员的选拔和培训，做好企业招聘工作和长期稳定的培训计划；

二是实施有效的激励制度，保证人员的工作积极性和企业归属感；

三是完善的组织体系，做到有序组织、合理分工、统筹管理。

第二节　电话销售的基本流程与技巧

电话销售的具体执行流程以及在执行流程中所运用的营销技巧是电话销售的关键环节，它决定着电话销售的成败。电话销售的流程应该是在两个层面上的：一是电话营销中心的运营流程，可以称之为战略流程；二是电话销售的具体执行流程，可以称之为战术流程。

一、寻找目标客户

电话销售成功的关键是找到适合企业产品或服务的潜在有效的目标客户。优秀的电话营销员在与客户沟通进行产品销售之前最主要的任务是确定对方是否是你的目标客户，快速寻找到目标客户未必一定会产生良好的销售业绩，但可以帮助你节省大量的时间与精力，确保你的销售方向不会出现偏差。

(一) 判断目标客户的标准

一般来说，潜在有效的目标客户符合两个方面的标准。

1. 有潜在或者明显的需求

如果客户购买企业的产品或者服务，必然是企业的产品或服务可以满足客户潜在或者明显的需求。需求的产生必须满足两个条件：一是客户对企业的产品或服务有购买欲望；二是客户在经济实力上具有购买能力。

什么样的客户可能会产生需求呢？我们需要根据企业的具体产品或服务对目标客户群进行分类和定位，适合企业产品或者服务的客户必须满足一定的条件。比如互联网搜索服务推广的产品针对的是那些拥有网站的单位用户；销售汽车，需要考虑到目标客户的收入、职业、个性等条件；销售服装类的产品，需要从年龄、性别、职业、生活方式等方面确定目标市场。

2. 具有购买产品或者服务的决定权

不管我们的客户是否是产品的最终使用者，他必须具有购买的决定权或者对购买决策具有很大的影响力，才是我们电话销售的目标客户。通常具有影响购买决策权的客户主要有四类：一是直接使用者，是产品的最终受益者，是非常关键的具有决定权的人；二是决定者，通常是公司的高层或负责人，有最终批准购买的权力；三是评估人，他们对购买的产品或服务进行分析评估，有权利否决，具有合理的破坏权；四是相关群体，包括家人、朋友和一些社会组织等，也具有一定的合理破坏权。

(二) 寻找目标客户的方法

企业找到那些潜在有效的目标客户非常重要，是进行电话销售的前提和基础。企业寻找目标客户的方法主要有如下几种。

1. 交易会法

国外国内每年都有不少交易会，如广交会、高交会、中小企业博览会等等，交易会不仅实现交易，更重要的是寻找客户、联络感情、沟通了解。

2. 资料整理法

现有的客户、与企业联系过的单位、企业举办活动(如公共关系、市场调查等)的参与者等等，这些信息资料都应该得到良好的整理和保存，当这些资料积累到一定的程度，就会形成庞大的客户资源。

3. 咨询法

一些行业组织、技术服务组织、咨询单位等，他们手中往往集中了大量的客户资料和资源以及相关行业和市场信息，通过咨询的方式寻找客户不仅是一个有效的途径，有时还能够获得这些组织的服务、帮助和支持，比如在客户联系、介绍、市场进入方案建议等方面。

4. 委托助手法

这种方法在国外用得比较多，一般是企业营销人员在自己的业务地区或者客户群中通过有偿的方式委托特定的人为自己收集信息，了解有关客户和市场、地区的情报资料等等；国内的企业也有，就是营销人员委托企业中间商的相关人员定期或者不定期提供一些关于产品、销售的信息。

5. 资料查阅法

营销人员经常利用的资料有：有关政府部门提供的资料、有关行业和协会的资料、国家和地区的统计资料、企业黄页、工商企业目录和产品目录、电视、报纸、杂志、互联网等大众媒体、客户发布的消息、产品介绍、企业内刊等等。

6. 介绍法

企业通过委托国内外各种商会(如中国纺织品进出口商会等)、银行及有业务关系的企业介绍寻找客户；营销人员通过社会关系的直接介绍或者提供的信息进行客户寻找，也可以通过企业的合作伙伴、客户等进行介绍。

7. 广告宣传法

(1) 向目标客户群发送广告。

(2) 吸引客户上门展开业务活动或者接受反馈展开活动，例如通过媒体发送某个产品的广告，介绍其功能、购买方式、地点、代理和经销办法等，然后在目标区域展开活动，寻找客户资料。

(三) 前台或者总机的沟通策略

明确了目标客户，当电话营销员给陌生客户打电话的时候，遇到的第一个困难可能就是前台或总机。如何绕过前台或总机，联系上目标客户，需要电话营销员具备一定的沟通策略。

1. 前台或者总机的提问

前台或总机一般都是通过提出问题来分析判断来电是否需要转接，通常会包括三句话："请问您哪里？""请问您要找谁？""请问您有什么事情？"这三句话概括起来是两类问题：一是关于人的问题；二是关于事情的问题。

2. 应对前台或总机提问的沟通策略

由于前台或总机是通过提出的两类问题来考虑是否转接电话，那么针对这两类问题，我们可以用两种沟通策略：一是关键人物转接法，电话营销员向前台或总机表明自己或者与要找的人是很重要的关系；二是重要事情转接法，电话营销员向前台或总机表明转接给联系人是因为非常重要的事情。这两种沟通策略都给前台或总机一个无法拒绝的理由，从而接触到目标客户。

【案例】

自从牛德生当上局长后，就很少回家看望住在乡下的父母，二老也难得到县城儿子家住个十天半月。乡下离县城有八九十里，平时联系也不方便，遇到有急事还得跑到三四里远的小镇打电话。

一个星期一的早晨八点多钟，牛局长刚到办公室坐下，女秘书就接到一个电话："请找牛娃接电话！"电话是牛局长的父亲从乡下小镇打来的。老伴昨夜去世，他大清早跑到镇上打电话通知儿子，结果儿子家没人接电话，只好打到儿子办公室来，"牛娃"是牛局长的乳名，女秘书自然不知道。"我们这里没有这个人！"女秘书"啪"的一声将电话挂上了。

牛局长的父亲不禁纳闷：自己的儿子不是一局之长吗？怎么会没这个人呢？老伴因病去世，做儿子不知道哪行？牛局长的父亲急得团团转，不由得摸起后脑勺。突然急中生智：单位里不都兴称官职吗，不妨找"牛局长"试试。于是又提起电话拨了一次，接电话的仍是刚才的女声："喂，请问找哪位？""请问牛局长在不在？""等一下，我看看。"女秘书放下电话，去给牛局长传电话。牛局长一听是找"牛局长"的，以为又是哪个单位的事要协调，于是对女秘书说："就说在开会，等一会儿再打。"女秘书拿起电话，回了句："牛局长正在开会，等会儿再打。"就把电话挂断了。

牛局长父亲不知道儿子为何不接电话，只好等了一会儿又将电话拨过去，接电话的仍是那个女的："请找牛德生接电话！"这回牛局长父亲换了一种口吻，相信这下儿子该接电话了吧。女秘书听了这种口气，知道这人肯定和局长关系非同一般，赶紧过去传话。牛局长一听是找"牛德生"，认为不是同学就是亲戚找他帮忙，于是将手一摆："就说我不在！"女秘书照局长的意思回复过去后，就挂机了。

牛局长父亲一听肺都要气炸了：刚才明明还在，怎么一会儿又说不在？还给老子玩花样！他憋着性子，分析着如何让儿子接电话。忽然他想起一次看见儿子接电话毕恭毕敬的情景，不由计上心头，再一次将电话拨过去，接电话的还是那个女秘书："喂，请叫小牛接电话。"女秘书一听语气，认为是哪位领导，不敢怠慢，赶紧请牛局长接电话。牛局长一听是找"小牛"，立即放下手中的工作，三步并作两步赶到电话旁，恭恭敬敬地拿起话筒："喂，请问是哪位领导……"话没讲完，那边就传来老父嘶哑的吼声："领导个屁！我是你老子，你妈昨晚死了！"牛局长一听，瘫倒在地。

"世上无难事，只怕有心人"。作为电话营销员，无论面对怎样难缠的前台或总机，只要愿意动脑筋，就一定能够找到可以接触客户的方法。

（四）电话销售的前期准备工作

当电话营销员找到了目标客户，并可以绕过前台或总机这样的障碍，在与目标客户正式沟通之前，还需做好细致的准备工作。

1．设定目标

专业的电话营销人员在打电话给客户之前一定要预先订下希望达成的目标，如果没有事先订下目标，将会使销售人员很容易偏离主题，完全失去方向，浪费许多宝贵的时间。电话销售的目标有两类：

(1) 主要目标，包括销售出产品、确认客户何时做购买决定、让目标客户同意产品提案等；

(2) 次要目标，包括获取客户相关资料、引起客户的兴趣、销售未预订的产品、预约与客户联系的时间等。

2．具体准备事项

为了完成既定的目标，电话营销员必须在拨通电话之前做好一些具体的准备事项。

(1) 研究准客户的基本资料，了解客户可能的购买动机；

(2) 整理出一份详尽的产品资料，应付客户可能提出的任何关于产品的问题；

(3) 调整好自身状态，包括真诚的笑容、有热情的声音、随手可拿的记事本等。

二、成功有效的开场白

在电话销售中，当电话营销员打通客户电话的那一刻就会面临被客户拒绝的可能性，因此一个成功有效的开场白对于电话销售非常重要。

（一）开场白的概念

在电话销售中，开场白就是指在电话接通后的20～30秒时间内，电话营销员为引起目标客户的兴趣所说出来的话。电话销售开场白通常包括几个要素：

(1) 问候语。比如"你好，××经理，您现在接电话方便吗？"这句话是非常经典的开场白问候语，它有几个好处，首先它体现了电话营销员的礼貌，表达了对客户的尊重；其次它表明电话营销员知道对方的姓名和职务等，让客户认为对方可能认识自己；最后可以确认客户在时间上的可行性。因此，这句问候语是很多电话营销员经常运用的。

(2) 相关人和事物的阐明。搭建沟通桥梁，拉近与客户的距离。

(3) 自我介绍。主要是告知客户自己的姓名和公司名称。

(4) 打电话的目的。电话营销员应该站在客户角度上介绍打电话的目的，主要是为了帮助客户解决问题，提供有质量的产品或服务。

(5) 转向探索客户的需求。

(二) 成功有效的开场白方式

开场白的主要目标是吸引客户的注意力，激发客户的兴趣，让客户心甘情愿地与电话营销员继续沟通交流。吸引客户注意力的开场白方法主要有如下几种。

1. 陈述价值法

电话营销员在开场白中用最精炼、最直白的语言让客户明白电话营销员是为他提供帮助和解决问题的，这通电话可以为他带来什么样的价值。由于同一产品或服务对不同人的价值体现是不同的。因此在运用价值陈述方法时，电话营销员不仅要对其所销售产品或服务的普遍价值有研究，还要研究对这个客户而言产品的价值在哪里。

2. 激发兴趣法

好奇心是引起客户注意力和兴趣的关键所在。这种开场白主要是指电话营销员通过提出刺激性的问题与同行业竞争对手类比，以优惠赠送等方式引起客户的注意力和兴趣，从而进一步与客户沟通交流。

3. 真诚赞美法

美国心理学家威廉·詹姆斯说："人类本性上最深的企图之一是期望被赞美、钦佩和尊重。"渴望被赞美是每一个人内心的一种基本愿望，而赞美对方是获得对方好感的有效方法。电话营销员为了可以继续与客户进行交流沟通，要审时度势，掌握正确赞美客户的技巧。这些技巧主要包括：

(1) 真诚地赞美。赞美应该是实事求是、有根有据的，是真诚的、发自内心的。

(2) 借用第三者的口吻来赞美。电话营销员可以借用客户认识的人的名义来赞美客户，避免有恭维奉承的嫌疑。

(3) 赞美要大方、得体、适度。赞美要根据不同的对象采取不同的赞美方式和语气去适应对方，比如对年轻人和德高望重者使用的语气就需要有所区别。

4. 客户服务法

无论面对的是老客户或者陌生客户，电话营销员都可以使用客户服务的名义询问客户对本企业产品或类似产品的使用感受，有哪些意见或者建议。这种方法可以打消客户的疑虑，使接下来的沟通变得顺理成章。

电话销售的开场白还有很多种方法，比如给客户发送一些信息、邮件或者小礼品等，然后以此做切入口或提到客户所认识的人或事等方法。总之，电话营销员一定要在电话接通的时候找到适合你产品的开场白，以最快的速度吸引客户的注意力和激发客户的兴趣。

三、建立信任的客户关系

通过电话与客户建立起信任关系是电话销售的基础。作为电话营销员，与客户的任何一次接触，无论是通过电话、邮件、传真还是其他方式，都一定要致力于与客户建立长期信任的关系。

（一）赢得客户信任的要素

由于大部分客户是通过与电话营销员的直接接触来形成对公司的第一印象的，即使在这之前他可能看到过企业的广告、听朋友说起过企业的产品或服务，但只是间接印象，因此客户对于电话营销员的信任关系要比对公司层面的信任关系重要。

客户对电话营销员的信任主要有如下几个要素。

1. 说话方式

讲话方式指的是电话营销员的声音表现是否专业。电话销售是通过声音来传递信息的，在客户对电话营销员的专业能力了解不多的情况下会通过其说话方式——包括语音、语速、语调及语言文字等因素来判断电话营销员是否专业。

2. 说话内容

讲话内容指的是电话营销员的专业能力，包括产品知识、行业知识以及对竞争对手等的深入了解。电话营销员可以运用自己的专业能力让客户从心里产生钦佩之情，从而建立信任关系。

3. 诚信的态度

诚实而守信的电话营销员往往容易取得客户的信任。一名优秀的电话营销员应该具备两点品质：一是做人诚实，能够从客户的角度出发，开诚布公，真正地为客户提供帮助，解决客户的问题；二是诚实守信，慎重承诺，做到言出必行，赢得客户的尊重。在电话沟通中，客户是可以通过电话营销员的声音来判断对方是否具有诚信的态度的。

4. 致力于长期关系的建立

电话营销员当然希望在最短的时间内与客户建立起信任关系，但对大部分客户来讲，必须经过了解、喜欢、信任这个过程才能建立起信任关系。我们从实践中发现，那些致力于建立长期关系的电话销售人员更能赢得客户的信任。

（二）与客户建立信任关系的方法

1. 提高声音的魅力

在电话销售中，客户首先听到的就是电话营销员的声音，具有魅力的声音是吸引客户的首要条件。电话营销员的声音能否让客户接受，是否富有感染力，除了天生的条件之外，还可以通过一些方法来改善和提高。

在电话销售中，电话营销员提高声音魅力的方法主要有如下几种。

(1) 吐字清晰。学好普通话，避免鼻音和方言。

(2) 保持微笑。客户是可以在电话中感受到电话营销员的微笑的，保持微笑的状态，把快乐的情绪传染给你的客户。

(3) 抑扬顿挫。富于变化的语气、语调可以反映出电话营销员的热情和自信，可以保持与客户良好的语言互动状态。

(4) 配合客户的语速。电话营销员应根据客户的说话速度调整自身的语速。

(5) 语言的顺畅连贯。首先要说话流利，避免结结巴巴；其次语言要具备一定的逻辑顺序。

2. 尊重客户

(1) 学会倾听。积极认真地倾听客户说话是理解尊重客户的重要方式，电话营销员必须要掌握好倾听的方法。一是不打断客户的话；二是认可对方，对客户的话表示回应；三是确认理解客户所说的内容；四是电话营销员应听出客户的真实意图；五是认真做记录，同时告诉客户你在做记录。

【案例】

美国汽车推销之王乔·吉拉德曾有过深刻的体验。一次，某位名人来向他买车，他推荐了一种最好的车型给他。那人对车很满意，并掏出10 000美圆现钞，眼看就要成交了，对方却突然变卦而去。

乔为此事懊恼了一下午，百思不得其解。到了晚上11点，他忍不住打电话给那人："您好！我是乔·吉拉德，今天下午我曾经向您介绍一部新车，您马上就要买下，却突然走了。"

"喂，你知道现在是什么时候吗？"

"非常抱歉，我知道现在已经是晚上11点钟了，但是我检讨了一下午，实在想不出自己错在哪里了，因此特地打电话向您讨教。"

"真的吗？"

"肺腑之言。"

"很好！你用心在听我说话吗？"

"非常用心。"

"可是今天下午你根本没有用心听我说话。就在签字之前，我提到我的儿子吉米即将进入密执安大学念医科，我还提到他的学科成绩、运动能力以及他将来的抱负，我以他为荣，但是你毫无反应。"

乔不记得对方曾说过这些事，因为他当时根本没有注意。乔认为已经谈妥那笔生意了，只等着签字交钱了，他根本没有用心听对方在说什么，反而在听办公室内另一位销售员讲笑话。

如果我们只关心自己的切身利益而没有用心倾听客户的声音，再好的销售技巧也掩盖不了我们对客户的心不在焉，结果就是，客户将会离我们越来越远。

(2) 适度赞美。适度的赞美可以让客户对电话营销员产生好感，更易于接受对方。赞美的途径主要有赞美客户的声音、赞美客户所在的企业、赞美客户的专业能力等。

(3) 同理心的运用。表达同理心就是要求电话营销员认同客户的观点，站在客户的立场上想问题，目的是让客户感受到电话营销员理解他、尊重他。主要方法有：一是表示同意客户的想法，即使客户的想法是偏颇的，也千万不要直接反驳客户；二是表示客户的想法不是独有的，其他客户也有过类似的想法；三是表示理解客户所关心的需求或问题如果未被满足将带来的后果；四是表示理解和体会客户目前的感受。电话营销员在使用同理心技巧时，除了要站在对方的角度去了解其所表达的信息、认同其观点外，还要理解对方的感情成分和理解对方隐含的表达内容。

电话营销员表达同理心时有两点值得注意：一是说话的内容应和说话的语气以及面部表情相一致；二是不要太急于表达，以免让客户感觉你做作，是在故意讨好他。

【案例】

素有"经营之神"之称的日本松下电器总裁松下幸之助有一次在一家餐厅招待客人，一行六个人都点了牛排。等六个人都吃完主餐，松下让助理去请烹调牛排的主厨过来，他还特别强调："不要找经理，找主厨。"助理注意到松下的牛排只吃了一半儿，心想一会儿的场面可能会很尴尬。

主厨来时很紧张，因为他知道请自己的客人来头很大。"是不是牛排有什么问题？"主厨紧张地问。"烹调牛排，对你已不成问题。"松下说，"但是我只能吃一半。原因不在于厨艺，牛排真的很好吃，你是位非常出色的厨师，但我已80岁了，胃口大不如前。"

主厨与其他的五位用餐者困惑得面面相觑，大家过了好一会儿才明白怎么一回事。"我想当面和你谈，是因为我担心，当你看到只吃了一半的牛排被送回厨房时，心里会难过。"如果你是那位主厨，听到松下先生的如此说明，会有什么感受？是不是觉得备受尊重？客人在旁听见松下如此说，更佩服松下的人格并更喜欢与他做生意了。

同理心的运用不是空泛的，是实实在在的。没有不需要关心的客户，电话营销员对客户发自内心的关怀和体贴，更容易与客户产生心灵上的共鸣。

(4) 注重电话礼仪。常言说"礼多人不怪"，电话营销员必须注重电话礼仪，体现对客户的尊重。按照通话过程来分类，电话销售中要注意的电话礼仪可分为：接通电话时的礼仪、通话中的礼仪、结束通话的礼仪。

3. 配合客户性格模式

根据人的性格特征和行为方式，按照行事的节奏和社交能力分为力量型、活泼型、和平型和完美型这四种类型，电话营销员需要通过声音判断出客户的性格模式，然后配合对方性格模式进行沟通，可以迅速拉近与客户的距离。

(1) 力量型。力量型的人属于做事爽快、决策果断、以事实和任务为中心，他们给人的印象是不善于与人打交道。他们常常会被认为是强权派人物，喜欢支配人和下命令。他们的时间观念很强、讲求高效率、喜欢直入主题、不愿意花时间同你闲聊、讨厌自己的时间被浪费。

声音特性：在电话中往往讲话很快，音量也会比较大，讲话时音调变化不大。

由于时间对于力量型的客户很重要，所以电话营销员如果是一位所销售产品行业内的专家，可以更吸引他们。电话营销员要时刻注意不要浪费他们的时间，电话要高效，不要以命令的语气与他们沟通，不要在电话中同他们闲聊，谈完正事，马上结束电话。

(2) 活泼型。活泼型的人沟通能力特别强，通常以人为中心，而不是以任务为中心。他们很健谈，通常具有丰富的面部表情，很容易成为一群人交谈的核心。他们追求的是能被其他人喜欢和认可，喜欢在一种友好的环境下与人交流，社会关系对他们来讲很重要。活泼型的人做决策时往往不关注细节，凭感觉做决策，做决策也很快。他们喜欢有新意的东西，没有创意、重复枯燥的事情往往不能吸引他们。

声音特性：在电话中往往讲话很快；音量也会比较大；讲话时音调富有变化，抑扬顿挫；同时，他们在电话中也会表现得很热情和友好。

对于活泼型的客户，电话营销员应该在电话中传递自己也很看重关系、也很热情，愿意花时间进行沟通交流这样的一些信息，对与活泼型客户建立融洽关系是非常有帮助的。

(3) 和平型。和平型的人友好、镇静，做起事情来显得不急不躁，喜欢按程序做事情。个人关系、感情、信任、合作对他们来说很重要，在团体中发挥作用是他们的梦想。这个类型的人做决策一般会较慢，在遇到压力时会趋于附和。

声音特性：他们在电话中往往讲话不快，音量也不大，音调会有些变化。

对于和平型的客户，电话营销员不可以在电话中显得太过于热情，以免引起对方怀疑。你要尽可能地找到与对方共同的兴趣、爱好，并通过这些与客户建立起一定的关系。

(4) 完美型。完美型的人工作认真，讨厌不细致、马虎的工作态度，他们喜欢通过大量的事实、数据来做判断，做决策比较慢。他们需要在一种他们可以控制的环境下工作，不太容易向对方表示友好，平时也不太爱讲话。

声音特性：他们在电话中往往讲话不快，音量也不大，音调变化也不大。

对于完美型的客户，电话营销员一定要认真，凡事要考虑得仔细，注意细节。在电话中，不要显得太过热情，要直入主题。他们如果愿意与你在电话中交谈的话，你要提供更多的事实和数据，以供他们做判断。

4. 注重情感交流

(1) 如果客户愿意的话，电话营销员可以与客户聊些销售以外的事情，寻找与客户的共同点。

(2) 电话营销员需要真正关心客户，关心客户的职业发展、生活，甚至其家人。

(3) 电话营销员需要配合客户的兴趣爱好，谈客户感兴趣的话题，投其所好。

(4) 对客户给予的帮助报以真诚的感谢和回馈。

(5) 对于个人工作原因出现的失误，要勇于承担责任，及时改正，并取得客户的谅解。

(三) 维护客户关系的六大工具

1. 电话

电话是与客户保持联系和沟通的最常用、最有效的工具。营销员在工作中应多给客户一些时间、多打一个电话给客户，逐步加深客户对你的印象，进而建立互相信任的关系。

跟进电话需要注意几点：

(1) 保持适当的时间间隔；

(2) 找到一个合适的理由和切入点；

(3) 符合销售流程；

(4) 不要每通电话都涉及产品。

2．电子邮件(传真)

电子邮件已经成为既方便又快捷的重要沟通工具。通过群发电子邮件，可以与所有的客户保持一种比较密切的联系，节日问候、新产品介绍等都可以通过电子邮件来完成。发送电子邮件要注意的一点是必须取得客户的同意。

随着互联网的发展，传真正逐步被电子邮件所取代，但对于部分还不太习惯使用电子邮件的客户来讲，传真也是有效的跟进及建立联系的工具。

3．短信

随着手机的日益普及，短信问候也是一个比较好的与客户保持长期接触的方法，最常见的是节日问候和生日祝福等。当电话营销员准备通过短信的方式向客户介绍产品或者服务时，最好预先告诉目标客户，短信的内容要言简意赅并且署名。

4．即时通信

网络时代，在线聊天已经成为一个被普遍应用的交流方式。QQ、MSN等即时通信工具为电话营销员与客户的沟通提供了便利性，而且也更容易让电话销售人员与客户成为朋友。所以，电话销售人员申请一个QQ号码或者MSN号码是必要的。

5．邮寄礼品

节假日来临的时候，通过短信或电子邮件向客户问候的方式已非常普遍。除此以外，在条件允许的情况下，电话营销员最好能给客户寄些实用的小礼品，这是实施情感销售的一个必要环节。

6．信件或明信片

虽然网络时代电子邮件的方式逐步代替明信片和手写信件，毕竟成本更低、效率更高。不过传统的手写信件或明信片在销售中确实也有着不可估量的作用，毕竟现在的客户收到信件的数量大大降低，如果电话营销员采用信件或明信片方式传递信息，可以给客户与众不同的感觉，而且手写信件或明信片可以与电子邮件搭配使用。

四、发掘客户的需求

在大多数电话销售中，目标客户的需求都是潜在性的，如何让客户的潜在性需求变为明显性需求，需要电话营销员引导客户、转换客户的思想、改变客户的内在想法、发掘出客户的需求。

(一) 传统的FAB销售模式

在多数的销售过程中，销售人员还是运用传统的FAB利益销售法。

F：Feature(特性)，是指产品所有可以感觉到的物理的、化学的、生物的、经济的等特征，是可以用一系列指标、标准等予以表示和说明的，包括品名、数量、质量、款式、安装、用途等。

A：Advantage(优势)，是产品具有的客观、准确的优点，包括功能、性能、款式、形象、价格等方面的竞争力。

B：Benefit(利益)，是产品能够满足客户某种需要、给客户带来期望的或意想不到的好处和价值。

FAB法是一种行之有效的产品推介法，是指在销售过程中将产品本身的特点、产品所具有的优势、产品能够给客户带来的利益有机地结合起来，按照一定的逻辑顺序加以阐述的销售模式。

(二) 发掘客户需求的方法

在电话销售中如何了解客户的真实想法、如何引导客户、如何发掘客户的需求、如何让客户的潜在性需求变为明显性需求，最有效的方式是提出问题。

1. 有效提问的5W2H原则

(1) What(什么)——是什么？目的是什么？做什么事情？了解客户正在期望做的事情和目标。

(2) Why(为什么)——为什么要这么做？什么理由？什么原因？为什么是这样的结果？了解客户想法的原因和动机。

(3) Who(谁)——谁来完成？谁来负责？谁参与？了解与某件事情有关联的人。

(4) When(何时)——什么时候？什么时间完成？什么时机最适宜？了解某件事情的具体时间。

(5) Where(何地)——在什么地方？从哪里开始？了解具体地点和场所。

(6) How(如何)——怎么做？方法怎样？了解客户具体的实施方案。

(7) How Much(多少)——多久？多少钱？什么程度？了解费用、时间、产出的具体计划或定义。

2. 有效提问的方式与步骤

提问方式通常有两种类型。一种是开放式提问，就是为引导对方能自由启口而设定的提问。如果电话营销员想多了解一些客户的需求，就要多提一些开放式的问题。能体现开放式问题的疑问词有："什么"、"哪里"、"告诉"、"怎样"、"为什么"、"谈谈"等。一种是封闭式的提问，是指为引导谈话的主题、由电话营销员选定特定的问题，希望客户的回答限定于一定范围。封闭式问题的疑问词有："能不能"、"对吗"、"是不是"、"会不会"、"多久"等。

为了深度发掘客户的需求，电话营销员需要在电话接通前设定一些问题。在电话销售中，电话营销员的有效提问主要有如下几个步骤。

(1) 获取客户基本信息的提问。客户的需求来自于其所处的工作和生活环境，所以电话营销员首先应获得客户的一些基本信息，更多地了解客户与自己的产品应用有关的环境条件，以利于更好地理解客户的需求。

（2）引发问题的提问。客户需求的产生是由于自身有需要解决的问题或者是现实与期望之间的差距，电话营销员需要知道客户现在对其产品应用方面的态度，尤其是不满意的地方。

（3）激发客户需求的提问。当电话营销员找到了客户对现状的不满之处后，通过提出激发需求的提问引起客户的高度重视，让客户感到解决这类问题的紧迫性。

（4）引导客户解决问题的提问。当客户已经意识到现在所面临问题的严重性后，通过引导客户解决问题的询问让客户看到解决这些问题后给他带来的积极影响。在电话销售中，专业的电话营销员应该引导客户一步步往前走，帮助客户做决策，而不能被动地等待客户来做决策。

（5）与客户决策相关信息的提问。探询与客户决策相关的信息，了解客户的决策流程、决策人、影响决策的人员等。另外应有足够的敏感度来获得竞争对手的信息，获得竞争对手信息的最佳时机就是当客户主动提到竞争对手时。

（6）对客户具体需求的提问。当客户有了明确的需求以后，电话营销员应尽可能多地了解客户更加具体的需求。同时也应探询这种需求产生的原因，以利于自己更有针对性地介绍产品。

【案例】

街上有三家水果店。

一天，有位老太太来到第一家店里，问"有李子卖吗？"店主见有生意，马上迎上前说："老太太，买李子啊？您看我这李子又大又甜，还刚进回来，新鲜得很呢！"没想到老太太一听，竟扭头走了。店主纳闷着，哎，奇怪啊，我哪里不对得罪老太太了？

老太太接着来到第二家水果店，同样问："有李子卖吗？"第二位店主马上迎上前说："老太太，您要买李子啊？""啊。"老太太应道。"我这里李子有酸的，也有甜的，那您是想买酸的还是想买甜的？""我想买一斤酸李子。"于是老太太买了一斤酸李子就回去了。

第二天，老太太来到第三家水果店，同样问："有李子卖吗？"第三位店主马上迎上前同样问道："老太太，您要买李子啊？""啊。"老太太应道。"我这里李子有酸的，也有甜的，那您是想买酸的还是想买甜的？""我想买一斤酸李子。"与前一天在第二家店里发生的一模一样，但第三位店主边给老太太秤酸李子边聊道："在我这买李子的人一般都喜欢甜的，可您为什么要买酸的呢？""哦，最近我儿媳妇怀上孩子啦，特别喜欢吃酸李子。""哎呀！那要特别恭喜您老人家快要抱孙子了！有您这样会照顾人的婆婆可真是您儿媳妇天大的福气啊！""哪里哪里，怀孕期间当然最要紧的是吃好、胃口好、营养好啊！""是啊，怀孕期间的营养是非常关键的，不仅要多补充些高蛋白的食物，听说多吃些维生素丰富的水果，生下的宝宝会更聪明些！""是啊！那哪种水果含的维生素更丰富些呢？""很多书上说猕猴桃含维生素最丰富！""那你这有猕猴桃卖吗？""当然有，您看我这进口的猕猴桃个大、汁多、含维生素多，您要不先买一斤回去给您儿媳妇尝尝！"这样，老太太不仅买了一斤李子，还买了一斤进口的猕猴桃，而且以后几乎每隔一两天就要来这家店里买各种水果。

同样做生意，有的人越做越兴旺，有的人做着做着就关门了，这其中的原因值得我们深思。人文关怀的感性销售在生意场上越来越重要，销售员多问客户一个问题，就可以多了解客户的需求，进而更好地服务客户。

五、提交合适的解决方案

当客户产生了具体的需求、有了明确的购买欲望时，电话营销员应该抓住时机、提交合适的解决方案，促成交易。

(一) 成交的时机

电话销售是以声音和语言文字作为沟通的媒介，当客户产生了购买欲望时，会在声音和语言文字上表现出明显的行为特征，这就是成交的时机。通常表现在如下几个方面。

(1) 客户开始询问产品及购买的具体细节，包括产品的使用方法、产品的价格、产品的折扣优惠及如何取送货等方面。

(2) 客户开始询问售后服务的详细情况。

(3) 客户开始不断肯定和同意你所讲的话。

(4) 客户开始询问产品给他们带来的利益和好处。

(二) 成交的方法

在电话销售中常用的成交方法主要有如下几种。

1. 直接成交法

当客户有了明确的购买欲望、对成交没有任何异议时，电话营销员可以直接要求客户下订单、签协议。

2. 选择成交法

电话营销员提出两种不同的解决方案供客户选择，不管客户选择何种方案，都是选择达成交易。

3. 假设成交法

假设成交法是指当我们打电话给客户时假设客户一定会使用，是迅速促成交易的方法。如果电话营销员所销售的产品本身价值很低，客户决策速度很快时，这种方法无疑是电话销售方式中最有效的一种。

4. 体验成交法

对于一些具有差异优势的产品，利用客户降低风险的心理，采用先试用的方法加深客户对产品的了解，促成最后的交易。

5. 优惠成交法

又称让步成交法，是指电话营销员通过提供优惠的条件促使客户立即购买的一种方法。

6. 对比成交法

对比成交法是指列举不同时间、不同地点、不同前提条件的成交方式或产品，再将其与现在的销售方式或产品对比，突出现在购买的优势，促使客户达成交易的方法。

7. 限时限量成交法

用时间限制和数量限制给予客户优惠，让客户觉得物有所值，最终促成交易的方法。

8. 故事成交法

是指通过讲一个和客户目前状况紧密相关的故事，在客户听完故事后引导其去思考、权衡，从而最终达成交易。

9. 小点成交法

又称为避重就轻成交法，是电话营销员利用成交的小点来间接地促成交易的方法。这种方法利用了客户的成交心理活动规律，避免直接提示客户比较敏感的、重大的成交问题，而是向客户提出比较小的、次要的成交问题，逐渐由小到大，先小点成交，再大点成交，最后促成客户做出购买决策。

10. 大点成交法

又称为异议成交法，是指电话营销员利用处理客户异议的机会直接要求客户成交的方法。因为凡是客户提出的异议，大多是购买的主要障碍，异议处理完毕如果立即请求成交，往往会收到趁热打铁的效果。

在电话销售中，除了以上常用的方法，还有很多种成交方法，比如针对客户从众心理的从众成交法、利用简便的购买程序吸引客户的简单成交法等等。一旦客户产生了一定的购买欲望，电话营销员一定要抓住成交的时机，运用合理的成交方式完成最后的交易。

六、客户异议处理

我国有一句经商格言："褒贬是买主、无声是闲人。"对销售而言，可怕的不是异议而是没有意见，有异议表明客户对产品感兴趣、有异议意味着有成交的希望。电话营销员通过对客户异议的分析可以了解对方的心理，然后有效地处理好客户异议，则有助于交易的成功。日本一位销售专家说得好："从事销售活动的人可以说是与拒绝打交道的人相沟通，战胜拒绝的人，才是销售成功的人。"

(一) 客户产生异议的原因

在电话销售中，客户产生异议的原因主要来自于客户自身和产品两个方面。

1. 客户方面的原因

- 客户本能的自我保护
- 客户对产品不了解
- 客户缺乏足够的购买力
- 客户已有较稳定的采购渠道
- 客户对产品或企业等有成见
- 客户的决策权力有限

2. 产品方面的原因

- 产品的质量
- 产品的价格
- 产品的品牌及包装
- 产品的售后服务

(二) 客户异议的类型

1. 需求异议

需求异议是指客户认为不需要产品而形成的一种反对意见,它往往是在电话营销员向客户介绍产品之后客户当面拒绝的反应,例如:"我根本不需要它"、"这种产品我们用不上"、"我已经有了"等等。

真实的需求异议是成交的直接障碍,电话营销员如果发现客户真的不需要产品,那就应该立即停止销售。虚假的需求异议既可表现为客户拒绝的一种借口,也可表现为客户没有认识或不能认识自己的需求。电话营销员应认真判断客户需求异议的真伪性,对虚假需求异议的客户,设法让他觉得产品提供的利益和服务符合他的需求,使之动心,再进行销售。

2. 购买力异议

购买力异议是指客户认为缺乏货币支付能力的异议,例如:"产品不错,可惜无钱购买"、"近来资金周转困难,不能进货了"等等。一般来说,真实的购买力异议处置较为复杂,电话营销员可根据具体情况协助对方解决支付能力问题,如答应赊销、延期付款等,或通过说服使客户觉得购买机会难得而负债购买。

3. 决策权异议

决策权异议是指客户以缺乏购买决策权为理由而提出的一种反对意见,例如:"做不了主"、"领导不在"等等。与需求异议和购买力异议一样,决策权异议也有真实或虚假之分。面对没有购买决策权的客户极力销售商品是营销工作的严重失误,是无效营销。在决策人以无权作借口拒绝电话营销员及其产品时放弃销售更是营销工作的失误,是无力营销。电话营销员必须根据自己掌握的有关情况对决策权异议进行认真分析和妥善处理。

4. 价格异议

价格异议是指客户以产品价格过高而拒绝购买的异议。无论产品的价格怎样，总有些人会说价格太高、不合理或者比竞争者的价格高，例如："太贵了，我买不起"、"我想买一种便宜点的"、"我不打算投资那么多，我只使用很短时间"、"在这些方面你们的价格不合理"以及"我想等降价再买"等等。当客户提出价格异议，表明他对产品有购买意向，只是对产品价格不满意而进行的讨价还价。在电话销售中，价格异议是最常见的。

5. 产品异议

产品异议是指客户认为产品本身不能满足自己的需要而形成的一种反对意见，例如："我不喜欢这种颜色"、"这个产品造型太古板"、"新产品质量都不太稳定"，还有对产品的设计、功能、结构、样式、型号等等提出异议。电话营销员一定要充分掌握产品知识，能够准确、详细地向客户介绍产品的使用价值及其利益。

6. 购买时间异议

购买时间异议是指客户有意拖延购买时间的异议，许多客户用拖延来代替说"不"。电话营销员经常听到客户说："让我再想一想，过几天答复你"、"我们需要研究研究、有消息再通知你"以及"先寄一份材料过来，以后答复你"等等。这些拒绝的真正原因可能是因为价格、产品或其他方面不合适，也有可能是为了拒绝电话营销员的接近。

(三) 处理客户异议的原则

1. 做好准备工作

这是电话营销员面对客户异议应遵循的一个基本原则。电话接通前，电话营销员要充分估计客户可能提出的异议，做到心中有数。可以说，良好的准备工作有助于消除客户异议的负面性。

2. 选择恰当的时机

优秀的电话营销员往往能做到预防客户异议的产生和选择恰当的时机对客户异议提供满意的答复。

3. 不要与客户争辩

不管客户如何批评，电话营销员永远不要与客户争辩。与客户争辩，失败的永远是电话营销员。

4. 维护客户的自尊心

客户的意见无论是对是错、是深刻还是浅薄，电话营销员都不能给对方留下轻视的感觉。"你错了"、"连这你也不懂"、"你没明白我说的意思，我是说……"这样的表达方式抬高了自己，贬低了客户，挫伤了客户的自尊心。

(四) 处理客户异议的方法

1. 转折处理法

转折处理法，即电话营销员根据有关事实和理由间接否定客户的意见。应用这种方法是首先承认客户的看法有一定道理，也就是向客户作出一定让步，然后再讲出自己的看法，在使用过程中要尽量少地使用"但是"一词。

2. 转化处理法

客户的异议是有双重属性的，它既是交易的障碍，同时又是一次交易机会。这种方法是直接利用客户的反对意见，转化为肯定意见。应用这种技巧时一定要讲究礼仪，不能伤害客户的感情，一般不适用于与成交有关的或敏感性的反对意见。

3. 取长补短法

如果客户的反对意见的确切中了企业所提供的产品或服务中的缺陷，千万不可以回避或直接否定。明智的方法是肯定有关缺点，然后淡化处理，利用产品的优点来补偿甚至抵消这些缺点。这种方法侧重于心理上对客户的补偿，以便使客户获得心理平衡感。

4. 委婉处理法

电话营销员在没有考虑好如何答复客户的反对意见时，不妨先用委婉的语气把对方的反对意见重复一遍或用自己的话复述一遍，这样可以削弱对方的气势。这种方法只能减弱而不能改变客户的看法，否则客户会认为你歪曲他的意见而产生不满。

5. 合并意见法

合并意见法，是将客户的几种意见汇总成一个意见，或者把客户的反对意见集中在一个时间讨论。总之，是要起到削弱反对意见对客户产生的影响。

6. 反驳法

反驳法，是指电话营销员根据事实直接否定客户异议的处理方法。理论上讲，这种方法应该尽量避免。如果客户的反对意见产生于对产品的误解，而你手上的资料可以帮助你说明问题时，你不妨直言不讳。但要注意态度一定要友好而温和，最好是引经据典，这样才有说服力，同时又可以让客户感到你的信心，从而增强客户对产品的信心。

7. 强调利益法

这种方法是指电话营销员通过反复强调产品能给客户带来利益的方法来化解客户的异议，适用于具有某种缺点又能为客户带来某种突出利益的产品。

8. 价格对比法

这种方法是指客户提出相关价格异议时，电话营销员进行横向或纵向的对比来化解客户的异议。

9. 价格分解法

这种方法是当客户提出有关价格的异议时，电话销售员可以分解计量单位来改变客户的错误看法，以化解客户异议的方法。

总之，无论客户提出什么样的反对意见，电话营销员都要先认可客户的意见，再确认客户异议的真实原因，最后给予适当的处理方法。

在销售过程中，销售人员可能会面对各种各样的拒绝，对于客户的拒绝，有的销售人员积极应对，有的销售人员则消极低落。不同的应对态度会产生两种不同的结果，以下给出了更形象的说明。

你的头脑是一个"思想制造工厂"，一个非常繁忙、每日制造无数思想的工厂。工厂由两位工头负责，一位我们称他为成功先生，另一位我们称他为失败先生。

成功先生负责正面思想的生产，他的专长是生产你会成功的理由。另一位工头失败先生负责生产负面、自贬的思想，他的专长是制造你会失败的理由。成功先生和失败先生都非常听话，你只要稍稍给他信号，他们就马上采取行动。如果事情是正面的，成功先生就会出来执行命令；反之，给出负面信号，失败先生就会出现完成任务。

想要了解这两位工头对你的影响，你不妨这么做——

告诉你自己："今天真倒霉。"失败先生接到这个信号，立刻制造出几个事实证明你是对的。他会让你觉得今天太热或太冷、业绩不佳、有人不耐烦、你生病了、你太太心情不好。失败先生非常有效率，不到一会儿工夫，你就感到今天真倒霉。

如果你告诉自己："今天是个好日子。"成功先生接到信号出来执行任务，他告诉你今天天气好、你仍然快乐地活着、你又可以赶些进程。那么，今天就真的是个好日子。

同理，失败先生让你相信你无法说服史密斯先生，成功先生则告诉你可以；失败先生说你会失败，成功先生则让你相信你会成功；失败先生找到了冠冕堂皇的理由，叫你不喜欢杰克，成功先生则叫你相信杰克是值得喜欢的。

你给他们的信号愈多，他们就变得愈有权力。如果失败先生的工作增加，也就会增加人员，占据脑部更多的空间。最后他就霸占了整个思想工厂，可想而知，所有生产出来的思想都将是负面的。所以最聪明的办法就是开除失败先生，你不需要他，你也不想他在你旁边告诉你这不能、那办不到、会失败什么的。既然他无法帮你达到成功的目的，干脆一脚把他踢开。

完全重用成功先生，不论任何思想进入你的脑中，派成功先生去执行任务，他将引你步向成功。

一个销售员一天拜访100个客户，可能遭到拒绝的有90%，对于意志薄弱的人来说，失败感和挫折感会油然而生，但是当你想到还有10%的客户接受了你的意见，你是成功的呀。所以，在人们的生活和工作中难免会有不如意或情绪低落的时候，但只要想一想能够成功的因素，我们为什么不乐观一点，派成功先生去执行任务呢？

只要我们以乐观积极的心态面对每一个拒绝，我们的大脑就会找到很好的解决方法。

第三节　电话营销员的工作压力与自我调整

一、电话营销员的心理压力来源

(一) 自身能力的短板

电话营销员的工作压力在很大程度上来源于自身能力与工作要求的差距。从事电话销售的工作对于员工的素质要求也是较高的，除了具备扎实的专业知识和业务知识外，还要有乐于竞争、擅长发现商机、良好的抗挫折能力和沟通能力等。一方面由于电话营销员岗位的流动性较大，对于新进员工来说是面临了不小压力；另一方面，对于现有的电话销售员工，由于外部市场环境的变更、客户水平的提高，对于自身能力也提出了更高的要求，这种自身期望与事实之间的差距越大，员工所感触到的工作压力也会越大。

(二) 销售目标的直接影响

有些企业在制订销售目标时会依据同期销售指标完成情况及现有市场环境做出估测，不论是哪种情况，销售目标确定是要比同期有所提升的，肯定不是销售人员轻易就能完成的，只有这样，公司的整体销售业绩才能逐步提升，才能在行业竞争加剧的外部市场站稳脚跟。然而外部不断变幻的市场环境、日益增多的竞争对手、再加上销售目标逐渐增加，都对电话营销员业绩指标的完成带来不小的压力。

(三) 客户满意度的间接作用

越来越多的企业开始注意到公司的品牌形象，在关注市场开拓的同时也开始统筹市场的维护。对于电话营销员，企业也提出了很多专项考察指标，如老客户续单率、客户满意度、客户投诉次数等。这类指标对于电话营销员提出了更高的要求，自身的工作并不仅是与客户洽商卖出商品这么简单，还要注重对老客户的关系维护。电话营销员作为企业建立品牌形象的直接实行者，需要把企业的服务意识融入工作的各个细微环节之中，所面临的压力也要比以前重了许多。

(四) 团队沟通的隐性作用

一个销售团队能够取得多大的业绩，取决于这个团队关系是否和谐、领导和同事间是否能够愉快地相处。销售团队内部存在彼此竞争的关系，同时销售部门也需要其余部门的工作配合，对于团队整体沟通能力的要求会更高。如果团队出现上下沟通不畅、员工关系不和谐、团队氛围差、与其他部门沟通不顺畅，则电话营销员很难将精力完全放在商品销售上，从而产生一定的工作压力。

（五）其他方面的消极影响

1．职业发展

由于电话销售行业社会知名度不高、行业个人职业前景的不确定、工作岗位竞争压力大，让电话营销员对自身职业发展产生心理压力。

2．家庭影响

由于电话营销员的工作状态就是与不同的客户进行语言的沟通，因此回到家很容易情绪失控、把工作中的不良情绪宣泄给家人，导致沟通不顺，产生不必要的误解，进而产生压力。

二、电话营销员工作压力的自我调整

当电话营销员有了工作压力之后，很容易产生包括生理方面、心理方面和行为方面的一些消极症状，如肠胃失调、睡眠不好；焦虑、紧张、精神疲劳；暴食暴饮、拖延工作时间等。如果出现这些方面的问题，那么就必须要"减压"了。

（一）生理放松

(1) 肢体放松，在一个相对舒适、安静的房间里，进行简单的保健操或者伸展运动，放松自己紧张的肌肉群。

(2) 欣赏音乐，听一些轻柔的音乐或者萨克斯风。

(3) 幽默笑话，看一些相对轻松的视频或者文字。

(4) 保持有规律的作息时间和饮食习惯。

（二）时间管理

所谓时间管理是指有效地利用资源，以便我们能够达到个人认定的重要目标。

(1) 确定事情的优先权。

(2) 根据事情大小决定投入时间多少。

(3) 严格遵守工作计划。

(4) 绝不拖延，马上行动。

(5) 剪除不需要的任务，除去达不到的目标。

(6) 集中精力放到最重要的事情上面。

（三）沟通释放

(1) 和领导、上级沟通以寻求问题的解决和帮助。

(2) 和同事、朋友沟通以寻求心灵的安慰和理解。

(3) 写博客、日记以寻求心灵释放的净土。

(四) 培养积极的心态

(1) 建立乐观心态。

(2) 适当心理宣泄。

(3) 有效情绪管理。

(4) 维持心理平衡。

综上所述，作为一名电话营销员，需要不断地加强抗压能力的修炼，在学习总结中提高、在工作实践中进步，为企业创造价值，为社会创造效益，为客户提供帮助，为自身谋求发展。

思考与练习

一、简答题

1. 呼出电话业务主要包括哪些内容？有什么样的重要意义？

2. 什么是电话销售？电话销售的特点有哪些？

3. 电话销售的具体执行流程是什么？

4. 如何与客户建立长期信任的关系？

5. 如何处理客户异议？

6. 专业的电话营销员应该如何缓解心理压力？

二、案例题

如果你是辉煌房地产有限公司的一名地产销售经纪人，公司所售楼盘为50～70平方米的小户型精装公寓，位于市南三环，均价5 000元；你的客户是毕业三年的小王，在位于市北二环的国有企业上班，未购房，月收入4 000元左右。

思考：如何按照电话销售流程逐步挖掘客户的需求？运用哪些销售技巧？

第九章

呼叫中心座席员的话术技巧

话术,就是说话的技术和艺术。呼叫中心座席员主要是通过"说话"来实现沟通、完成信息服务业务的。把话说得清楚、明白、委婉、生动,对于清晰地表达意思、有效地沟通信息、融洽彼此的感情、管理好客户关系、提高业务绩效具有不容置疑的重要意义。因此,掌握基本的话术技巧并加以熟练、灵活地运用是呼叫中心座席员必备的职业素养。

第一节　话术的概念

一、话术的含义

人类从开始使用语言起就已经有了"说话的技巧",但是因历史久远、缺乏具体的证据,故无法对话术进行追根溯源。古时,族长、巫师利用说话的技巧和其他手腕来蛊惑、统治民众。在中国历史的长河中,有史可考并且编撰成册的《话术》是春秋时代卫国的鬼谷子所著。鬼谷子门下以苏秦、张仪为代表的纵横家用话术谋治天下,是著名的话术大家。

话术在古代是同治国、谈判、纵横、兵法等休戚相关的综合艺术,是某些能人异士专有的技能。随着历史的发展,话术因渗入不同的阶层产生了很多新的变种,如:

(1) 权术——官场话术,升官发财的技巧;

(2) 公关——传播、谈判的语言技巧;

(3) 演讲、辩论——规划、建议、比赛、表演性质、脱口秀;

(4) 商道——合同、契约条款的拟订等;

(5) 销售——销售话术、个人行销、成功学等;

(6) 生活应用——借钱、讨薪、辩解、民事纠纷、劳资纠纷、教育、开会等。

不可把话术看作简单的说话技术,而应理解为语言表达的"综合艺术"。它可以通过以下几个方面来体现:

(1) 观察——鬼谷子为何有这么高超的本领?因为他通过观察就可从他人身上得到很多信息;

(2) 语气——只有创造出一个非常好的谈话条件才可以让别人愿意同你交谈;

(3) 语调——只有说话抑扬顿挫才可以"说的比唱的好听",让人忘记时间而听你"废话";

(4) 语法——不同语法的运用可以达到不同的效果，比如排比之后加反问，可以达到非常好的效果，比如我觉得……我觉得……我觉得……你觉得呢？难道不是么？

(5) 表情——丰富的表情可以增加对方的投入度，也达到了对话的基本表现力；

(6) 眼神——如果不敢与对方进行眼神交流，那么话术的效果将会减弱。要让眼睛会说话、会笑、自然可以说动别人；

(7) 动作——适当的动作可以增加语言氛围的立体感，太多小动作会让人反感；

(8) 心绪——谈话要一心四用。①控制语速和情感；②观察对方的表情；③分析他们的心思和想法；④立刻找出新的切点和爆点并对其结果作出准确的预测；

(9) 感情——如果在谈话时加入其他感情予以辅助，那么就可以达到完美。

呼叫中心是一个高度重视话术的行业，呼叫行业的"话术"是话本、活动和对象三个环节的统一。我们可以从如下三个层面理解其内涵。

(一) "话书"

"话书"也叫做话本或"脚本"，是一种台词提示的范本，即在呼叫行业中应用的表达语言的书面记载。每一个话本必须有一个语义明晰的标题，即该话本的业务功能。一个话本由多个元素组成，这些元素可以是一段陈述(提示语、引导词)、选择项(单选或多选)、充填项(录入域)，也可以是系统提供的功能键。元素之间可以定义流程，一个话本只有一个入口，但可以有多个出口、对象，即根据业务(产品、服务)需要设定服务群体，有针对性地选择客户样本。

(二) "话述"

"话述"是指在呼叫行业中常见的对话过程的描述，这也是我们现在通常理解的层次。这里主要指活动的层面，即依照话本向面对的客户执行业务操作。通俗地讲，就是根据客户特征或客户的业务诉求执行对应的话务流程，表现形式一般为统一的、语言灵活的且用词经过仔细斟酌的话本及其操作提示。甚至有些企业在每句话的旁边还标识出应用的技巧，以帮助新入职的员工快速掌握。

(三) "话术"

与"术"相对应的是"道"，"术"是对"道"的理解和运用。这里的"道"，指的是话为什么要这样说的道理。俗话说"知其然，还要知其所以然"，在实际工作中辛辛苦苦把"话术"背得再熟，其效果往往不尽如人意，所以要想提高工作效率，就一定要好好思考说话的方式、方法以及为什么要这样说的深刻含义。话术要因时间、环境、对象而不同，对象包含客户需求或客户特征，也可能是一组有潜在需求的客户数据。不同的客户有不同的乐于接受的方式，所以要想使自己被别人接受，达到推销自己的目的，就必须先了解对方乐于接受什么样的方式，针对他们的不同采取不同的话术，研究并熟悉他们，努力扩大应对的范围，优化应对方法。

综上所述，我们可以把呼叫中心座席员的话术定义为：以反映呼叫业务为内容、经过精心的语言设计为形式的话本为依据，对不同的客户进行不同灵活表达的说话技术和艺术。

二、呼叫行业规范话术的重要意义

掌握和运用规范的话术为客户提供优质的信息服务是呼叫中心座席员的职业实践应达到的要求和质量标准，其重要意义表现在如下三方面。

1. 规范服务流程

将流程和表述方式标准化，可以让员工容易学习、掌握，以减少错误的产生，更好地适应工作要求，这是"最佳实践"的作用。同时还可指导员工采用最佳的表述方式，养成良好的语言习惯，这是"榜样"的作用。

正因为有着大量的标准话术，所以一个新员工可以很快地掌握项目所需的表达内容和表达方式，并能够进行基本的客户应对。同样，因为有这些话术，我们才能给客户一致的答案，避免每个人都有不同的答复造成客户的困扰。

2. 提高服务质量

竞争激烈的信息时代，对企业的服务质量、客户满意度提出了更高的要求。优质服务是服务行业恒久不变的主题之一。由于服务存在"无形性"的特质，所以服务质量的高低也很难直接衡量。由于呼叫服务与一般服务性行业相比有很大的特殊性，呼叫服务必须要借助电话等通信工具、通过语言沟通的方式来完成。在大多数情况下，这种非面对面式的服务方式突破了地域、时间的限制，更加方便、快捷，大大节约了服务成本，但是也增加了服务的难度。因此，为打造规范化服务流程，提升规范化服务水平，让客户感受到服务的高质量、高效率，必须对呼叫服务人员在服务过程中应达到的要求和质量标准进行规范，尤其是服务人员的说话方式、方法要加以规范。

3. 树立服务品牌

在市场经济大潮中，企业之间的竞争非常激烈，因此每一个员工都是企业的形象大使和代言人，对企业品牌的推广有着不可或缺的责任，只有统一、规范的行为才能成就一个具有鲜明形象的企业。话术规范服务体现了一个公司的服务品质，因此呼叫中心各行业都有各自专门拟定的一系列规范话术，如保险行业的新契约回访、电信行业投诉接待话术、电子商务的订购话术、市场调查话术等等。其目的是为突破性地提高服务质量，减少客户投诉，缩短与其他公司服务水平的差距。

总之，在呼叫行业中话术只起到一个引导的作用，引导我们如何去正确地处理和回答客户的问题。但使用话术的前提是我们的职业素养还没有达到优秀座席员的要求时，才会有这样的强制性标准，如果我们的素质提升到了优秀座席员的层次，除了必要的话术外，其他要做的就是尽可能地关怀用户、帮助用户、解决用户的问题，而不是仅仅用几句固定的话术来应对用户。

三、话术设计的技巧

话术设计主要是指话本或话术脚本的设计，是指根据用户的期望、需求、动机等，分析其针对的个人或群体的心理特征，运用有效的心理策略，组织高效且富有深度的语言，最终帮助客户轻松达到想要的交流效果。一个好的话术脚本要达到的要求是：显示语言的魅力，透出核心信息，体现逻辑的力量，融洽双方的感情，保持良好的关系，增进客户的满意，实现企业的经营目标。"话术脚本"在呼叫行业又称之为"电话脚本"。在呼叫中心，电话脚本的设计是电话服务成功的重要环节。好脚本的使用在某种程度上就是在为客户提供好的服务，就是在为公司实现利润的增长作贡献，因此，电话脚本的设计、使用和评估是呼叫中心重要的基础工作。

电话脚本在呼叫中心分为两部分：一个是IVR电话脚本；一个是人工服务时服务人员的电话脚本。人工脚本根据不同的标准又有多种分类。不管是哪一类的脚本，我们在设计的时候，必须要考虑到如下几方面。

1. 要从客户的角度出发

这是对客户服务行业人员最基本的要求。因此，在脚本设计过程中，我们也不应该忘记这点。好的电话脚本一定是从客户的角度设计的，一定是要得到灵活的使用空间和持续的改进，以便使服务人员正确地用来匹配客户，而客户也会从服务人员的语言中来感受企业的服务，因此，呼叫中心的脚本设计一定是以客户为中心、人性化并且使客户产生愉悦的设计，要抱着尊重、关怀、理解、体贴、同情、悦纳的态度对待客户，并以充满感情的语言表达出来，而这又是以对客户的深入调查和了解为前提的。

2. 根据使用情况及时修改与补充

脚本本身也有一定的局限性，某种程度上并不能满足客户的需要。不同的客户需要不同的沟通方式，固定的脚本不能满足客户个性化沟通，因此，在使用脚本时要及时听取一线服务人员的意见和建议，注意使用过程中暴露出的不足，及时反馈加以改正。

3. 用FAB的技巧引导客户

FAB即"特点+优势+利益"。在介绍产品的过程中，与其死板地说一些产品的特性和专业名词，还不如从产品能给用户带来什么好处出发，用形象的比喻来帮助用户想象产品会给他带来的利益。这就是所谓逻辑的力量，用产品和服务的特点和优势来证明能够给客户带来利益，进一步打动客户的心，同时，FAB技巧也是为了突出核心信息的话术要求。

4. 使用更具说服力的词语

话本设计要注意使用简洁、明白、通俗、规范的词语，突出核心信息，及时、迅速地引起客户的注意。当今社会，人们对数字非常敏感，因此在设计话术时巧妙地添加一些数字或者与数字有关的词，能够让用户印象深刻且让你的推荐更具说服力，如"本产品在同类排名中连续三年赢得第一"。

5. 使用"先讲明原因"的技巧

在沟通中，我们都喜欢问为什么？当客户接到一个电话时，他的第一反应是："他是谁？为什么要打电话给我？"因此在一开始就要主动表明身份并告诉客户我们是为何而来，这样才能有效地打消对方的顾虑。这样做也能避免时间上的浪费，提高电话的沟通效率。

第二节　呼入电话话术技巧

承担呼入服务工作的呼叫中心座席员通常被称为客户服务代表(CSR，Customer Service Representative)，其工作职责主要是针对客户的需要与要求提供信息和解决问题的方法，包括处理客户投诉、提供业务咨询和信息咨询以及业务受理等。

一、展示良好职业素养的基础话术

呼入客服人员接听电话的第一声起，就要进入客户的世界。具体的做法就是及时向客户送上一声亲切的问候，给客户留下一个良好的第一印象，并通过语言的沟通与交流，展示良好的职业形象、职业素养，体现规范的电话礼仪，让电话另一端的客户对我们产生信任，使双方之间保持沟通顺畅，为工作的顺利开展打好坚实基础。

(一) 接听电话的话术

(1) 电话铃响两声后(3声铃声内)接听电话，使用礼貌用语并报上自己的名字："早上/中午/晚上好，××公司，我是××，请问有什么可以帮您？"这里的话术要求是不要用非专业的"喂"接听电话，也不要抽象地向客户问好，而要加上时间副词做具体的问候。

(2) 一旦客户应答，客服人员应主动询问客户称呼："先生/小姐，请问您贵姓？"

(3) 如果客户有问题需要解答，应礼貌称呼客户并正确应答客户相关的问题："××先生/小姐，您好！关于……"

(4) 如果没有领会客户意图，客服人员应主动询问："××先生/小姐，您好！您是说/您的意思是……"

(二) 电话等待的基础话术

当客户进行订单查询、账单查询、送货情况查询、附加产品信息查询、相关政策问询、查询搜索或客户所提问题需要进行问题升级等时，呼叫中心座席员可能必须要求客户做电话等待，这时的基础话术是：

(1) 告诉客户为什么需要等待；

(2) 需要等待的时限；

(3) 使用"询问"语句征得客户同意:"××先生/小姐,就您所提的这个问题我要查询相关具体资料,请您稍等1分钟好吗?"

同时在客户等待过程中,呼叫中心座席员应牢记:客户在等待;与客户谈论一些其他相关话题,以缓解客户等待中的焦虑情绪。

(三) 电话转接的基础话术

常见的客户电话需要转接的情况有:客户找错人了、问题升级、需要更高级别的人员来处理。电话转接时,应告诉客户:

(1) 为什么电话要转接。

(2) 在转接前,需要获得客户的认可。"××先生/小姐,就您所提的这个问题,我会转至对此方面较了解的同事那里,由他给您做专业解释,您看可以吗?"实践中有些客服人员没有意识到这个步骤,结果导致客户的抱怨。

(3) 在转接前需要确认被转接处有人接听,并向同事告知客户的姓名。

(4) 被转接人接听电话后,应感谢客户的等待。"××先生/小姐,不好意思,让您久等了,就您所提到的……"

(5) 告知客户电话被转接处接听人的姓名。

(6) 如果被转接处没有人接听电话,需要告知客户真实情况,请他稍后再打来。

(四) 客户信息确认的基础话术

结束电话前应主动留下客户的详细信息(名字、电话、住址)。"××先生/小姐,方便留下您的联系方式吗?以便以后更好地为您提供服务。""××先生/小姐,请问您的全名是?""××先生/小姐,请问您的联系电话是?""××先生/小姐,请问您有电子邮件地址吗?"就留下的信息向客户确认并记录:拼写、记录正确的姓名或电子邮件;记录的电话号码要包括分机号码;记下之后一定要向客户重复一遍以确认信息准确无误;记录客户打来电话的时间及日期。

(五) 应对特殊事件基础话术

1. 听不清对方的话语

当对方讲话听不清楚时,进行反问并不失礼,但必须方法得当。如果惊奇地反问"咦"或怀疑地回答"哦",对方定会觉得无端地招人怀疑、不被信任,从而非常愤怒,连带对你印象不佳。但如果客客气气地反问:"对不起,刚才没有听清楚,请再说一遍好吗?"对方定会耐心地重复一遍,丝毫不会责怪。

2. 接到打错了的电话

接到打错了的电话时,不能冷冰冰地说:"打错了。"最好能这样告诉对方:"这是××公司,您找哪儿?"如果自己知道对方所找公司的电话号码,不妨告诉他,也许对方正是本公司潜在的客户;即使不是,你热情友好地处理打错的电话也可使对方对公司抱有初步好感，说不定就会成为本公司的客户，甚至成为公司的忠诚支持者。

3. 遇到自己不知道的事

有时候，对方在电话中一个劲儿地谈客服人员不知道的事，而且像竹筒倒豆子一样，没完没了。碰到这种情况的座席员常常会感到很恐慌，虽然一心企盼着有人能尽快来接电话，将自己救出困境，但往往迷失在对方喋喋不休的陈述中，好长时间都不知对方到底找谁，待电话讲到最后才醒悟过来："关于××事呀!很抱歉，我不清楚，负责人才知道，请稍等，我让他来接电话。"碰到这种情况应尽快理清头绪，了解对方真实意图，避免被动。其话术是："对不起。您说的是……吗？这个问题我建议由××给予您更专业的帮助，我把您的电话转给他好吗？"

二、了解客户呼入电话真实意图的话术

在呼叫中心，作为客户服务人员，接听每一个电话时面对的都是不同的人和不同的事。为提高工作效率，我们既要为客户解决问题，让客户达到满意，又要有效地控制通话时间，这就要求我们在开场白之后迅速进入探询阶段，即在这个阶段要能快速地了解客户打电话的真实目的。

1. 同步和引导的话术技巧

在客户打电话进来的时候不能过于急躁，首先应该了解客户的需求，融入客户的世界，让客户感觉到我们在认真倾听他的诉说，跟客户的步调保持一致。一旦通过客户的诉说了解了事情的大概经过后，就可以通过发问的技巧引导客户紧跟着我们的步伐，挖掘出客户需求背后的需求(真正的需求)，直到最后提出解决方案，并得到客户认可。请看下面的案例：

【案例】

客服："喂！你好。"

客户："你好，我是××的一个用户……"

客服："我知道，请讲！"

客户："是这样，我的手机这两天一接电话就断线……"

客服："那你是不是在地下室，所以接收不好呀？"

客户："不是，我在大街上都断线，好多次了……"

客服："那是不是你的手机有问题呀？我们不可能出现这种问题！"

客户："我的手机才买了3个月，不可能出问题呀。"

客服："那可不一定，有的杂牌机刚买几天就不行了。"

客户："我的手机是××的，不可能有质量问题……"

客服："那你在哪买的，就去哪看看吧，肯定是手机的问题！"

客户："不可能！如果是手机有问题，那我用×××的卡怎么就不断线呀？"

客服："是吗？那我就不清楚了。"

客户： "那我的问题怎么办呀，我的手机天天断线，你给我交费呀！"

客服： "你这叫什么话呀，凭什么我交费呀，你有问题，在哪买的你就去哪里修呗!"

客户： "你这叫什么服务态度呀，我要投诉你！"

这是一个失败的服务案例，在整个对话当中，客户服务人员都犯了哪些错误呢？

(1) 服务用语不够规范。"喂，你好!"这是很普通的接听电话的礼仪，而作为客户服务电话的接听，应该比这个礼仪更近一步，就像我们刚才说到的，他应该报出自己的工号和单位。

(2) 处理过程中，客服代表在不停打断客户的谈话，违背了倾听技巧的原则。客户需要一个倾诉的机会，需要有一个倾听者，能够理解他、同情他、帮助他，客户服务人员没有做到。

(3) 客户服务人员在接待客户的时候，没有给客户一个倾诉不满的机会，也没有运用倾听及提问的技巧去引导客户，探索出客户的问题出在哪里，而是推卸自己的责任，导致客户的投诉，使问题扩大化。

2. 倾听与提问的话术技巧

在客户服务工作中会面临很多挑战：有些客户很难相处，有些客户行为古怪，有的喜欢挖苦别人，有的一点儿通融的余地都没有。对待形形色色的客户，呼叫中心座席员需要依据他们的特点讲究沟通的策略。

沟通交流并不只是简单的相互讲和听，而是要求座席员必须学会如何运用倾听和提问等一些技巧，这样才能听出客户的真正意图，才能为客户提供最有效的服务。

倾听能让人感觉你很谦虚，可以帮你了解更多的细节，善于倾听是电话服务成功的关键。而通过提问，客服代表可以理清自己的思路，尽快找到客户想要的答案，了解客户的真正需求和想法，同时还可以让一些愤怒的客户逐渐变得理智起来，如"您不要着急，一定给您解决好，您先说一下具体是什么问题，是怎么回事儿？"客户这时的注意力就会集中到客服所提的问题上，在他陈述的过程中，情绪就会逐渐趋于平静。

【案例一】

电话营销员： "您好! 请问是×先生吗？"

客户： "是的，请问你有什么事？"

电话营销员："×先生，您好，我是××旅行公司的××，有个事情想麻烦您一下!"

客户： "请说。"

电话营销员： "能请教您几个问题吗？"

客户： "可以"。

电话营销员： "请问您平时经常有出差的机会吗？"

客户： "大概一个月有一两次吧。"

电话营销员： "频率还是挺高的嘛! 请问您出差时一般喜欢住几星级酒店呢？"

客户： "三星或四星级的吧。"

电话营销员： "挺不错的嘛! 那么再请问一下，您是为私事出差多，还是为公事出差多呢？"

　　客户："基本上是为自己的事出差。"

　　电话营销员："这样说，我应该叫您×总啦！×总，我想请问在您出差时，您住的酒店一般是事先预订好的，还是临时安排的呢？"

　　客户："都有，有时候是事先预订，有时候是临时安排。"

　　电话营销员："如果是事先预订的话，酒店可以给您多少折扣呢？"

　　客户："有时候可以打到8折，有时候没有折扣，这要看情况。"

　　电话营销员："有没有享受过2到7折的优惠呢？"

　　客户："还真的没有享受过这么低的折扣呢。"

　　电话营销员："另外，如果是临时安排的，有没有遇到酒店客满的情况呢？"

　　客户："有时候会遇到。"

　　电话营销员："遇到这种情况您一般会怎么处理呢？"

　　客户："另外再找一家啰！"

　　电话营销员："哦，是这样。×总，您使用过商务旅行卡吗？"

　　客户："见过，但没有用过。"

　　电话营销员："为什么不尝试一下呢？"

　　客户："这种卡太多了。"

　　电话营销员："的确是这样。做这种商务卡业务的公司越来越多。×总，您不觉得这正好说明使用商务卡的人士很多吗？我们公司是一家已经在美国上市的公司，在全世界有好几千家签约酒店，仅在中国就有1 000多家签约酒店，现在正好是我们的优惠赠送期间，如果您现在办理这种卡，就可以轻轻松松解决您刚才所谈到的问题。"

　　客户："那如何办理呢？"

　　电话营销员："这个很简单，只要您……"

【案例二】

　　客服："您好！"

　　客户："你好！终于打通你的号码了，昨天下午我打了一下午你的手机，都提示无法接通。"

　　客服："你打了一下午？打不通？不会啊，你是不是拨错了，我昨天都在公司，信号很好啊！"

　　客户："我明明打的就是这个号码啊！"(开始不悦)

　　客服："不太可能吧，昨天下午我还接了两个客户的电话呢。哦，你找我有什么事啊？"

　　客户："我找你想咨询一个问题，你们公司目前推出了96元B套餐，包含分钟数高达450分钟，但包含流量较少。我目前每月语音通话数约300分钟，但流量使用量约180M，你看我选用哪个套餐比较好呢？"

客服：(随意地)"按你目前的通话习惯，选哪个套餐都差不多。"

客户："我觉得B套餐可以更优惠。"

客服："那你就选B吧。"

客户："那我去哪儿办啊？"

客服："将身份证传真给我，在传真件上说明需要转套餐，并签字确认。"

客户："谢谢，传真多少号啊？"

客服："36***936。"

客户："多少啊？我记一下。"

客服：(很不耐烦)"36***936。"

客户："你什么态度啊，我要投诉你。"

案例一：是一个成功的倾听案例，电话营销员在倾听客户的提问过程中注意捕捉关键信息，及时提出客户感兴趣的问题，引导客户进行沟通，顺利满足了客户的需要。

案例二：是一个失败的例子，客服人员只是随意地应对客户的问题，自说自话，导致了客户不满的情绪反应。

三、处理咨询电话的话术技巧

咨询电话是呼入电话中最常见的一种业务方式，是指客户为了了解公司产品、销售、服务政策和公司其他方面的情况而对呼叫中心的知识咨询和问题咨询。

咨询呼叫应当注意的问题：对于客户的咨询呼叫，呼叫中心应当尽量及时地予以解答。当时解答不了的，应当对客户进行安慰，同时通过服务信息资源中心调取知识进行回复，或者转达到相关的部门予以解决并及时回访。对于客户咨询的呼叫中不能解答的问题，应由客户服务信息资源中心把问题及时转到公司相关的部门提供答案，再由呼叫人员予以解答。

【案例】

客服："您好！这里是中国移动××分公司，请问有什么可以帮助您？"

客户："我想咨询一下有关贵公司手机e杂志方面的服务。"

客服："手机e杂志就是通过手机接收一些公共信息的服务，只要您的手机登记注册，您就可以定时接收到我们为您提供的相关信息，如股票信息、最新的招聘信息、娱乐健康方面的信息等。您清楚了吗？"

客户："这项服务如何收费？"

客服："按照每项信息每月收取3元的服务费。"

客户："每项信息每个月收3元，如果我订3项信息就每月扣9元，对吧？"

客服："是的。"

客户："我是不是要首先确定需要哪些方面的信息呢？"

客服："没错，先生，您平时对哪些方面的信息感兴趣呢？"

客户："有没有什么新闻信息啊？"

客服："新闻方面的信息我们暂时没有提供，先生您看是否需要比较轻松一些的信息或者一些关于健康方面的信息呢？"

客户："轻松方面的信息有什么？"

客服："轻松方面的信息包括一些IQ题啊，或者笑话啊，这些我们都可以提供。"

(客户沉默)

客服："先生，我建议您不妨先试试。"

客户："这些信息是哪里的，是不是中国移动的？"

客服："是的，这里是中国移动公司。直接通过我们这里来发信息。"

客户："不是其他的网络公司吧？"

客服："不是的，是中国移动公司。现在正是新服务推广阶段，推广阶段是有优惠的，比如现在的抽奖活动，以前都没有这种活动的。"

客户："抽奖都是骗人的。"

客服："先生，我们现在已经有100多人中奖，名单公布在我们的网站上，您随时都可以查看。如果您登记一次就会有一次中奖机会，而且如果3个月都使用的话，就会有3次抽奖机会了。"

客户："那你帮我登记一个吧？"

客服："好啊，我再确认一下您的手机号码是……我帮您登记一个较轻松的信息，好吧？"

客户："好的。"

客服："那就笑话信息吧？"

客户："好的。"

客服："请问您希望什么时候接收到这个笑话信息呢？(停顿)是早上还是下午比较方便呢？"

客户："下午吧。"

客服："下午什么时候方便呢？"

客户："两点到三点吧。"

客服："我已经帮您登记好了，从今天下午开始您就可以收到信息了，也希望您可以抽到我们公司的一等奖，是彩屏手机一部。好，多谢您，先生，再见。"

四、处理客户投诉的话术技巧

客户投诉时通常会带着怒气或抱怨，这是十分正常的现象，所以当客户打进电话来投诉时，客服首先应当态度谦让地接受客户的投诉或抱怨，认真倾听他们的感受，以弄清问题的本质及事实，目的是满足客户投诉时求发泄、求尊重、求补偿的三种心态，其话术技巧包括认真倾听客户的投诉以弄清事实、运用同理心对客户进行情绪安抚、表示歉意和愿意承担责任的态度、避免使用服务禁忌语。

（一）呼应性倾听话术

客户说话时，认真听取和记录客户反应的问题，不要随时打断客户说话，在聆听和记录的时候要对客户有所回应，表示对客户的尊敬，常用的礼貌词有："嗯"、"对"、"是的"、"好的"等肯定的词语。

（二）用同理心安抚客户情绪的话术技巧

同理心是心理学中的名词，通常解释为"站在对方立场思考问题"。呼叫中心的客服人员必须要学会运用这一原理认知客户，并通过话术的运用来传达"同理心"，有效地安抚客户失控的情绪，带去卓越的客户体验。在处理投诉的过程中，重复客户的一言一行——即"重复客户情绪"和"重复客户经历"是最简单的表达同理心的方式。这就是同理心表达在话术使用中的精髓所在。我们来看下述例子(见表9-1)。

表9-1　话术使用中的同理心表达举例

投诉情境	订的书桌还没到，都晚了三天，就等这最后一件了
诊断客户情绪	着急、气愤
重复客户经历	××先生(女士)，非常抱歉，让您都等了3天……
重复客户情绪	现在新家就等这最后一件家具了，相信您一定是非常着急……
解决方法	我再帮您催一下物流吧

中间的两个重复就是同理心话术技巧。很多呼叫中心的客服人员在处理投诉过程中习惯用道歉的话语来安抚客户或是直接进入如何解决问题的程序而缺乏情绪的有效安抚，其结果往往差强人意。

（三）表示愿意提供帮助和承担责任的话术技巧

(1) "很抱歉，先生(女士)，因为我们的工作给您带来不便，非常感谢您反映的情况。"

(2) "您所反映的具体情况我已经了解了，并且做好了记录，我想再和您确认一下，好吗？"(复述客户所说的内容)"请问您还有一些补充吗？"(若没有补充)"您反映的问题，我们会转给相关部门核查并尽快给您一个满意的答复，好吗？"

(3) "您反映的问题，我们会尽快向上级部门反映，并在两天内给您答复，好吗？"

(4) "很抱歉，我理解您现在的心情，我代表我们公司给您道歉，我们会对您反映的情况进行核查，最后给您一个答复，好吗？"

（四）处理投诉时的禁用语

(1) 生硬的质问式话语：您是谁？有什么事？知道没有？懂了没有啊？你听不懂吗？

(2) 冷漠的推卸式话语：那不是我的工作；不是我受理的；我现在很忙；我也没办法；我不知道。

(3) 蛮横的刁难式话语：你必须出示××证件才能办理；我知道了，我清楚了，你不用再讲了；你去投诉吧，随便你；你要办就办，不办就算了。

(4) 霸道的指斥式话语：你错了，事实不是这样的；公司是绝对不会出错的；你应该冷静一下。

(5) 张狂的拒绝式话语：不行就是不行；公司规定就是这样，没有办法。

(6) 无原则的附和式话语：你说的对，这个部门服务人员的表现真的很差。

五、拒绝不良电话的话术技巧

呼叫中心座席员，特别是女性座席员经常会接到一些客户的邀请电话，要么邀请出去玩，要么邀请共进午餐，这里面绝大多数人都是友好的，但也有极个别的客户怀着比较复杂的动机。为了保证自己的身心安全，呼叫中心座席员适当掌握必要的拒绝话术技巧也是很重要的。

【案例一】

客户："小王，近来好吗？"

客服："还不错，谢谢您的关心。"

客户："今天晚上有时间吗？"

客服："怎么说？"

客户："今晚我请你吃饭。"

客服："太好了！好久没有人请我吃饭了，请问在哪里呢？"

客户："你说吧。"

客服："我说，那就在东江海鲜酒家吧，听说那里的海鲜味道不错。"

客户："好呀！没问题。"

客服："请问我们几点钟见面呢？"

客户："12点半好吗？"（他心里想越晚越好）

客服："没有问题，您几位呢？"

客户："当然我一位了。"

客服："不好意思，我两位，我和我的先生。"

客户："怎么这样呀？"

客服："是这样的，刘先生，我很想跟您单独吃饭，但我最讨厌的就是回去后还要跟我先生解释很久。如果您真心请我，那您就请我们两位吧！"

客户："那我看还是下次吧！"

客服："好的，我等您哦。"

【案例二】

客户："×女士，你的声音很好听哦！"

客服："是吗？谢谢！您的声音也很有磁性呀！"

客户："这么好听的声音，像个小姑娘一样，请问你今年芳龄几何呀？"

客服："哈哈……这是个秘密！"（诚实而不坦白）

客户："你漂亮吗？"

客服："每一个女人都是美丽的，不同的女人有不同的美，您说是吗？"

客户："对，对，对。那你是什么样的美？"

客服："这个得由爱我的人来做评价，因为在他的眼中我怎么样都很漂亮。您说对吗？"

客户："不错，那请问你有男朋友了吗？"

客服："您猜呢！"（不要告诉客户有还是没有，因为哪一个答案对你都不利。如果客户知道你有男朋友了，会觉得没有希望了，就会拒绝跟你联系；如果说没有，客户会联想到你可能不漂亮等问题。）

客户："小姑娘特别精明哦。"

客服："谢谢夸奖。"

客户："你业务如此繁忙，收入一定很高吧？"

客服："也就是够用而已。您今天问了这么多问题，看来要帮助我增加业务了，怎么样，给我介绍几个业务？"（开始反击）

客户："好的。"

客服："您这样说话，好像是在敷衍我，是男人说话就要一言九鼎。"（继续反击）

客户："好，我一定推荐！"

客服："我相信您的能力！我等您的好消息。"

客户："好呀！我现在有点事，过几天我们再联系。"（说完，挂断电话，落荒而逃）

第三节　呼出电话话术技巧

担当呼出服务工作的呼叫中心座席员通常也被称作电话营销员(TSR，Telesales Service Representative)，TSR既是一个电话语音服务的职位，又同时兼具销售的职能，工作的难度及对技能掌握的要求比较高。

呼叫中心的呼出业务包括电话销售、电话调查、客户资料确认及访问预约、客户查询及投诉回复等四大类，其中最重要的应用就是电话销售。电话销售如今已经渗透到了社会的各个行业和领域，其业务在呼出电话中最具代表性，因此我们主要以此为例介绍呼出话术的运用。

一、快速建立良好信赖关系的话术

呼出电话的第一步就是要快速建立起良好的信赖关系，其关键的做法是开口时的话语应怎样表达，也就是说吸引人的开场白是十分重要的。

一个好的电话营销开场白最好达到三个效果：吸引客户注意力、建立融洽关系、与自己所营销的产品建立起关联。这个环节在语序安排上是有固定模式的，但针对不同的用户群体和应用可以灵活掌握。

【案例】

电话销售人员："您好，请问您是刘小姐吗？我是佳佳理财的销售代表×××，我们的专长是提供企业闲置资金的投资规划。今天我打电话过来的原因是我们公司的投资规划已经替许多像您公司一样的企业获得业外收益，为了进一步了解我们是否能替贵公司服务，我想请教一下贵公司目前是由哪一家券商为您服务的？"

这个开场白用简练的语言，表达了这次打电话的核心信息及其对客户的价值，能够引起客户的注意，激发其继续通话的意愿。

(1) 提及自己公司的名称、专长。

(2) 告知对方为何打电话过来。

(3) 告知对方可能产生什么好处。

(4) 询问准客户相关问题，使准客户参与，为下一步打基础。

二、了解并确认客户最终需求的话术

了解并确认客户需求是所有电话销售中最重要的一个阶段。我们应该牢记：在完整、清楚地识别及证实客户的需求之前，请不要推荐你的产品！

完整是指我们要对客户的需求有全面的理解。客户都有哪些需求？这些需求中对客户最重要的是什么？该如何对这些需求进行排序？

清楚是指客户表达的具体需求是什么？客户为什么会有这些需求？我们如何找到客户产生需求的原因？而这个原因其实是需求背后的需求(潜在的需求)，是真正驱动客户采取措施的原因。找到这个动因，将对我们引导客户下定决心有很大帮助。

证实是指电话营销人员所理解的客户的需求必须是经过客户认可的，而不是电话营销人员自己猜测的。

【案例】

先进行通话训练，熟练之后请回答以下问题：

1. 客户的需求是什么？推销人员想推销什么样的卡车？

2. 推销人员是如何引导客户按照自己的思路来认识卡车的？(卡车的性能特征、行驶要求、使用寿命等)

推销人员："你们需要的卡车我们都有。"

客户："我们要2吨的。"

推销人员："你们运的东西，每次平均重量是多少？"

客户："很难说，大约2吨吧。"

推销人员："是不是有时多、有时少呀？"

客户："是这样。"

推销人员："究竟需要用什么型号的汽车，一方面要看你运什么货，另一方面要看你在什么路上行驶对吧？"

客户："对。"

推销人员："你们那个地方是山区，据我所知，你们那里路况并不好，那么汽车的发动机、车身、轮胎承受的压力是不是要更大一些啊？"

客户："是的。"

推销人员："你们主要是利用冬天田里没活了跑运输吧？那么对汽车承受力的要求是不是更高呢？"

客户："是的。"

推销人员："货物有时会超重，又是冬天在山区行驶，汽车负荷已经够大的了，你们选择汽车型号时连一点余地都不留吗？"

客户："你的意思是……"

推销人员："你们难道不想延长车的寿命吗？一辆车满负荷，另一辆车从不超载，您觉得哪一辆车寿命会更长呢？"

客户："当然是载重大的那辆了"

于是，交易成功。

三、塑造产品独特价值的话术

所谓产品的卖点，就是商品具备的与众不同的特色、特点，一方面是与生俱来的，另一方面是通过营销策划人的想象力、创造力"无中生有"的。

不同的人对此有不同的称法：广告策划人说是"USP(独特的销售主张)"；营销人员说是"产品最能够打动客户的利益点"。

客户购买产品是为了满足自己的物质和精神需求，因此他关心的不仅仅是产品的特性，重要的是产品的特性能给自己带来何种好处。客服在介绍产品的时候一定要把产品的某种特性与客户的需求相联系，换句话说，就是从客户的利益角度出发来介绍所推销产品与众不同的特性。

产品的卖点有很多，可以与产品本身有关，如产品的独特功效、质量、服务、价格、包装等；也可以与产品无关，与产品无关时，销售的就是一种感觉、一种信任。

【案例】

营销人员："先生您好，看看这边×××的对开门冰箱。"

客户："你们的冰箱价格好贵，比××贵多了。"

营销人员："××的高档冰箱也卖24 000多呢。"

客户："但人家样机打折后只卖16 900啊。"

营销人员："他们原价24 000多，样机打折现价16 900，您感觉这正常吗？"

客户心想(是啊，家电业如此微利，为什么能折价这么多呢？这不正常啊)："那你们样机折价多少呢？"

营销人员"我们这款原价21 000多，现在样机折价18 800。对开门冰箱属于高档产品，我们的样机通常过一段时间就会打折出售，然后再摆上新的样机，但又没人真正使用它，所以您买回去一定很划算……"

客户："但你们的样式实在是不好看，跟××和××比起来差远了。"

营销人员："您要是觉得这款冰箱样式好看，那就不是我们的风格了。"

客户："为什么？"

营销人员："您知道××和××都是韩国的品牌，而我们是德国的品牌，但我可以告诉你，韩国连40岁的男人都会去整容，德国却没有。再看看电视上热播的那些韩剧，基本上都是休闲慵懒，追求外观美感。但德国产品追求的是工艺和品质，冰箱是买回去用的，而不是仅仅买回去当镜子照的。用得好，这款冰箱才算最好……"

客户："你对你们产品的外观解释，我感觉有一定道理，但你们这拉手……"

营销人员(马上接话)："您是想说这拉手像大衣柜拉手吧？但我可以告诉您，很多客户认为这个拉手像大衣柜不好看，但×××的核心技术恰恰就体现在这拉手上。(停顿)有的冰箱拉手中间手感很好，但两头包边，使客户根本不知道它们是怎么装上去的，也不知道到底结实不结实。而我们的冰箱拉手是直接镶到门体上的，所以非常结实，不信你可以用力拉一下试试。"

客户(拉开冰箱的吧台，惊奇地看到这个吧台小门居然没有斜拉臂)问："这又是怎么回事？"

营销人员："先生您可以想想，其他牌子的吧台都用斜拉臂，而我们却没有用，客户很容易认为没有斜拉臂的话，冰箱用久了这个吧台会不会掉下来，但我们的生产技术人员自然知道有和没有的区别会给客户使用带来的影响。如果客户用断了还来找我们，这样大家都麻烦，所以最后还是选择不用斜拉臂，这恰恰说明我们的产品质量过硬……"

客户终于被这个导购员折服了。

通常来讲，卖冰箱本来是在卖制冷和保鲜，但这个导购员却通过产品外观来逻辑推理产品的品质。当大家还都沉迷于就事论事来强调产品卖点的时候，这个营销员已经能够把产品卖点和客户的思维逻辑整合在一起，顺着客户的思维轨迹，按图索骥，游刃有余；这是从情感方面寻找卖点的营销策略。

四、了解并解除客户最终抗拒点的话术

在购买过程当中，客户会产生各种不同的抗拒理由，这是正常现象。电话营销人员应把客户的抗拒当成是客户在提问，通过倾听、提问等方式及时快速地辨别出客户疑问所在，然后反应机敏并且有技巧地进行回应，解除客户的抗拒。

怎样才能做到机敏呢？俗话说"熟能生巧"。如何能做到"熟"？答案只有一个：就是不断地练习、练习、再练习。反应敏捷的基础就是最基本的知识积累和平时的大量

练习，通过下面一些案例的分析，将会提供一个思路、一点启发，在此基础上我们要学会举一反三，为今后从事呼叫服务工作打好基础。

（一）拒绝理由之一——价格太高了

这是最为常见的客户拒绝理由。很多客服人员在处理这个问题时思路非常单一，只是一味地强调"物有所值、一分钱一分货"的道理，这是一个客户已经听腻了的理由。从有销售行为的那天起，这个说法一直沿用到现在，可以说是已经非常过时了，应换成具有一定说服力的新说法。

1. 幽默化解法

使用夸张、幽默的语言化解客户的抗拒。

【案例】

客户："你们的产品太贵了，给我再便宜一点儿。"

电话营销人员："您别再逼我了，您再逼我的话，您明天就看不到我了。"

客户："怎么回事？"

电话营销人员："您知道我们的公司在28楼，您再逼我的话，我就只好跳楼啦。"

客户："你们的产品太贵了，给我再便宜一点儿。"

电话营销人员："好吧，我给您便宜一点儿就是啦。"

客户："便宜多少？"

电话营销人员："便宜1块钱。"

客户："你开玩笑。"

电话营销人员："我不开玩笑，这1块钱还是我自己掏腰包给您的。"。

2. 平均法

所谓平均法，就是将产品的价格分摊到每月、每周、每天中去，这样就能消解客户心目中产品价格高的印象。

【案例】

客户："这个产品多少钱？"

座席员："现在仅售价588元。"

客户："哦，这么贵啊，我考虑一下吧。"

座席员："贵吗？(笑)先生，您抽烟有多长时间了？"

客户："20多年了。"

座席员："先生，您都抽烟20多年了，就按一天一包烟来算，一包烟按10元钱来算，保守来说您一年花费抽烟的钱就是3 600元，20年就是72 000元。咱们也可以抛开花费的钱不说，更重要的是健康是无价的，是花多少钱都买不到的，您说是不是？我觉得为了您自己和家人，真的一点儿都不贵。我也相信，您戒烟了会给您的家庭带去更多的快乐，会给您的孩子更多健康的空间。绝对值！"

客户："那好吧！那就给我来一套吧。"

3. 拆散法

就是将产品的几个部分分开，一部分一部分地分开解说，产品的每一部分都不贵，合起来就更加便宜了。

【案例】

座席员："您好！GPS导航手机订购热线。"

客户："多少钱一部？"

座席员："2 698元。"

客户："这么贵呀！许多名牌手机都没有这么高。"

座席员："先生，您买一个导航仪最便宜也要2 000元，一台MP4也要几百元吧，一部数码相机也要千把元吧，再加上手机，您算算这样一部多功能导航手机，仅仅才卖2 000多元，贵吗？"

(二) 拒绝理由之二——不需要

当客户说"不需要"时，大多数情况都是由电话营销人员自己造成的。由于对客户的需求还没有充分了解就急于推销自己的产品，自然会得到这样的回答。遇到这种情况，最关键的一点就是要在"开场白"上下工夫，特别要注意"提问技巧"的运用。

"我今天不卖产品，只是有几个问题想请教您一下。"

"没关系，我今天只是想把我们的资料发邮件给您作参考！方便您需要的时候能够及时找到我，行吗？请问您的邮箱地址是……"

"我当然知道您不需要，因为没有一个人会在还不了解一个产品的情况下说需要的，而且如果您有需要的话，肯定早就买了。您能告诉我为什么不需要吗？"

"是吗？您是今天不需要，还是永远都不需要？如果是今天不需要，那么我改天再打过来；如果是永远都不需要，那么我觉得是不可能的，因为这个世界没有永恒的东西，您说对吗？"

(三) 拒绝理由之三——考虑考虑

面对客户说"考虑考虑"时，最有效地回答就是立即询问对方"为什么还需要考虑"，找到对方犹豫不决的真正原因，并提供一个解决疑虑的方案给对方。

"考虑是应该的，我在购买任何一个产品之前也会认真考虑，我通常会考虑产品质量好不好、使用后会不会有效果、对方的服务承诺能否兑现等，请问您现在最担心什么问题呢？"

"非常感谢您在考虑我们的产品，这说明您对我们的产品有兴趣，但您心中一定有某方面的顾虑，才让您难以做决定。这样行不行，您把您心中的顾虑说出来，看看我们能不能帮忙解决？"

(四) 拒绝理由之四——现在很忙

当客户说"忙"时，有时候的确是真实情况，如在开会、开车、和别人说话等，不方便接电话，这种情况比较好办，只要立即约定一个时间再打过去就可以了；另一种情况是电话营销人员在电话中所陈述的事情让对方听起来无关紧要，于是以此为借口进行推托。

"好极了，我就是要找忙碌的人来合作。据我个人的经验，忙碌的人一般都是事业心很强的人，而我今天要告诉您的这个好消息，恰恰能够帮助您把事业做得更好、更大"。

"我知道像您这样成功的商务人士一般都非常忙，如果您今天实在是太忙的话，我明天10点钟的时候再和您联系，好吗？"

【案例】

客户："我很忙，现在没有时间。"

电话营销人员："我也很忙，不过我只需要占用您三分钟的时间。"

客户："我没有时间和你说话，我告诉你，我的时间就是金钱。"

电话营销人员："很好，您的事业做得很大，每分每秒都很重要，既然您说时间对于您来说就是金钱，那我们一起来算笔账，我买您三分钟的时间，您开个价，您三分钟值多少钱？"

客户："好吧，我就给你三分钟时间，看你能说什么？"

电话营销人员："既然您答应给我三分钟时间，我希望您停下手中的任何事情，用心听我说。如果三分钟之内我说的事情您还是觉得没有价值，您就挂断电话，我就不打扰您了。"

客户："你说吧。"

（五）拒绝理由之五——我们已经有其他供应商了

面对这种状况，最忌讳的就是贬低对方现在的供应商，盲目抬高自己。道理很简单，既然对方通过多方比较最终决定选择现在的供应商，自然有他的考虑，如果我们一味地贬低对方现在的合作伙伴，其实就间接地贬低了对方。最聪明的做法就是赞美对方，同时巧妙地展示自己产品的独特卖点，让对方做一个比较。

"您真有眼光，××公司的产品的确不错，他们在行业内的口碑也很好。不过时代在进步，一切都在变化之中，我们公司最近推出了一款新产品，在性能和质量方面比目前市场上其他产品更胜一筹，而价格却便宜10%。我建议您不妨尝试一下我们的产品。"

"我当然知道像您这么有名的公司肯定有许多供应商排着长队来为你们服务，有供应商是非常正常的事情。上星期我们的市场调查员做过一个调查，结果显示我们的产品在降低成本方面占有更大的优势。如果您对降低成本感兴趣的话，我们可以好好讨论一下。"

五、做好成交工作的话术技巧

在处理完客户提出的异议之后及时抓住客户意欲购买而表现出来的行为，尝试通过运用完成交易的话术技巧尽快完成这次交易。

电话营销的原理与钓鱼相同，只有把握好时机，才能成功地获得订单。客服代表要在成交时把握好时机，因为没有主动地询问客户的购买意向而失去销售的机会比因其他任何原因所失去的销售机会都要多。

著名销售专家诺曼·文森特·皮尔说："客户通常都会在不同的沟通阶段发出不同的信号。你必须留心这些信号，切勿坐失良机，错过了邀请客户做出承诺的关键时刻。"促成时机的把握很重要，太早进入促成阶段，会给客户造成太大的压力，让客户感觉不舒服，感觉我们是在做推销；太迟进入促成阶段，可能会造成生意机会的丢失。那么什么样的时机才是恰当的呢？先看下面的案例。

【案例一】

电话销售人员："您好，我是一点通公司的×××。"

客户："你好，有什么事吗？"

电话销售人员："我们公司主要销售家用设备，现在有一款非常好的洗衣机，您需要一台洗衣机，是吗？"

客户："是的。"

电话销售人员："我现在为你介绍一款S-I型的，全自动的，不仅洗得干净，还节能、便捷……"

客户："是洗干一体的吗？"

电话销售人员："是的，集洗衣、脱水、烘干于一身，能做到'即洗即干即穿'，并且节水、磨损率低、可加热、能洗高档衣料……"

客户："听起来不错，那价格是多少？"(购买信号)

电话销售人员："1 000元。这个价格很合理。"

客户："那你们产品的售后服务怎么样？"(进一步发出信号)

电话销售人员："我们的售后服务很健全，产品如果出现问题，一个月内包换，一年内保修。在全国22个大中城市都有售后服务处，您可以放心购买。"

客户："支付方式是怎样的？"

电话销售人员："您可以直接把款打到我们的账户或通过邮局汇款，您任选。"

(客户沉默)

电话销售人员："我们的产品在价格和质量上都有优势。"

客户："我觉得你们的价格还是有点高。"

电话销售人员："可是……"

【案例二】

电话销售人员："您好，赵总，××公司，我是小刘。"

客户："哦，小刘啊。"

电话销售人员："上次谈的关于课程培训的事，您考虑得怎么样了？"

客户："我看过你们发来的课程资料，这个能不能便宜一些啊？"(购买信号)

电话销售人员："原先提到的价格确实是全国统一价格，实在不好意思，不能帮您。"

客户："这样……(短暂沉默)现在多少人报名了？"(购买信号)

电话销售人员："现在已经有×人，大部分来自您所在的行业，有××公司等，请问您打算安排几个人参加培训？"

客户："四个或五个吧。"

电话销售人员："如果这样我先给您留四个名额吧。"

客户："不不，我想想，还是留五个吧。"

电话销售人员："可以，赵总，课程就要开始了，我需要安排住宿问题，请问报名回执您估计什么时候可以发给我。"(抓住成交信号，进行发挥)

客户："明天吧。"

电话销售人员："好的，谢谢您，我等您回执，如果因为别的原因没有收到您的回执的话我再打电话给您，好吗？"

客户："可以，我安排一下就发给你。"

电话销售人员："好的，谢谢您，还需要什么帮助吗？"

客户："没有了。"

电话销售人员："好，再次感谢您，再见！"

从案例一中，我们可以看出客户多次表达了成交兴趣，给出了购买信号，而电话销售人员却没有及时把握，所以错过了成交的好时机。

案例二中的电话销售人员从客户的言谈中发现了客户的兴趣，知道客户的诚意，很好地把握住了成交时机。他之所以主动将名额定为四个，是因为他判断自己与客户的信任度还没有充分建立起来，不想给客户留下一个作推销的印象，那样可能会损失掉订单，所以选择了保守，赢得了客户的信任。

当客户对产品有兴趣之时，客服代表只要发现客户的成交信号，就可随时进一步地提出成交要求。无所谓什么时机是最好的，也就是说，没有最佳的成交机会，只有适当的成交机会。客户产生购买意图时就是适当的成交机会，一旦发现客户有购买意图，这个时候要停止产品介绍说明，立即尝试着诱导客户做出购买决定，不要犹豫不定。

思考与练习

1. 什么是话术？呼叫行业为何要重视话术技巧？
2. 设计话术脚本应当注意哪些因素？
3. 呼入性电话话术的主要内容是什么？
4. 呼出性电话话术的主要内容是什么？
5. 收集一些特定行业(如银行、保险公司、电信公司等)呼叫中心成熟的话术脚本，理解和领会其反映的话术要素。
6. 案例分析题(请从客服人员对客户需求的把握、服务态度和语言表达等方面分析以下案例中的话术缺陷)。

客户：　"我想查一下我的××卡在不在电话银行上。"

客服：　"××号，没有。"

客户：　"那你帮我查一下，是不是登记到别的卡号上了。"

客服：　"查不到。肯定是没注册上，你在哪儿办的？"

客户：　"××柜台。"

客服：　"那你要到柜台去一下，重办一次。"

客户：　"你能否帮我查一下，是挂错了还是没挂上。"

客服：　"一定是××支行做错了，他们经常出错。我这里查不到，你到柜台去。"

客户：　"查不到原因我去干什么？"

客服：　"我们这里的业务必须要到柜台办理的，你知道吧?这样吧，我打电话叫他们来找你。"

柜台服务人员：　"是××吗？我是××网点的，我们单位服务热线打电话来，正好我接电话，我不是这里的负责人，你明天下午到这里来一趟好吗？"

客户：　"你能否帮我查一下账卡是否挂到电子银行？还是挂错了？"

柜台服务人员：　"你是哪天挂的？谁帮你挂的？"

客户：　"一周前，左边第一个柜台。"

柜台服务人员：　"你一定记错了，我问过了，左边第一个柜台没帮你办过。"

客户：　"我就想问一下你能否帮我查一下账卡是否挂到电子银行？还是挂错了？"

柜台服务人员：　"我查不了，他们都讲没办过，我要到楼上帮你翻，很麻烦的，我也不是这里的负责人，只是正好接到这个电话。"

客户：　"那你给我打这个电话什么意思呢？"

柜台服务人员：　"我也不是这里的负责人，只是正好接到这个电话。我找我们经理给你打电话好了。"

客户：　"我就问个简单的问题，你们搞了这么一大圈，什么也没解决，你们怎么回事？"

第十章

呼叫中心管理基础

呼叫中心的管理是一门艺术。现在多数呼叫中心的运营由单一的服务模式向多业务的模式转变，座席也由单技能向多技能发展，多技能的运营环境对呼叫中心管理者的管理水平提出了越来越高的要求。如何培养优秀的座席人员、如何进行科学合理的排班、如何加强全面质量管理，在合理的成本下确保实现呼叫中心的优质服务，这些是呼叫中心管理人员每日都要面对的问题。

第一节　呼叫中心现场管理

现场管理是确保呼叫中心服务质量的一个重要环节，是管理人员根据事先设定的质量标准或工作要求在服务现场或通过多媒体数字监控手段对执行服务的人员、设备、工作流程、环境等进行实时的监控和管理，发现和预测存在的和潜在的问题，并及时制订解决方案以改善服务方法、作业流程、思维方式、工作环境，进而提升服务质量的管理过程。

呼叫中心现场管理对于呼叫中心的良性运营至关重要。通过现场管理，管理者可以加强与团队成员之间的沟通与交流，更加直接、迅速地获取团队工作信息，了解整体运作情况；可以对呼叫中心各项工作的执行情况进行跟踪、检验，发现问题及时纠正和解决；还能够及时发现呼叫中心在实际运营中存在的新问题和各种需求，从实际出发实施管理，制订出具体的发展计划和努力目标。与此同时，现场管理有助于团队成员之间相互的帮助和指导，实现共同进步。

考虑到呼叫中心现场的特点和现场管理所应发挥的作用，我们可以确定现场管理的主要内容包括：呼叫中心现场环境的管理、现场工作人员的管理、现场指标监控的管理、现场危机的处理等方面。

一、呼叫中心现场环境的管理

【案例】

某公司为了表示对呼叫中心部门的重视，将它安排在公司新建办公楼中，占用半个楼层。这是一栋非常漂亮和高规格的全装修办公楼，以办公室的标准来衡量，非常的理想和优质。它拥有最优秀的自然采光，四周全景玻璃，使所有的同行美慕不已，但这个环境却给呼叫中心管理者带来了不尽的烦恼。

首先是噪音问题。全装修的写字楼，四面玻璃，室内墙体是优质的铝塑板，天花板是时尚的金属扣板，这简直是噪音控制的噩梦。只是60~70席，环境噪音已经十分明显。其次是配套空间的不足。由于没有经过特别规划，更衣室只能占用走道，员工休息区只能使用现有的一间小会议室。因为和别的部门合用一个楼层，没有合适的培训和会议空间。同时缺少女性化的规划，大楼精装修的洗手间是按照标准办公楼规划的，不法满足高密度的女性员工的需要。

除此之外，中央空调不能全天无休地配合，还需要建立独立的备用空调来解决特定时期的需要。座席数量和空间利用率也有问题，现场配置按办公标准设计的家具使空间没有达到最大的利用和适合的功能布局，同时还要考虑降低对同楼层其他部门的干扰。

最好的不一定是最合适的，上述案例正是企业对于呼叫中心环境建设认识不足的表现。呼叫中心不能单纯以产值、投入、启用速度或形象工程为主要衡量标准而建设，它作为一个平台和工具，应为企业经营所用，美观、高效、节能并符合未来发展的空间才是企业的努力方向。

(一) 呼叫中心现场的空间设计(见图10-1)

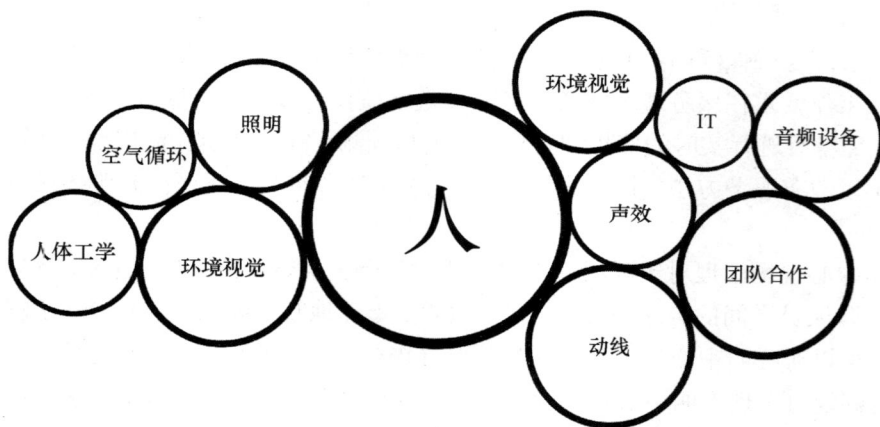

图10-1　呼叫中心现场空间设计应遵循"一切以人为本，从员工和经营管理出发"的原则

1. 动线

动线，意指人在室内室外移动的点，联合起来就成为动线。

动线的规划是呼叫中心设计的第一步，也是至关重要的一步。所谓动线规划是指将建筑物内所有物品依据人体工学、使用目的、空间需求、管理效益、人机互动等原则做最妥适的安排，使建筑物内的人员能有效管理空间与从事相关业务，达到人、建筑空间、建筑物中之物体三方面能互相作用、和谐共存的目的。

呼叫中心属于人员密集型空间，如果没有对动线善加规划就会造成拥挤、迂回、迷路等多种不良的状况，这会给呼叫中心的人员管理带来很大的难度，也会使身在其中的工作人员感到不方便。

动线规划应注意把握如下几个原则(见图10-2)。

(1) 通畅原则。在呼叫中心里要合理设置若干个通道(主通道及次通道)，这样有利于人员的分流。每条通道最小的宽度不低于1.2米，主通道甚至会有2米，这样即便是几个较大的班组换班也不会造成拥堵的情况。

(2) 便利原则。呼叫中心内有许多与座席配套的功能区，如厕所、茶水、休息，在设置动线时应该根据这些功能区的分布安排合理的通道，保证座席人员在任何岗位都能迅速、方便地抵达。

(3) 节省原则。呼叫中心的空间是很宝贵的，动线的规划应在保证上述两个原则的基础上做到物尽其用，避免重复，提高空间利用率。

图10-2　呼叫中心动线设计效果

2. 照明

呼叫中心是一种要求较高的室内办公环境，高强度、长时间的工作对于呼叫中心员工而言视觉疲劳是主要的身体反应之一，特别是7×24小时的话区，照明强度和均匀性就更加重要。

呼叫中心要在现场设计阶段结合现场的朝向、彩光及平面规划出合理的照明布局，使整个呼叫中心尤其是座席区不产生"照明死角"。灯光控制建议参考《中华人民共和国国家标准电子计算机机房设计规范》中的具体要求。工作区内一般照明的均匀度(最低照明度与平均照明度之比)不宜小于0.7，非工作区的照明度不宜低于工作区平均照明度的1/5，并应设置备用照明，其照明度宜为一般照明的1/10。备用照明宜为一般照明的一部分。

3. 色彩

色彩的合理搭配和运用是呼叫中心空间环境设计中的重要一环，只有合理运用色彩情感和冷暖对比，才可以创造出员工适宜的办公空间。

现场的色彩设计原则包括如下几点。

(1) 统一性。要与企业的整体风格相一致，在此基础上突出呼叫中心全新的管理标准等特色。

(2) 独立性。呼叫中心是独立于其他部门之外的服务部门，因此色彩的设计要具有相对的独立性。

(3) 丰富性。丰富的色彩会给本来枯燥的工作带来一丝轻松。呼叫中心应在一些办公空间常用色(如黑、白、灰)的基础上加入一些跳跃色的元素，使整个空间不是那么的单调、死板，也使员工的心情更加放松；绿色的加入则可以有效舒缓员工的眼疲劳。

(4) 创新性。呼叫中心独特的管理方法决定了在色彩设计上既要保持企业的传统，又要突出呼叫中心的全新形象。

4. 降噪

噪声很大的空间会极大地影响员工的工作情绪和服务效果，因此，在呼叫中心现场的设计中提供相对安静和舒适的工作环境是最基本的条件。

对于呼叫中心这一空间，吸声与隔声是降噪的主要手段。

(1) 吸声。呼叫中心是人员高度集中的场所，其布局又主要是以开敞式为主，因此，吸声是呼叫中心"降噪"最为重要的手段。吸声可通过吸声材料和室内绿化来达到。设计者可以采用多孔吸声材料、板状共振吸声结构、穿孔板共振吸声结构和微孔板共振吸声结构来对呼叫中心的墙面、顶面进行吸声处理以实现降噪的目的。对于墙面顶面受原有建筑限制不能按标准使用吸声材料的可使用空间吸音体来达到需要的效果。

对于一些无法再进行空间吸声改造的呼叫中心，可以大面积增加绿植来起到吸声的作用。对于呼叫中心，绿化不但能使整个环境更为舒适，缓解员工的视觉疲劳，更是吸声降噪最简单的方法，尤其针对一些之前没有进行空间降噪规划的呼叫中心是非常行之有效的补救措施。目前在国外很多呼叫中心，人均绿化面积达到70%，真正可以称得上是"绿色呼叫中心"了。

(2) 隔音。应用专门构件将噪声源和接受者分开，隔离噪声在介质中的传播，从而减轻噪声污染程度的技术称为隔声。

在呼叫中心的空间内有很多辅助功能的空间，如员工休息区、培训室、会议室等。为了使其不影响座席员的正常工作，这些空间的分隔必须采用隔声技术。

5. 现场座席的设计

呼叫中心具有工作人员交替频繁、业务发展迅速等特点，因此要求现场的座席设计首先应具有较强的适用性，例如座席舒适，适合长时间坐姿工作、具有可拆卸重组等功能。

其次，呼叫中心的座席设计要有明显的安全性并摆放合理，在突发事件发生时迅速将所有工作人员撤离工作现场。

座席应装备1.3米高的隔屏来分开每一个工作间，而组长办公室则可使用1.5米高的隔屏。这样可以尽量降低呼叫中心内的声音，令座席员在较宁静的环境下工作。

座席员工作间的标准可按业务需求及成本来决定，呼叫中心每个座席的占地标准定为3～4平方米(此数值包括每个座席大小以及每个座席均摊运营区内通道的大小)。

桌面通常为"L"形或长方形，桌面形状须配合座席排列。建议桌面长度约为1.4米，只要座席员身处其中没有挤迫的感觉，就足够了。椅子应能让员工自由调节椅把高度及椅背角度，以配合不同的体型。

主要通道最少要1.5米宽，能让两人同时通过而不会造成阻塞。背对背座席相距最少1米，避免过分拥挤或容易产生碰撞，也可以让班长或其他管理人员易于从后指导。

6. 现场文化建设

员工参与文化建设是非常重要的，当呼叫中心拥有高效的员工时，员工和公司都会受益。呼叫中心应是处处体现团队合作的工作场所，在现场设计中也要突出体现团队合作性。

(二) 呼叫中心现场功能区划分

功能区划分指对整体空间进行合理的规划和布局，将不同的功能区域分开。既保证各个区域之间日常运营的互不干扰，也能使相互之间维持有效的沟通和交流。

呼叫中心一般至少包含如下三类功能区域。

1. 客户服务座席区

为客户提供服务的座席区，主管、质量监督人员和培训人员所用的办公区域等。在这一功能区内员工与客户直接接触，是呼叫中心业务的主"战场"，也是大多数员工在工作时间呆得最久的区域，因此这一区域对空间设计的要求最高。

呼入呼出区域大小应视话务量及座席员多少来确定，附近应设足够座席员使用的卫生间、饮水间等设施。会议室的区域大小视呼叫中心最高座席开放数量而定，原则是能同时安排所有交接班人员班前班后会议的召开，建议采用大面积小房间的设置方法，大(40人以上)、中(40～20人)、小会议室(20人以下)的间数比例设计为1：2：3。质量监控区域要独立并保证高度的安全性。

2. 服务/休闲区

为员工提供服务支持和休息的区域，如机房、更衣室、茶水间等。座席代表的日常工作强度非常大，一个格局合理、布置温馨的休息区可以让员工充分利用休息时间，以更好的精神状态面对工作。对于提供7×24服务的呼叫中心，一个放有床铺的供夜班员工小憩的宿舍也是必不可少的。

3. 行政办公区

不直接与客户打交道的人员工作的区域，如财务、人事等人员的办公场所以及会议室和培训室等。行政办公室和会议室的空间要求与一般的企业无异。培训教室内除了投影音响等常规培训设备外还应具备适量的台席设备，如电脑、耳麦等，使得新进员工可以在仿真的环境中学习。

二、呼叫中心现场人员的管理

现场工作人员的管理其核心可称为排班管理，主要内容包括电话呼叫量预测、计算人员需求量、创建排班表以及实际情况与预测情况的比较。高效的排班方法可以帮助现场管理人员有效地分析与挖掘潜在的问题，掌握系统实用的工具与方法解决现场中的实际问题，提升自身解决问题的能力，不断促进管理水平的提高，如图10-3所示。

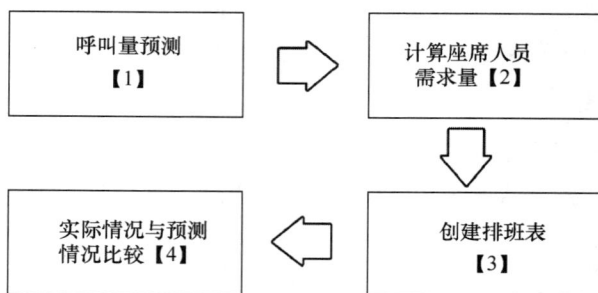

图10-3　呼叫中心现场排班管理的模式图

（一）呼叫量预测

呼叫中心的服务水平受到呼叫量、平均处理时长和座席数目等多重影响，准确的呼叫量预测是进行人力安排的依据，也是达到期望服务水平的根本。

为精确地预测呼叫中心未来的呼叫量，呼叫中心经理必须综合考虑各个方面的信息，这些信息可以来自于多方面，比如对市场的预测、广告投放时间、次数等，但一些最重要的信息可来自历史呼叫量的统计，这是呼叫量预测的基石。通常，从历史呼叫量可以预测目前的呼叫量和呼叫变化趋势。历史呼叫量必须是精确的，但并非越多越好，选取的时间段最长不宜超过两年。

影响呼叫量波动的因素

(1) 用户量上的变化，如新增客户等。随着目前各企业客户量上升趋势的发展，呼叫中心的电话呼叫量也呈上升趋势。

(2) 产品功能上的变动，如新产品、新功能的上线，特别是客户较为关注的、与广大客户生活息息相关的产品功能，如单向收费或使用电子认证系统收缴电话费等功能。

(3) 市场宣传的变动，如业务的宣传、市场促销行为，如在报纸、电视上宣传某业务有奖消费等。

(4) 电信其他部门发生的突发事件，如网络或业务平台瘫痪。

(5) 国家相关政策法规的变动，如业务办理收费标准的调整。

(6) 法定节假日、公休日的变动，如春节、国庆等公众假期。

(二) 座席员人数的预测

呼叫量预测完成后，就要依此预测所需的座席员人数，一方面要达到设定的服务水平，另外还要考虑呼叫中心运营成本，平衡座席期望；同时，在安排过程中还要考虑工时要求、环境要求、座席本身技能等因素。

1. 短期预测(见图10-4)

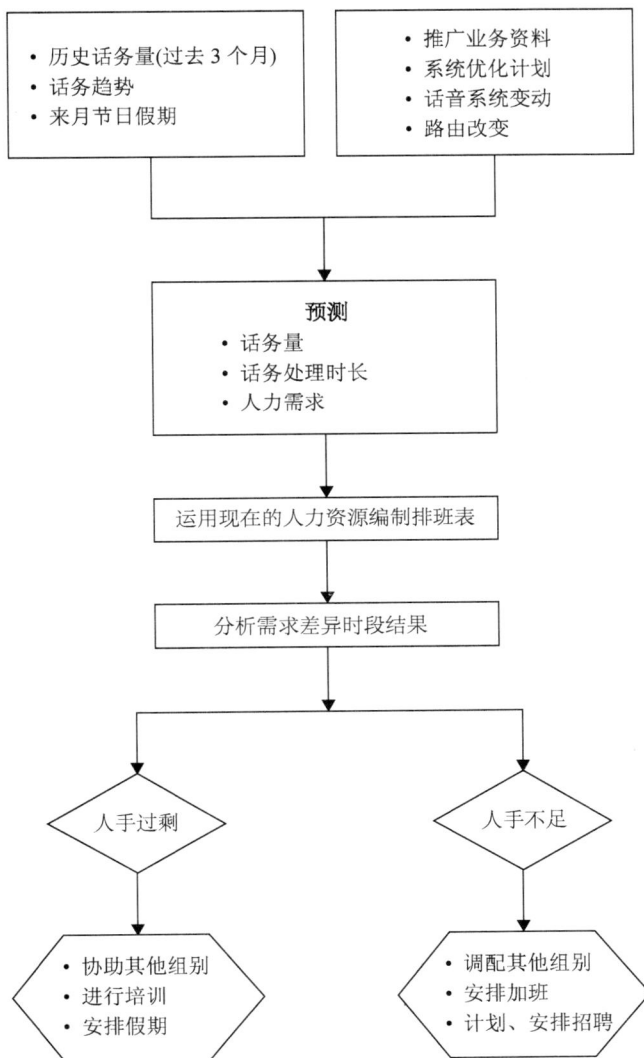

图10-4　座席员人数短期预测

2. 长期预测(见图10-5)

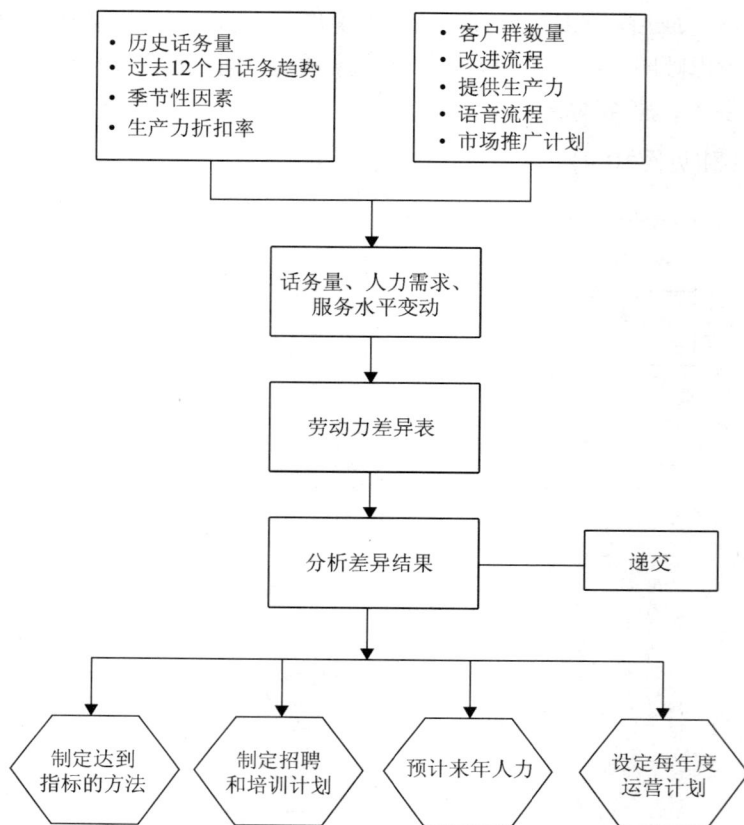

图10-5　座席员人数长期预测

(三) 呼叫中心行业常用班表

排班管理在企业的管理环节中起着关键性的作用。从管理的角度而言，需要理顺各种轮班制度与人力、成本、工时之间的关系以及不同轮班制度之间的互相转换，以一套简单的数理方式作为轮班制度的基础，如表10-1所示。

表10-1　呼叫中心行业常用班表

惯用名称	工作方式	班别	每日上下班时间	每日工作时间
四二轮	做两天休两天	日班	07：00—19：00	10小时
		夜班	19：00—07：00	10小时
三一轮	做三天休一天	日班	07：00—19：00	10小时
		夜班	19：00—07：00	10小时

(续表)

惯用名称	工作方式	班别	每日上下班时间	每日工作时间
四三轮	做三天休一天	早班	07：00—15：00	7小时
		中班	15：00—23：00	7小时
		夜班	23：00—07：00	7小时
三班制	做五天休两天	早班	07：00—15：00	7小时
		中班	15：00—23：00	7小时
		夜班	23：00—07：00	7小时

上表为常用的全年无休轮班制度或7×24小时服务呼叫行业四种常用班表比较。其中："每日工作时间"具体指将休息、吃饭时间去掉之后的实际工作时间，包括班前、班后会时间以及日常培训时间。

事实上，呼叫行业的轮班制度林林总总，绝对不只上列四种，且命名没有一个固定的准则，例如上述的四三轮，有的企业就叫三班制。这不重要，重要的是企业需考虑整体人力的弹性应用与成本效益，针对轮班的基本架构，应给予明确及深入的分析和说明。

(四) 排班管理的注意事项

(1) 在确保呼叫质量的同时，不要追求过低的放弃率。国际上一般可接受的上限是3%的放弃率，这其中包括错号、其他呼入方面的原因，或者因为IVR(自动语音应答)设计错误(如按了某个键后被挂断)而导致的放弃电话。要将放弃率降低一个百分点，通常需要排班与座席资源上的很多努力。同时，除了电信企业外，一般呼叫中心的中继线资源都较有限，百分之一以内的呼入忙音率是可以接受的。

(2) 交换机(PBX/ACD)系统中有大量的数据可以提取，包括接通的、放弃的和遇到忙音或其他系统信号的总和详尽列出，对这些数据的仔细分析是合理配置人力资源的基础。目前有些企业以人工拨测的方式作为主要考核、管理依据，这种方式得到的结果对预测、排班没有任何价值，用在考核上也会呈现很大的随意性。

(3) 预测中要注意协调因企业内部原因而引起的突然大量呼入，比如账单部门的每月一次寄账单、营销部门的大众营销活动等。要注意与相关部门事先沟通，确保在其业务流程上增加与呼叫中心的协调与合作的内容。

(4) 员工的上下班时间、长短会不统一。一方面尽可能使员工生活作息不受太大冲击，另一方面也必然不能完全执行5天×8小时的上班时间。在帮助员工调整的同时，后勤、行政各部门也要能够协调，比如班车的接送、就餐的时间、地点以及员工住宿等。

(5) 有些突然的电话呼入高潮，事前难以预测，因此有必要安排一个"备班"。设计合理的溢出路径也很有必要，二线、三线及主管、后台人员应在需要时都可随时上线，同时可考虑不同地点，甚至不同企业之间的溢出处理，如外包企业逐渐可以作为溢出选择之一。

(6) 如果呼叫中心具有呼入与呼出双重功能，是否让一个座席人员同时承担两项任务是一个微妙的问题。让座席人员承担多种业务功能可在呼入高峰时集中处理来电，而在低谷时从事呼出活动，这样人力资源得到了合理应用。如果呼出活动限于通知、回访等，则不失为一个好的选择。当呼出活动比较专业化、需要特定技能，如电话销售时，则一人兼职将难以保证呼出的质量。但将两个功能组置于一个物理的呼叫中心内，并让呼出组适时处理一部分呼入溢出不失为一种很好的选择。

三、工作现场指标监控的管理

在实际运营管理过程中根据指标数值的高低分析原因，建议采取相应的措施。

(1) 实际工作率较低

- 座席人员缺勤率较高
- 非话务工作过多，如新座席人员初期的培训、其他非话务工作多等
- 座席人员对工作性质、内容的认识有误解

(2) 事后处理时间过多

- 技术、程序、业务熟练程度的影响
- 工作流程需要调整
- 业务复杂程度大
- 座席人员职业技能需要提高，如录入速度、操作、使用方法、耳手配合等

(3) 平均放弃时间短

- 客户忍耐力低
- 系统繁忙程度高
- 平均单呼成本高
- 客户使用人工座席的服务比自动语音的比例高
- 座席人员业务、技能水平有待提高

(4) 平均通话时间长

- 技能、交流技巧不足
- 座席人员多，为达到其他指标而增加时长

(5) 平均持线时间过长

- 帮助系统不完备或资料检索不方便
- 座席人员独立处理业务的能力需要得到培训，自主性差
- 系统故障频率高
- 新业务推出，但客户服务中心准备不充分

(6) 平均振铃次数多

- 座席人员摘机动作慢
- 系统参数问题

(7) 平均排队时间长

- 系统繁忙，高峰时临时增加座席人员
- 没有经验的座席人员占较高的比例
- 休息、会议时间安排不合理
- 理解偏差，实时信息(如 LED)某时段高于正常
- 系统故障，ACD 挂起了某些呼叫

(8) 平均应答速度长

- 座席人员工作效率高，事后处理、持线等待时间长值
- 呼叫量预测不准确

(9) 平均交谈时间长

- 需要技能、业务培训
- 要注意如何结束谈话
- 要特别关注过长、过短的谈话

(10) 每小时呼叫次数

这一指标要与其他项综合考核，不建议片面理解数量。

(11) 监听分值低

- 占线率低
- 话务工作任务不饱和
- 评分的连贯性对结果有较大影响
- 让座席人员听到录音而不只是仅得到评分，可帮助员工提高

(12) 呼叫放弃率高

呼叫放弃率较高，说明客户服务中心的工作效率较低或者系统线路配置过少，不能满足当前大量客户的需要。

- 座席人员利用率低，非话务工作过多
- 呼叫量不足
- 出勤率低
- 检查激励机制
- 关怀有个人困难的座席人员

(13) 忙音率

必须高度重视忙音现象。如果所有用户出现忙音现象，立即检查系统设备或技术数据，确保不影响服务；如果是局部用户出现忙音现象，要向电信运营商反映，修改必要的数据。

当然，在进行呼出业务时，除系统因素外，号码质量也是可能的原因之一。

- 一次性解决问题的呼叫率低
- 业务处理水平和引导客户需求的技巧要进行培训
- 根据业务情况，适当授权座席人员外呼权限

(14) 队列放置率

考察自动语音和人工座席间的关系，调整座席人员结构、数量。

- 转接呼叫率高
- 技能分组，用户选择按键等导致转接呼叫率高
- 业务熟练程度不足

(15) 电话响应百分比

- 季节、时段、活动等因素影响
- 呼叫量预计不准确
- 员工作息制度执行不好

(16) 服务水平

- 总体原则：80%的电话在20秒前回答。
- 过高则意味着计划不准、通话时间短或人员过剩
- 过低则说明呼叫量预测不准，座席人员实际工作效率低，需要调整作息时间

(17) 总呼叫数

绝对值很有用，但还是建议绘制趋势图、同期／同情况比较图，注意变化，尤其是突变与应答的、放弃的、占线的关联，了解实际运营状况要与业务活动或系统运行状况联系。

(18) 座席人员流动率

- 注意人事、劳资管理，加强员工关怀
- 完善小休、减压等环境设施
- 一定要有适当的流动

四、现场危机的处理

除现场常规管理外，呼叫中心有时会出现突发情况，比如接入不正常、话语系统不能正常运作、天灾引致呼叫中心不能运作等，这时启动现场危机处理程序就十分重要，可以在一定程度上确保突发情况的妥善处理，避免因慌乱而丧失最佳管理时刻。

第二节　呼叫中心质量管理

【案例】

某企业呼叫中心的质量管理人员业务管理知识很丰富，其呼叫中心人员综合素质也很高，90%以上为大学本科及以上学历，但这个呼叫中心的服务质量却不高。每次质量管理人员监听监控时，座席都很不乐意，他们感觉质检就是为了在月底的时候扣绩效考核的分数，没有座席人员愿意让质检人员监听自己的录音。质检人员在监听的过程中发

现问题，告知座席，希望按照规定来回答，但座席人员总有种种理由抗拒；或者表面上接受，实际在电话中并没有太多的改变。

以上的问题在各个呼叫中心都或多或少地存在着，质量管理是呼叫中心管理的另一个必要手段，这部分工作一般由两部分人完成：一是座席代表的直接主管；二是专职的质量管理经理人员。

在一个以质量为中心的呼叫中心里，质量管理具有以下四点目标：

(1) 不断提升服务品质，从而提高客户满意度，完善企业形象；

(2) 提高呼叫中心的认同度，提升呼叫机构在企业中的价值；

(3) 持续不断地改善运营绩效，实现更高的运营效率及更低的运营成本；

(4) 帮助管理人员查明问题所在，评估员工工作表现，总结绩效改进措施。

一、质量管理的基本原则

1. 以客户为中心

客户是市场的焦点，理解客户当前和未来的需求，满足客户要求并力争超越客户的期望，这样才能赢得客户，占领市场。在质量管理的各项活动中应以使客户满意作为出发点和归宿，通过定期系统性的客户满意度调查来发现自身的不足和客户的期望，以优良的客户满意度作为服务质量体系管理的终极目标。

2. 全员参与

各级人员都是组织的根本，只有员工充分参与，才能使他们的才干为组织带来效益。呼叫中心行业的人员流失率一直高居不下，而通过质量管理中的全员参与活动可以极大地提高员工的积极性，增强组织内部的沟通和凝聚力。

3. 系统管理

针对制订的目标去识别、理解并管理一个由相互联系的过程所组成的体系，有助于提高组织的有效性和效率。呼叫中心有两个客户：一个是委托呼叫的客户(对于自营型呼叫中心而言为内部客户)；另一个是呼入或呼出的最终客户(外部客户)。呼叫中心要将这两个客户很好地联系起来、满足各自的需求，必须在质量管理体系中运用系统管理的思路和方式。

4. 持续改进

持续改进是呼叫中心永恒的追求，采用能不断提高质量管理体系的有效性和效率的方法来实现质量方针和目标是一个企业在同行业中更具有竞争力的重要条件。纠正和预防措施能实现过程的改进，更多地运用持续改进的理念来优化流程，能使所有的客户都受益，并不断提升客户服务中心的服务质量，树立企业的良好形象。

二、质量管理的内容

呼叫中心作为客户服务的重要载体，如何通过与客户的接触对外传递良好的服务质量是服务开通运营后最关键的问题。因此，呼叫中心的质量管理主要涉及的内容包括：座席人员的服务质量、各项质量运营指标的实现情况、客户的满意度指标等。

(一) 服务质量的组成

座席人员服务质量由结果质量和过程质量两部分组成，这两个部分表明的是"客户得到了什么(what)"和"客户是如何得到服务的(how)"(见图10-6)。与质量结果不同，过程质量一般是不能用客观标准来衡量的，客户通常会采用主观的方式来感知过程服务质量。

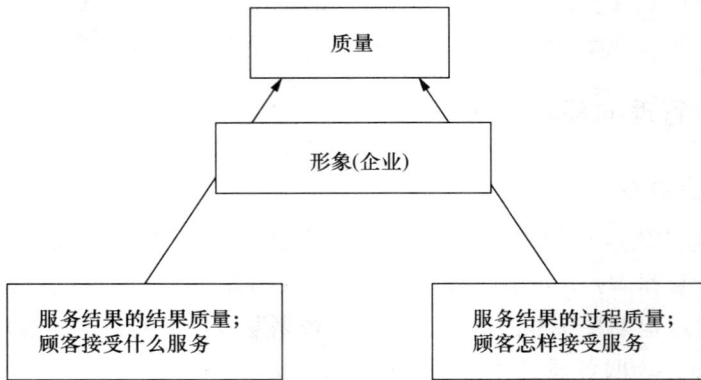

图10-6　服务质量的两个构成要素

(二) 内部度量标准及其实现

1. 内部质量指标的内容(表10-2)

表10-2　呼叫中心的内部度量标准

序号	度量标准	表示内容	备注
1	实际工作率 adherence	座席联入系统准备回答电话的实际时间除以按照计划应当回答电话的总时间，再乘以100%	在岗工作指标，百分比
2	事后处理时间 after call work time or wrap—up time	一次呼叫电话接听完后，座席完成与此呼叫有关的整理工作所需要的时间	单位：秒(S)
3	平均放弃时间 average abandonment time	呼叫者放弃呼叫前平均等待的时间	单位：秒(S)
4	平均单呼成本 average cost per call	某段时间内呼叫中心的全部费用除以这段时间接听的所有电话数，包括无论何种理由打入的电话，不管是由座席接听的，还是由技术系统接听的	货币单位

（续表）

序号	度量标准	表示内容	备注
5	平均通话时间 average handle time	谈话时间和事后处理时间的总和	单位：秒(S)
6	平均持线时间 average hold time	座席人员让客户在线上等待的平均时间	单位：秒(S)
7	平均振铃次数 average number of ring	客户听到回话之前电话铃振响的次数，不论这个电话是由座席还是IVR回的	
8	平均排队时间 average queue time	呼叫者被ACD列入名单后等待座席人员回答的时间	单位：秒(S)
9	平均应答速度 average speed of answer	指总排队时间除以所回答的总电话数	单位：秒(S)
10	平均交谈时间 average talk time	指呼叫者与座席联系后交谈的时间长度	单位：秒(S)
11	每小时呼叫次数 calls per hour	指每个座席每小时接待呼叫的平均次数。它等于一个交接班中，业务员接听的电话总数除以他/她接入电话系统后的总时数	客户服务中心种类不同,结果差异较大
12	监听分值 monitoring scores	指由质量保证专家对座席人员的谈话质量所做的等级评价	
13	占线率 occupancy Rate	(通话时间+持线时间)÷(通话时间+持线时间+闲置时间)×100%	
14	呼叫放弃率 percent abandon	放弃率是指放弃电话数与全部接通电话数的比率，一个放弃电话是指已经被接通到中心，但又被呼叫者在呼入座席、呼出座席和语音通知设备接听之前自动挂断了的电话	
15	座席人员利用率 percent agent utilization	(通话时间+持线等待时间)÷座席人员操作时间×100%	
16	出勤率 percent attendance	指一个班组实际工作的人数÷计划工作的人数×100%	
17	忙音率 percent blocked call	指受到忙音信号阻滞，连ACD都没有达到的呼叫电话的百分数	
18	一次性解决问题的呼叫率 percent calls handled on the first call	不需要呼叫者再呼，也不需要业务员回呼，就将问题解决了的电话的百分数	
19	队列放置率 percent of calls placed in queue	列入排队名单的电话数量÷接到的所有电话的数量×100%	
20	转接呼叫率 percent of calls transferred	即由值机座席转给其他人员接听的电话的百分比	
21	电话响应百分比 percent offered calls answered	响应过的电话数÷所有接入的电话数×100%	

(续表)

序号	度量标准	表示内容	备注
22	服务水平 service level	回答前的时间少于×秒钟的电话数÷所接入的电话总数×100%	
23	总呼叫数 total calls offered	指所有打入中心的电话，包括受到阻塞的、中途放弃的和已经答复的电话	
24	座席人员流动率 agent turnover	指离开中心的座席人数在工作总人数中的比例	

所有这些度量标准在一个相对完善的呼叫中心系统中都会有具体体现，或者独立存在，或者交叉并存。它们反映了两部分内容：一是服务者提供服务的质量；二是提供服务的效率。一个优秀的呼叫中心一定要能很好地把握效率与效果的平衡。

2. 内部指标的测量与实现

(1) 电话监控。通过电话监听、监控对服务质量进行跟踪分析，并实时对座席人员提出表扬和改进建议，这是一套行之有效的呼叫中心质量管理方法。通过电话监听，可实时监督当前呼叫中心的服务质量和服务水平，了解座席目前的工作状态和存在的问题。这样做，不但可以为有针对性的培训提供依据，同时也是呼叫中心进行考核和建立激励机制的基础。

电话监听的方式比较多，目前国内常见的电话监听方式分为三种：随机监听、电话录音、现场工作指导。

- 随机监听，即监听者远程或是在呼叫中心内部监听座席人员与客户的通话，在监听的同时还可以监视到座席人员的桌面当前状态。
- 电话录音，即通过电话录音系统对座席人员和客户的通话进行全程录音，并对录音数据进行存储管理，监听者随机选取部分录音来评判座席人员的服务质量。
- 现场工作指导，即监听者就坐在座席人员的旁边，用同一电话机监听(通常有监听插口)座席人员与客户的通话，并给予现场及时指导。

国外越来越多的呼叫中心目前开始采用座席人员自我监听、同事间监听等途径，在确保座席人员服务质量的同时充分授权给座席人员，也取得了很好的效果。

(2) 报表分析。呼叫中心的技术为管理人员提供了功能强大的报表分析手段。作为质量控制的一种事后控制类型，报表分析不但可以通过数字化的管理办法发现运营过程中存在的问题，发现提高服务质量的办法，还可为企业有效控制和降低成本作出贡献。

以上两种工具是呼叫中心在进行运营管理过程中，为使客户感知服务质量超过预期并使之达到满意的重要手段。

(三) 外部度量标准及其实现

1. 客户满意度量标准

呼叫中心的重要使命是通过一切方法争取每一个电话都能让客户感到愉悦，体验服务，从而提高客户满意度。

客户满意度是客户感觉状态下的一种水平，它来源于客户对企业的某种产品/服务的绩效或产出与自己的期望所进行的对比。也就是说，"满意"不仅仅是客户对服务、服务态度、产品质量、价格等方面直观的满意，更深一层的含义是企业所提供的产品/服务与客户期望、要求等相吻合的程度。度量标准主要有如下三个。

(1) 进入系统获取服务的难易度，包括但不仅限于
- 振铃次数
- 排队时长
- 持线等待时间
- 转接次数

(2) 座席交流的轻松度，包括但不仅限于
- 关心呼叫者处境的程度
- 对呼叫者提出问题的理解程度
- 口齿清晰与否

(3) 座席处理业务的能力，包括但不仅限于
- 应答的全面性
- 应答的准确性
- 良好的开篇/结束印象

这三个"度"是软指标，既与前面的内部度量标准关联，又与系统设施、人员素质、培训等环节密切相关。

2. 客户满意度调查的实施方法

如图10-7所示，满意度调查可通过多种方式得到客户的直接反馈。

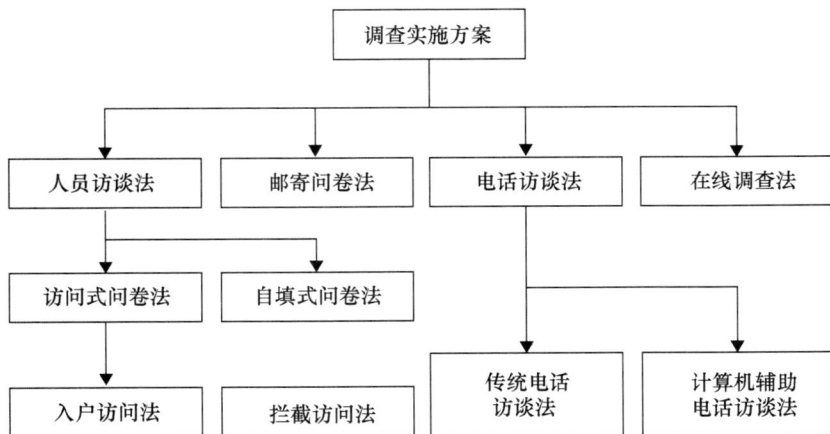

图10-7　客户满意度调查的实施方法

呼叫中心应该根据调查的目的以及针对人群来决定调查问卷所包含的主要内容。一般来讲，既要包含一些对服务整体评价的一般性问题，也要含有针对所服务的企业产品

或服务特点的具体性问题。对于一般性的呼叫中心服务满意度调查来说，应该包含以下这些问题：

对服务的整体质量满意程度？

对等待时长的满意程度？

对客户服务代表专业知识与技能水平的满意程度？

对解决问题的效率或时效性的满意程度？

对所建议的解决方案的针对性及有效性的满意程度？

对客户服务代表整体的语音、语调、礼貌及态度的满意程度？对呼叫中心整体服务的评价或建议(开放性问题)。

在让客户对问题所涉及的方面进行满意度评价时，还应该让客户评价每个问题对他们来讲的重要程度。这样可以帮助呼叫中心明确界定那些重要并紧急的问题，从而立刻采取改进行动。

3. 客户满意度调查结果的沟通

客户满意度调查的结果应该与全体员工分享，包括呼叫中心管理层、班组长、一线员工甚至其他的相关部门。另外，要把调查结果与相关的主管领导进行充分沟通以争取到采取改进措施所必须的资源。在进行满意度调查结果的沟通时，应注意如下几点。

(1) 分清沟通对象，注重更多细节上的数据或信息，以帮助大家了解根源，提高改进行动的针对性。

(2) 把调查结果的总结或相关图表通过墙报、局域网、电子公告牌等方式进行公布并在相关的会议上进行讨论，让每一位员工都了解客户的评价。

(3) 要确保呼叫中心的领导团队以及每一位一线员工理解他们的日常工作是如何影响呼叫中心以及整个企业的客户满意度的。

三、呼叫中心质量管理体系

呼叫中心建立起科学化的质量管理体系，才能最大限度满足客户对服务的要求，降低运营成本，提高竞争能力，如表10-3所示。

表10-3　服务评估标准

评估类别	项目名称	定义、评估依据
服务规范	服务用语	自觉使用服务脚本，服务用语规范 在结束通话前询问客户"请问您还有其他问题吗？"，并以"欢迎再次致电×。"结束
	亲和力	吐字清晰，用语礼貌、得体。客户确认身份后，在以后的称呼上加入姓氏 愉悦的声音、饱满的精神状态应答客户
	服务忌语	是否有顶撞、轻视、生硬等忌语，是否经常打断客户说话

(续表)

评估类别	项目名称	定义、评估依据
服务技巧	控制通话节奏	控制通话节奏的主动权，引导用户顺利完成此次通话
		询问客户是否可以等待，并在回线后对客户的等待表示歉意，如"对不起，让您久等了。"
		对预计超过15秒的等候用"挂起"键播放音乐，对于一个业务问题，电话挂起时间不超过1分钟
	安抚客户情绪	对于建议者应感谢他的来电
		在投诉过程中对客户情绪的安抚和控制
	理解客户意图	较快并准确地理解客户的主要问题
		通过倾听及时了解客户的需求，倾听中用"是"、"嗯"，告诉客户你在听
业务能力	业务处理能力	业务解释准确，操作流程规范。如密码重置前是否验证身份
		是否详细记录客户提供的信息，如卡号、姓名、身份证号、联系电话、业务内容、相关网点等
		是否一次性解决问题
		与客户核对信息，并取得客户确认，若投诉，要将投诉内容给客户重复一遍，经客户确认后受理
		需后续处理的业务并告知业务编号，若用户不记录，则告之用户下次查询时要提供本人姓名
加分	主动营销	适时营销优质产品
	客户满意	当时受到客户表扬

(一) 监控的内容

业务解释准确，操作流程规范。如密码重置前是否验证身份。

(二) 监控的频度

通常每月每项业务大约需要监听15～20次。

每个座席人员根据表现的不同，每周每人被监听约3～10次。

(三) 监听监控的人员定位

图10-8描述了客户、座席人员、培训师、管理者、质量督导等多方间的相互关系。图中所涉及的人员对呼叫中心的运营管理水平起着重要的作用，对呼叫中心质量控制是每个岗位都不可推卸的责任。但是由于每个岗位的职能不同，所以对质量控制发挥的作用或工作的侧重点也应有所不同。

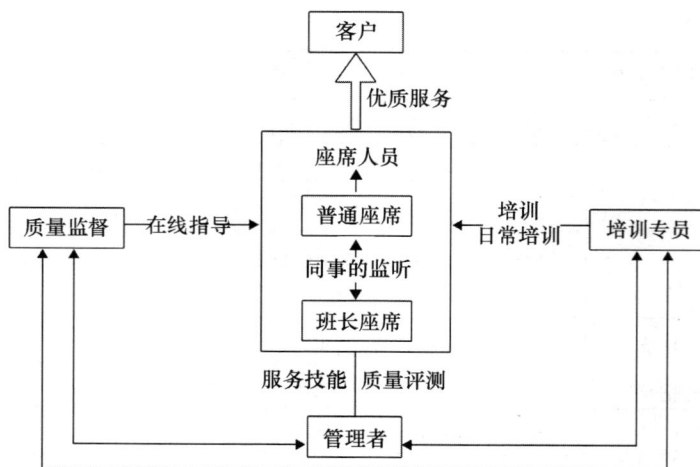

图10-8　客户服务中心监听监控不同角色之间的关系图

由上图可直接得出如下信息。

(1) 呼叫中心的座席人员是与客户直接发生关系的人员，其他工作人员作为二线人员直接为座席人员提供服务。

(2) 管理人员的角色是管理与服务并重。首先是支持者的角色，只有很好地服务于座席，才能最终为客户提供优质的服务；另外从管理角度出发，要提出独立评价与处理意见，要对质量负责。

(3) 质量督导应定期与呼叫中心负责人、培训专员保持沟通，并不断提出合理化改进建议，以保证呼叫中心的服务质量稳步提高。

不同的岗位开展工作的方式及担当的责任不同。

(1) 管理者(主管)：负责对呼叫中心的运营质量进行监督，可以以不定期抽查的方式(但要保证一定的量，如每周抽查30个电话)进行，并在月末提出运营水平分析报告。

(2) 质量督导：本岗位安排专职人员负责质检工作，每天进行实时的全程质量控制并对发现的问题进行在线指导。如果问题较为共性和突出，提出培训需求，通知培训师安排必要的培训。

(3) 培训师：以不定期抽查的方式(但要保证一定的量)对目前座席人员的业务水平和服务质量进行评测，发现培训需求，并安排实施培训。

为了保证三个岗位对整体服务水平有一个综合一致的认识，建议每周安排一次"三方监听会"，共同对座席人员进行服务水平的评测，发现问题，并制订相应的解决办法。

(四) 监听监控方法

监听监控的方式方法很多，如随机监听、电话录音、现场工作指导、同事间监听、自我监听、电话结束后客户留下评价，以及匿名呼入等。在实际工作中，管理人员可进行灵活的选择和安排。一般来讲，呼叫中心中最常用的是前三种方式，每种方式的特点如表10-4所示。

表10-4　呼叫中心三种电话监听监控方式的比较

监听方式	优点	缺点	系统要求
随机监听	1. 因为是多样本随机选择，样本比较具有普遍性 2. 通常座席人员并不知道是否正在被监听，其表现就会更自然一些，监听效果更真实 3. 监听者不必受时间或空间的限制，可以在不忙的时候进行监听，甚至可以在家中利用闲暇的时间监听	1. 随机监听后需要及时进行反馈，但经常是反馈给座席人员的信息已经是一个月甚至更早以前的内容了 2. 由于不能确定客户电话何时呼入，监听者有时不得不等待电话的呼入而造成时间利用率降低 3. 座席人员不能确定何时为被监听对象，因此有些人时常会存在着恐惧心理(这种恐惧心理在三种监听方式中都会不同程度地出现)	1. 系统需配备远程监听设备 2. 当有电话呼入时，系统能够马上通知监听者，以省去监听者等待电话呼入的时间 3. 监听者能够观察到座席人员的桌面当前状态，即屏幕捕获系统
电话录音	1. 为座席人员服务质量考核、客户投诉等提供了证据 2. 座席人员也可以听电话录音，帮助判别自己需要改进的地方 3. 监听者对于安排何时进行电话录音掌握更灵活，避免等待电话呼入的时间损耗 4. 对于集中抽查质量也很有帮助	1. 由于不是实时监听，对座席人员反馈的效果通常会打折扣，通常由于监督人员繁忙的工作安排使得座席人员常常是在一个星期以后甚至更长时间才能收到反馈信息 2. 由于受电话录音设备和环境等外部因素的影响，有时录音失真或是质量不好，影响监听的效果	1. 电话录音系统可以是桌面录音设备 2. 能够实现自动录音和安全保存 3. 座席主管或经理能够浏览和调听座席人员的通话，作为质量监督检查的依据
现场工作	1. 这种监听保证双方都能及时地交流沟通，监听者能够及时给座席人员信息反馈，可以直接回答座席人员提出的问题，传达工作标准并及时发现哪些座席人员需要哪些方面的培训，座席人员能够在监听者的指导下及时掌握新的服务内容和技巧 2. 监听者能够看到座席人员使用的参考资料和其他工作站资源 3. 对新招聘进来的座席人员有很大的帮助，高度交互式的交流为座席人员提供了一个令人鼓舞的支持性的环境 4. 有利于座席人员和监听者建立起良好的关系，增进彼此的信任感	1. 座席人员可能会由于监督者就在自己身边而感到羞怯或是恐惧，因此不能够表现其正常工作状态 2. 座席人员的表现与当时环境和自身状态有很大关系，例如有的座席人员可能会因为监督者在旁边而表现出比平时对客户更友好，监听者在一旁观察到的结果就可能会失真	监听电话筒、插座、记事本、监听者席位等

（五）克服监听监控的负面影响

电话监听作为提高呼叫中心服务质量的一种手段，具有很好的效果。但与此同时，我们也应看到座席人员对任何一种电话监听方式都可能存在着误解、反感，甚至是恐惧。一旦出现这种情况，监听就会增加座席人员的心理压力，对座席人员的积极性和工作表现产生消极影响，最终导致座席人员的缺勤率与离职率增加。反之，被座席人员认可的电话监听可以提高座席人员对工作的满意度、积极性和工作效率。因此，关注座席人员的感受，采取适当的措施帮助座席人员克服这种恐惧心理是非常必要的。

1. 管理者、监听者要表现出人情味

在正式进入工作岗位前，应当直截了当地向座席人员介绍电话监听方式、途径，并向座席人员说明，其目的是为座席人员创造一个更加公平、有效的工作环境，同时帮助座席人员提高其工作技能，从而减少座席人员的恐惧与排斥心理。

2. 要尊重员工的隐私

例如，只监听座席人员与客户的通话，对私人电话和接听间隔期间不应进行监听。必须有合法的理由才能监听电话，可在客户服务中心指定几部不受监听的电话供座席人员私人使用。对于来客户服务中心应聘的人员，也应告知企业使用了电话监听系统。

3. 监听人员应当在评估完成之后尽快开始反馈工作

例如，如果监督人员监听了电话并对座席人员的表现做出总结，就应该在接听电话后的几个小时之内提出总结意见，这样才能保证最佳的反馈效果。

针对呼叫中心座席人员对不同电话监听方式的心理反应，相应列出如何克服电话监听对座席人员的负面影响，如表10-5所示。

表10-5　呼叫中心座席人员对不同电话监听方式的心理反应及其解决办法

电话监听方式	座席人员心理反应	解决办法
随机监听	• "是谁、将在什么时间监听我们的录音？" • "需要多长时间反馈结果？" • "监听人能看到我们的整个场景和个人桌面操作吗？"	• 确信监听者诚实、公正、守信以保证监听结果的公正性。告知座席人员会把监听的整个过程及结果及时地反馈给他们 • 通过屏幕捕获系统观察座席人员的桌面当前状态，而不仅仅只是去听
电话录音	• "那难道就是我的声音吗？" • "我不喜欢自己的声音听起来是这样。" • "是谁来听这些录音呢？"	• 刚开始工作时将录音资料交给座席人员，让他们自己先听一下，给予座席人员一段适应期。这样，在正式监听电话录音之前，座席人员有一段熟悉适应和自我改进的时间，就能大大消除这种畏惧心理。经过一段时间后，再来监听电话录音效果更好一些，同时座席人员也会把它和以前的录音作比较，为自己的进步感到兴奋 • 监听人员可以经常抽出一点时间和座席人员一起听录音。针对某个录音(监听人员精心挑选出来)一起评判，征询座席人员的意见

(续表)

电话监听方式	座席人员心理反应	解决办法
现场工作指导	"这样太让人难为情了，我感到很紧张，无法达到最佳状态。"	• 克服这种恐惧心理比较好的办法就是首先让监听者以座席人员的身份拨打或接听客户电话，由座席人员来反馈意见。这种方式不仅能够大大缓解座席人员的紧张心理，也是一次生动的培训过程 • 监听人员应注意在线指导的时机、长度的把握，通过在线指导使座席人员达到最佳表现 • 监听人员要注意自己的角色，是辅助、指导人员的角色，而不是与座席人员敌对的监工 • 监控主管与座席人员加强沟通，应当通过单独的面谈让座席人员感到他们的工作表现对企业的重要意义

(六) 监听监控的结果控制措施

对电话监听的结果还需要进行分析和整理，采取相应的改进措施，以保证呼叫中心的服务质量和员工的工作积极性都得到提高。

1. 监听结果与绩效考核挂钩

结合监听的结果，呼叫中心运营系统每月进行一次绩效考核，考核成绩按照一定比例直接纳入员工本月的绩效考核总成绩中，与员工每月的奖金评定直接挂钩。

2. 监听结果与辅导和培训挂钩

管理者可组织班长、座席等随机进行。按照每天不同的班次(正常班、夜班、繁忙时段的加班等)、呼入/呼出服务形式以及不同的服务内容分别汇总数据，结合鉴定过程中暴露出来的问题进行分析。对于共性问题，讨论并形成调整措施，通常为不同组别分别安排培训课程和心理辅导等;对于发现的个性问题，给予座席人员单独的指导和培训，如可以为每个人制订改进建议书，并明确规定其希望改进的时间期限。

第三节 呼叫中心人力资源管理

呼叫中心是一种人力密集型组织，在整个呼叫中心运营成本中，超过75%的运营成本是与人力成本相关的,因此要发挥呼叫中心的窗口作用以更低的运营成本和更高的渠道效益为客户创造价值，就必须加强人员的管理。建立和完善一套科学合理的人力资源管理体系，对控制人工成本、降低人员流失率、提高员工满意度、提升呼叫中心运营效率起着至关重要的作用。

一、人力资源管理部门的目标

(1) 作为各部门的业务伙伴，提供人力资源顾问和服务。

(2) 协助各部门吸引、发展及保留最优秀的人才，促进业务增长并达到既定目标。

(3) 培养独特的、顺应企业及时代发展的企业文化。

因此，呼叫中心应有自己的人力资源部门，将整个过程由规划、招聘、迎新、培训、工作表现管理、奖励与激励、员工发展及离职安排等种种工作做好。各项工作重点概述如下。

(1) 提供最佳的人力资源预测，协助各部门达到预期的人力、生产及服务指标，调整人力资源配置，加快业务流程重组。

(2) 招聘和保留卓越的人才，配合企业业务发展的需要。

(3) 迎新和培训员工，使他们达到工作职能的要求，并不断学习，更新知识，以适合业务发展需要。

(4) 订立全面工作表现管理指标，公平赏罚员工。建立最具市场竞争力的，以工作表现为本的员工薪酬制度，控制固定薪酬的成本，以不同的奖励计划奖赏有杰出表现的员工。在员工发展方面，重点培养高潜质的新一代管理人员，促进企业发展。

(5) 推动电子化人力资源管理，增强员工自助服务意识，提高员工服务效率，以提供快捷高效的人力资源服务。

二、人员的招聘

职位的增补对于所有的企业都是很重要的，更何况呼叫中心是一个人力密集的地方。如果是一个7×24小时、365天不停运转的呼叫中心，毫无疑问的，人员一定是在不停地调整过程当中，每年都会有人离开，有人进来，每个月都会有人离开，有人进来，甚至每天都会有人离开，有人进来。如果人员配制不当，员工的工作绩效和满意度会受到影响，也会导致"流失率"的增加。在呼叫中心有一个很关键的管理指标——"流失率"，100个人入职，一年下来有多少人离开了，这叫年流失率，也有月流失率、天流失率。如果流失率过高，首先，招聘成本会高，第二，培训成本会高，第三，队伍不稳定，员工的情绪会受影响，所以人员的聘任对于呼叫中心具有特别重要的意义。招聘流程如图10-9所示。

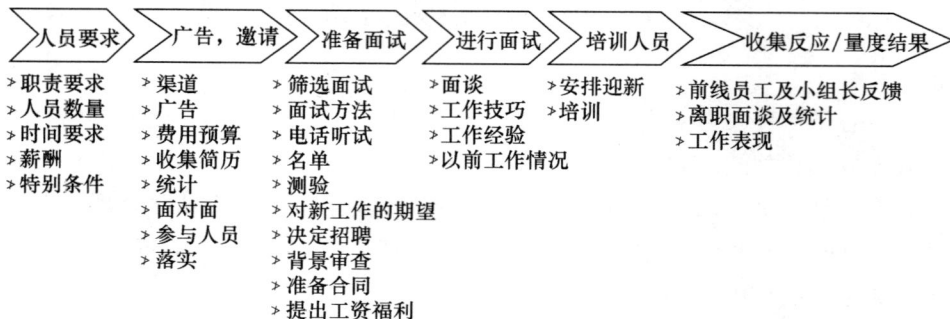

图10-9　招聘流程图

(一) 提出招聘需求

招聘需求要根据人力资源规划和工作分析提出。

人力资源规划可以系统地预测呼叫中心未来的员工供求情况,估计所需要的员工数量和种类。当呼叫中心人力不足时,需列明工作要求、要求人员的背景、人数、工作时间及上任时间等资料,然后向人力资源部提出要求,招聘人员。

呼叫中心同时应将该职位的岗位分析提出。职责分析是确定职责的责任性质以及聘用人员类型(按技能和经验)的程序,它可以系统地收集、评价和组织职责方面的信息,收集有关职责要求的数据,并用来制订职责说明(职责的具体要求)和职责需要聘用的人员种类和条件。

(二) 寻找合适员工

一个维修计算机的小型呼叫中心出了很多钱招了研究生,结果呆了3个月就跑了。因为员工会觉得我的专长不是干这个,天天让我挤公交车,到什么地方去帮人家重装系统,一干就3个月,未来还要干3年也许30年,这是与研究生的教育背景相当不协调的,人家肯定不干,一定要走的。所以,要选择适合的人放在适合的工作岗位上,这是最重要的。

如果根本不能胜任工作,组织上就不得不更换人。

有效的人员招聘目标就是使个人的特点与工作要求相匹配,我们可以通过一套科学的手段来做人员的选拔和招聘,最大限度地实现人与岗位的最佳匹配。

渠道的选择要视招聘职位种类而定,大量招聘可能通过较普及的媒体以获得快速而有效的结果,如招聘高层、专业职位可在一些专业杂志及渠道刊登,但必须意识到每一种方法都有局限性,要保证招聘工作的效率离不开招聘者的创造性。

媒体的选择

(1) 报纸广告
(2) 杂志
(3) 就业机会传单
(4) 互联网
(5) 电视
(6) 广播
(7) 员工推荐
(8) 从大学直接招聘

(三) 测试、面试、挑选过程

1. 经理或以下员工

(1) 电话听试。这是呼叫中心里必不可少的招聘环节,目的是希望能透过电话测试应征者的声音、反应、处理电话的技巧、说话的流利程度及语言能力等,可能一个人什么都合适了,考试考了100分,但这个人是口吃,毫无疑问也是无法聘用的。

电话听试主要的评测内容包括：音准音质、语言组织、倾听技巧、记忆复述、基本技能、求职心态等指标。

(2) 其他测试。如阅读测试、翻译测试等，目的是测试应征者的理解能力、应变能力、客服概念等，从而再筛选出更合适的人选。

(3) 面试。如能通过以上两项测试，应征者便会被安排面谈，借此可更进一步了解应征者在呼叫中心方面的认识、背景及待人接物的态度。

2. 中层及高层管理人员(包括主管及其他主管以上的职位)

初步测试过程如上，面试则分几个阶段进行。如能通过第一次面试，当中最佳的应征者会被安排与更高级的人员进行第二次的面试，这次会面的目的是希望能透过面对面的谈话进一步了解应征者的客户处理技巧、沟通能力、演示技巧及领导技巧等。如有需要，再安排第三次面试,管理部门及呼叫中心经理对最后被挑选出的一位或两位应征者进行面试。

(四) 人才后备库

人才后备库主要的目的是将面试后有较良好表现的应征者的资料储存于一个重要地方，当呼叫中心需要增聘人员的时候，可从资料库里寻找合适的人选，缩短招聘时间并能减低成本。

人力资源部从各招聘渠道收到的应征者简历经过首次筛选后,把合适的挑选出来通知面试、测验；将没有通过再测试或最后不被录取的人员资料保存起来，放在一个独立的文件档案夹内，储存3～6个月。

在首次筛选中不被挑选的简历因属私人资料，应尽快销毁。人才后备库需要经常锁上，确保所有应征者的资料不会外泄，保障应征者的个人隐私权益。

三、人员的培训

有统计数据显示，在美国，一个座席代表要培训20天；在亚太地区的其他国家，比如新加坡、马来西亚，通常会培训15天；在中国，普遍情况只有5天左右。实际上，培训是必不可少的。呼叫中心作为企业与客户之间的桥梁，是否能够为客户提供优质服务的关键之一就在于员工素质的高低。因此在呼叫中心的管理中，员工培训是一个非常值得关注的问题。

(一) 培训的作用

(1) 可以获得更高昂的思绪和战斗力。
(2) 减少员工的流动率和留出率。
(3) 更有效地督导员工。
(4) 最大程度地降低成本。
(5) 塑造更完美的企业文化。
(6) 强化企业员工的敬业精神。

(7) 保证客户最佳满意度。

(8) 赢得更好的企业经济效益。

(二) 培训的原则

1. 针对性

要对于一个什么样的人，做一件什么样的事，进行针对性的培训。

2. 持续性

在呼叫中心的现场一定会有培训的地方，因为培训要持续不断地进行。

3. 阶段性

可以总结提高的过程。可以为呼叫中心的人员做一个职业生涯的档案，把每次培训的记录做好，如做了什么培训、在什么时间做的、成绩怎样、对能力有什么提高等。这样，对员工的技能情况会有更充分的了解。

(三) 培训的类型

(1) 新员工培训，也就是入职培训。

(2) 提高培训，持续进行的提高培训，也叫进阶培训。

(3) 专项培训，针对专门项目的培训。

(4) 例会培训，利用班前会和班后会的形式进行培训，还有生日会、表彰会等。

(5) 实习。

(四) 培训的手段

从培训场地的发生来讲，有外部培训和内部培训两种。

1. 外部培训

专业运营顾问公司培训指导。

2. 内部

听和阅读：培训教室。

观察：呼叫中心现场。

示范和练习：实验室。

电话处理及电脑操作：实验室。

实际中学习：培训教室。

反馈中学习：监听监控，开会。

自我总结：随时随地。

内部培训有变换岗位和轮岗培训两种方式。因为呼叫中心要提供一个多元化的人力资源，未来才有可能提高它的成长能力，所以要培养更多的人有双语或者更多的服务技能。讲课、案例分析、头脑风暴、角色扮演等培训方式都是呼叫中心特别适用的。

(五) 培训的内容

1. 一线人员的培训

- 服务意识
- 清晰的令人感到舒适的嗓音
- 语言组织、表达能力强
- 良好的心理素质、充满自信、应变能力较强
- 良好的自控能力
- 良好的倾听、沟通、引导能力
- 良好的人际关系
- 五笔录入速度
- 操作电脑的能力
- 专业技能(技术)

为培养更专业的座席员,在完成一般话务和基本业务知识培训后应开始更深入及专业的客户服务技巧课程,设定进阶技巧培训,如专业话务及投诉处理技巧等,培训高级座席员。此外要逐步转变为有销售功能的呼叫中心,座席员要开始学习销售课程,如"成功的电话销售技巧"及"顾问式销售技巧"等。详情请参阅表10-6。

表10-6　培训课程设置

客户服务员卓越服务培训系列	课程天数
客户服务技巧	1天
高素质电话处理技巧	1天
服务同理心	1天
顾问式销售技巧	2天
成功的电话销售技巧	1天
如何平息客户不满	1天
压力管理	1天
管理人员管理技巧培训系列	**课程天数**
卓越领导技巧	1天
有效沟通技巧	1天
辅导技巧	1天
团队管理及激励员工技巧	1天
时间管理技巧	1天
管理人员管理技巧培训系列	**课程天数**
解决难题及有效决策	2天
工作绩效考评技巧	1天
投诉处理技巧	1天
如何处理问题员工	1天
其他	**课程天数**
专业培训员培训班	3天
有效的演说技巧	2天
品质保证管理	1天

2. 主管人员的培训

- 主管的监控手段与策略
- 呼叫中心主管的在线指导
- 核心能力技巧基本训练
- 呼叫中心报表综合与管理

3. 经理人员的培训

- 呼叫中心的 CRM 应用
- 如何着手管理呼叫中心
- 呼叫中心的战略计划与商业模式
- 呼叫中心技术、应用与发展
- 呼叫中心人员的招聘与定位
- 呼叫中心人员培训与指导
- 呼叫中心的绩效考核与激励机制
- 制订呼叫中心管理制度的关键点
- 呼叫中心技术发掘和绩效改进
- 降低呼叫中心人员流动率的具体措施与技巧
- 外包型呼叫中心的市场策略和销售技巧

四、人员流失危机管理

作为呼叫中心来讲，保持一定的流失率并无坏处，但一定要尽力控制失能性离职(即员工自愿离职，而企业会因其离职而遭到损失)所带来的负面影响。

要根据企业和部门年度或者更长一段时间的业务发展目标和工作安排来做好人员需求量预测，保证人员的及时补给。如新业务或新系统上线，将加大现有人员工作量，考核压力和工作强度所带来的双重压力可能导致员工情绪不稳，提出辞职，因此应该右事前预测需要补充的人员数量，及时做好人员补充，将招聘和培训工作前置。

人员流失过程的管理要细分阶段，开展相应的工作。

1. 事前防范

利用劳动合同和专项协议来约束随意性的离职行为。作为管理者，要随时注意辞职苗头的捕捉，如某员工的情绪低落、突如其来的假条等，加强沟通，真心为员工排忧解难，帮助其克服困难、稳定工作情绪。

2. 事中管理

首先要加强学习型组织的培育，积极开展培训，促进员工之间的相互学习和交流，使优秀的管理经验、企业文化等无形资产固定在组织内，不因个别员工的离职而流失；其次，通过建立健全各项人力资源管理机制来帮助员工准确定位、不断提升，让他们看到自身发展的希望；最后，做好员工关怀，让员工体会到大家庭的温暖，要注意营造一种公平竞争、和谐共处的文化，增强员工的凝聚力和归属感。

3. 事后处置

一旦员工提出辞职，应真诚地同其交流，了解离职背后的真实原因，寻求挽回的可能。对于员工的离职，一定要做好流失数据的汇总统计，从多维度对流失进行分析，这样不但为今后进一步改善管理指明了方向，也为人员需求预测和储备提供了依据。

第四节　呼叫中心绩效管理

在现代的企业管理中,绩效管理是提高效益、激励团队和培养绩优员工的关键手段,呼叫中心企业如果能够正确运用这一手段，它将成为一个高效激励的强大工具。

一、绩效管理与关键绩效指标KPI的含义

绩效管理是一种沟通：管理者和员工聚在一起共同理解要完成什么工作、如何完成、工作如何朝期望的结果进行，以及工作最终完成后是否实现了约定的绩效计划。当管理者和员工开始计划下一期间要完成的工作时，再循环进行以上步骤。绩效管理是一个涵盖性术语，它包含了绩效计划、绩效考核和绩效评估。

KPI是Key Performance Indicators的缩写，即关键绩效指标，是反映个体与组织关键业绩贡献的评价依据和指标。KPI的含义是指通过对组织内部某一流程的输入端和输出端的关键参数进行设置、取样、计算及分析，用以衡量流程绩效的一种目标式量化管理指标。KPI是指标，不是目标；KPI是绩效指标，不是能力或态度指标；KPI是关键性的绩效指标，不是一般所指的绩效指标。KPI作为一种先进的管理工具，可以把企业的战略目标分解为可运作的远景目标，它是企业绩效管理的基础。

KPI在呼叫中心的作用主要有：

- 引入 KPI 管理制度，可把呼叫中心运营最主要的两个目标，服务水平和成本效率量化为指标，让客户和管理层更清楚呼叫中心的运作情况及问题所在。
- KPI 正如呼叫中心的健康检测仪，遇有毛病时可实时进行检测，以便及时纠正及预防，是整体质量体系中的重要检测手段。
- 基于 KPI 管理，呼叫中心还可建立起相应的激励机制，把员工的利益和呼叫中心的效益结合起来。

总括来说,引入关键绩效指标管理可带领呼叫中心迈向更专业化的呼叫中心运营管理。

二、呼叫中心应用KPI的关键指标

呼叫中心应用的关键绩效指标KPI主要包括：服务水平、放弃呼叫率(失话率)、平均处理呼叫时间、投诉率。以上四项同时也可作为外包呼叫中心与客户之间制订的服务

指标。作为一个世界级的客户服务中心，以上各项的参考数值分别为服务水平≥98%、失话率≤2%、平均处理呼叫时间45秒、投诉率≤0.1%。

此外，关键绩效指标还包括客户满意度、客户服务代表(CSR)工作满意度、话务成本、话务收益、预算工作量与实际工作量的偏差、预算工作人员与实际工作人员的偏差，这六项指标主要用作内部检测和评估。

绩效指标主要是与服务的成本和质量挂钩，这是呼叫中心运营者最关心的问题，也是呼叫中心的生存价值所在。

三、客服人员绩效评估标准

目前呼叫中心分布在各个行业，业务流程的差别性很大，所以客服人员职位界定是非常必要的，应该以书面形式明确规定与客户有关的关键职位所必须具备的最低技能和知识，不仅应包括应聘此职位所需要的条件，还应该包括角色和职责，指标的制订应该包括大部分的工作内容，这样才有针对性，具体如表10-7所示。

表10-7　客服人员绩效评估标准

评估项目	主要衡量指标	衡量方法
生产力	出勤率	出勤天数/当月工作天数
	准时出勤率	准时出勤天数/当月工作天数(不包括请假培训)
	座席利用率	(呼入呼出通话时间+电话等待时间+事后处理时间)/(8小时×60×工作天数×100%)
	平均处理时间	(ACD打入打出通话时间+等待时间+事后处理时间)/ACD接入电话数
	每天处理电话数	本月ACD接入电话总数/工作天数
	录入率	录入系统的案例数量/电话总量
服务质量	交易质量监测	准确率×专业得分(软技巧得分+技术能力得分)
	重大错误率	业务准确性为0分的电话数/监听电话数×100%
	客户投诉率	客户投诉数/处理呼叫数×100%
技能和知识确认	考核服务水平	书面考核分数×40%+电话考核分数×60%

1. 目标绩效

呼叫中心应该为每一项指标设立一个量化了的目标,例如在收到电子邮件后24小时内答复95%的电子邮件，具体考核时可以对指标进行加权处理。如表10-8所示，目标考核可以设定一个目标范围，如每日接电话数量如果低于最低指标30个，则这一项就是0分，因为低于最低限度，就不应该再加分，考核不是单纯的加法，要加得有意义。如果接电话数等于30个，为6分；如果高于50个，那么这一项得分就是满分；如果只接了40个电话，那么得分为8分。这样设定底线，可以使考核更合理。呼叫中心可以根据实际情况合理制订目标，效率目标必须符合呼叫中心的战略计划。

表10-8　目标绩效举例

主要衡量指标	目标范围		权重
	最低	最高	
每天处理电话数	30	50	15
出勤率	60%	85%	25
准时出勤率	60%	85%	15

2. 指标详解

(1) 出勤率。计算员工出勤率时应该按工作类型或工作组来计算，工作类别里也要将接听热线的员工和其他工种的员工分开。出勤率对于保证呼叫中心项目正常运营具有非常重要的意义，如果某个项目的出勤率一直较低，要进行详细的问题调查，分析是员工个体行为还是整个项目普遍存在的问题。如果是某个员工的原因，需要与员工进行充分沟通；如果是普遍存在的问题，需要检查公司激励机制和管理制度。

(2) 准时出勤率。准时出勤率等于准时出勤天数除以当月工作天数，请假、培训应该排除在外。

(3) 座席利用率。管理人员可以根据这项指标监控业务情况，并根据情况合理安排资源。

(4) 平均处理时间。可以算出小组的平均数，如果某个座席代表的平均处理时间持续高于小组平均值，可能就需要监听人员跟进，分析是由于沟通问题还是流程不清楚，然后一对一进行跟进，保证服务质量。

(5) 每天处理电话数。即本月ACD接入电话总数除以工作天数。

(6) 交易监测。从用户角度来看，服务质量包括回答问题的准确性、一致性、接听热线人员的知识面、沟通能力等等。呼叫中心可以设立监听人员对服务质量进行监测，也可以通过师傅带徒弟的方式一对一沟通，目标就是提高处理业务的准确性，以专业的技能和良好的沟通技巧使用户满意。

(7) 重大错误率。是指业务准确性为0分的电话数占监听电话数的百分比。呼叫中心应该追踪致命错误率，错误的回答会导致用户投诉，当某位客服人员的绩效低于下限水平时应当执行纠正行动计划，重复出现致命错误的服务代表在采取有效的纠正行动之前，不应该继续处理用户业务。

(8) 客户投诉率。客户投诉数占处理呼叫数的百分比。

(9) 技能和知识确认。可以按月考核，包括以书面形式考核流程、技术、沟通能力及电话处理软技巧等方面，也可以通过电话监听考核。另外，可以在培训结束后对员工进行书面测验以考查员工的接受程度，这样可以保证培训的效果。

四、团队绩效评估标准

团队绩效评估标准具体如下所示。

1. 服务效率

(1) 服务水平。是指某个统计时间段内应答电话数量与呼叫中心接入电话的百分比。它是衡量呼叫中心服务能力的重要指标，也是影响客户满意度和呼叫中心成本的关键指标。呼叫中心在制订这个指标时需要衡量满意度和成本之间的关系，如果指标定得过高，会耗费呼叫中心大量的资源；过低会造成客户等待时间过长，影响客户的满意度。座席数量的配置与服务水平直接相关，质量管理者要随时关注服务水平状况，及时进行座席数据调配，以使呼叫中心在保持适当客户满意度的基础上尽可能地降低成本。

(2) 总呼叫数。即打入打出电话总数。如果是通过E-mail或聊天室为用户提供服务的呼叫中心则应该考核邮件的总数或案例总数。管理人员可以根据总呼叫数来分析每年当中的高峰期，然后结合市场促销及产品销售情况等事件合理预测未来的电话趋势。

(3) 平均通话时间。平均通话时间等于在线通话总时间除以电话总数。如果过短可能是由于一线人员应付客户，导致一次解决率降低；过长可能是座席的工作能力有问题或培训力度不够、文档库的覆盖面小等。质量管理者要加强监控这个时间的长短，由监听人员调出录音仔细分析问题发生的原因。

(4) 平均处理时间。是指座席代表与客户谈话时间、持线时间及处理与此呼叫有关的整理工作所需时间的总和除以总的电话量。

平均处理时间是衡量呼叫中心单通电话处理速度的重要指标，它的高低直接与呼叫中心员工的工作能力相关，影响呼叫中心的成本。呼叫中心在关注平均处理时间时要分别分析谈话时长、持线时长和后处理时长，以控制呼叫成本。

(5) 转接呼叫率。即由座席转给其他人员接听的电话的百分比，可以由ACD获得，或由座席代表定期报告这些数据并附带上反馈信息。电话转接过多将耗费成本，影响用户体验。管理人员应该定期分析反馈信息，关注转接电话的原因，并通过数据分析制订出合理的改善计划。

(6) 呼叫放弃率。放弃电话是指已经被接通到中心，但又被呼叫者在座席接听之前主动挂断了的电话。考核呼叫放弃率时应该考虑到座席占有率，如果呼叫中心一直处于比较高的座席利用率，如98%，那么呼入量稍微高于预测量就会使放弃率增加，用户在队列中等待的时间也会增加。

考核呼叫放弃率时也同样应该关注放弃前的等待时间。如果电话在接通后很短的时间内挂断，如用户自动在3秒内挂断，那么这样的数量是应该排除在外的，运营管理人员应该关注那些有意义的数据，按时间段抓出电话量的历史数据，并以图表的形式列出趋势图，分析每日、每周及每月的电话高峰期。如周一是电话的高峰期，可以合理排班，尽量让员工不要在周一请假。所以，解决办法就是合理排班，可以安排两个班有15分钟的重合期，以防员工不能按时接入系统。另外，建议呼叫中心设立队列监控人员，实时观察队列的忙闲状态，提醒小组成员及时接起电话，稍后再做事后处理。

(7) 平均放弃等待时间。是指呼叫者放弃呼叫前平均等待的时间，以秒来计算。

(8) 平均应答速度。是影响客户满意度的重要指标，客户一般可以忍受的振铃次数为3次，否则会失去耐心而抱怨，提高应答速度可以减少客户等待时长，提高线路的使用率，节省呼叫中心的成本。质量管理需要经常检查这一指标，如果不合乎要求，要及时采取纠正措施，可以通过对座席理念的培训、监控等手段控制该指标。

(9) 平均延迟时间。是指电话在接起前用户在线等待的时间。数据来源于自动呼叫分配系统(ACD)，平均延迟时间也是影响客户满意度的重要指标。如果客户等待时间过长，就会放弃本次呼叫并再次进行拨打，这个时间不仅使客户产生抱怨，也增加了交换机的负担。直接影响平均等待时长的因素主要有座席量和呼叫量的匹配、座席的平均电话处理时长，改进平均延迟时间可以通过对这两个指标的改进来实现。

(10) 远程解决率。对于提供技术支持类的呼叫中心，考量远程解决率是很有必要的。

(11) 一次性解决问题的呼叫率。是指在某段统计时间内，不需要客户再次拨入呼叫中心，也不需要座席员将电话回拨或转接就可以解决的电话量占座席员接起电话总量的百分比。

一次性解决问题的呼叫率是影响客户满意度的重要指标，如果客户需要多次致电呼叫中心或是电话被多次转接后才能解决问题，客户就会对呼叫中心的工作能力和工作效率产生疑问，影响客户对呼叫中心的信任度，如果呼叫中心受企业委托为客户服务，客户也会对企业的服务能力和服务态度产生怀疑，另外，大量的回呼和转接会使呼叫中心成本大幅度增加。如果该指标过低的话，管理者需要对问题进行分析，并采取相应措施，一般有两个方面：①座席业务知识或工作经验不足导致不能一次解决客户问题，此时管理者需要加强对座席的培训；②呼叫中心问题解决流程不能支持座席员一次性解决问题，此时，管理者需要对流程进行分析并进行改造。

平均通话时间过短也会影响一次解决率，作为管理者不能一味追求低成本，应该以客户满意为前提，过度控制成本只会造成服务和质量下降。

(12) 年呼叫率。即每个用户每年打入电话的数量。用年呼叫率乘以用户数除以12个月就可以算出每月的电话量，这样就可以预测电话量、合理安排人员、保证服务水平。在外包呼叫中心管理中如果发现年呼叫率与实际运营的呼叫率不相符，那么可以对合同进行相应的更改。现在IT外包项目也日渐增多，那么企业在签这样的外包合同时也应该考虑年呼叫率。

2. 资源效率

(1) 座席占用率。计算方法是通过把一个座席代表所花费的有生产率的工作时间(譬如通话、话中等待、话后处理时间)除以这个座席代表登录系统或者被支付薪金的小时总数来计算。

座席占用率不仅是衡量座席员工作负荷的重要指标，也是呼叫中心成本控制的重要指标。如果占用率过低，说明员工在空闲状态的时间过长，座席数量相对于话务量来说配置过多；占用率过高会导致员工过于疲累从而不能保证服务质量。所以当占用率过低的时候，管理者应该分析原因：如果是人为因素，即座席恶意将电话置忙或是做过多与工作无关的事务时，应该加强座席培训与监管；如果不是人为因素，管理者需要及时减少座席资源以使座席工作饱和。如果占用率过高，管理者就需要考虑增加座席数量了。

(2) 电话系统实际可用率。在呼叫中心实际运营中，可能会由于网络、中继线或者交换机容量等问题导致服务中断，所以电话系统实际可用率也非常重要，运营管理者应当采取措施避免这样的突发事件，降低运营风险。

3. 服务质量

(1) 客户满意率。客户满意率的数据来源可以是多方面的，如在服务结束时通过IVR系统提示用户按键打分或在网上聊天室、论坛提交调查问卷，也有许多公司聘请第三方的调查公司进行电话回访。

影响客户满意度的因素有很多，呼叫中心作为企业的服务受托方，主要需要从服务态度、解决问题的能力、解决问题的周期、业务知识的熟练度等方面进行管理。如果客户满意度下降，质量管理者需要对客户满意度调查结果进行分析寻找客户不满意的原因并着手改进，可以通过加强监控、培训、现场指导等手段来帮助员工提高服务质量，使服务超越客户的期望，提高客户满意度，从而提高客户的忠诚度。

有研究表明，一个感到非常满意的客户所表现的忠诚度几乎6倍于一个仅仅只是感到满意的客户，因而相对其他评价指标而言，提高客户满意度对实现呼叫中心的贡献价值具有更为重要的意义。

(2) 培训满意率。培训满意率的数量来源于调查问卷，可以在培训结束后由被培训人员填写调查问卷，考核讲师的沟通能力、能否清晰地说明问题、能否与员工互动，将得分按月汇总，评选出最佳培训师。另外在培训结束后可以对座席代表进行测验，以保证培训的效果。

(3) 感谢信数量。呼叫中心应该建立客户服务光荣榜，统计感谢信数量，在工作区公告牌上贴出座席代表的照片和感谢信的内容，以邮件的形式按月发给呼叫中心的全体员工，增强员工的团队荣誉感。

(4) 平均监听分数。质量管理人员必须对所监听的电话进行问题分析，计算平均监听分数，找出服务不合格的原因，通过录音共享、座席自我监听、培训等手段提高座席的服务意识和服务质量。

(5) 客户投诉率。客户投诉率是企业很有价值的信息来源，呼叫中心应该长期不断地收集用户不满意的关键指标，按原因或症状进行记录分析，以"准时响应"或"准时解决"为原则，采取相应的行动，追踪投诉解决的周期时间，并为每个案例分别制订相应的响应流程。呼叫中心应该通过服务素质培训、服务理念灌输、通话录音监听等手段努力预防客户的投诉。很多呼叫中心有专门的质量监控部门来处理客户投诉，他们通过邮件或例会定期地进行案例学习，分析服务中的不足，预防用户再次投诉。

4. 成本收益

(1) 平均单呼成本。是指某段时间内呼叫中心的全部费用除以这段时间接听的所有电话数。单呼成本是呼叫中心销售代表进行外包业务报价的基础，同时也是呼叫中心经营管理业绩的重要体现。

单呼成本是体现成本管理的重要指标，但是由于该指标受呼叫中心自身营建成本的影响过大，所以与行业的横向可比性不大。呼叫中心在进行单呼成本控制时应该注重进行纵向比较，应该努力在保证客户满意度的情况下使单呼成本越来越小。控制单呼成本可以通过提高座席服务能力、减少平均处理时长、允许稍微等待时长、减少座席不必要的浪费、简化工作流程、优化操作界面、控制座席投入等方法实现。

(2) 平均培训成本。平均培训成本等于培训总费用除以人均培训时间。

思考与练习

1. 什么是现场管理？现场管理的内容有哪些？
2. 呼叫中心现场空间设计要考虑哪些要素？
3. 呼叫中心人力资源管理的重点工作包括哪些？
4. 呼叫中心质量管理的目的和基本原则是什么？
5. 什么是客户满意度？客户满意度的度量标准有哪些？
6. 关键绩效指标KPI的含义是什么？客服人员绩效评估标准有哪些？

参 考 文 献

1. 赵溪.客户服务导论与呼叫中心实务.第3版.北京：清华大学出版社.2010
2. 杜丽华.呼叫中心客户服务座席员语音发声和语言表达.北京：北京广播学院出版社.2002
3. 付成波.普通话教程.北京：北京邮电大学出版社.2011
4. 黄伯荣，廖序东.现代汉语.北京：高等教育出版社.2003
5. 胡裕树.现代汉语.上海：上海教育出版社.2000
6. 叶蜚声，徐通锵.语言学纲要.北京：北京大学出版社.2002
7. 杜丽华.呼叫中心客户服务座席员语音发声和语言表达.北京：北京广播学院出版社.2006
8. 张子泉，宫淑芝.普通话教程.第2版.北京：清华大学出版社.2008
9. 李智贤.电话销售实战训练.北京：机械工业出版社.2008
10. 张煊博.赢得客户的12个关键电话.北京：人民邮电出版社.2009
11. 舒冰冰.电话销售实战案例精选.北京：机械工业出版社.2011
12. 刘宇.呼叫中心座席员培训教程.北京：人民邮电出版社.2009